Sept. 79

Über dieses Buch

Frauen in Süditalien – südlich von Neapel in der grellen Sonne und den harten Schatten leben sie ein sorgenvolles, entbehrungsreiches Leben.
Ann Cornelisen hat in einem süditalienischen Ort gelebt, hat das Vertrauen der Frauen des Dorfes gewonnen, ihre Sorgen geteilt. Sie schildert den Alltag dieser Frauen lebendig und einfühlsam und läßt sie auch selbst zu Wort kommen. Wir erleben die ausweglose Situation, in die überkommene gesellschaftliche Strukturen sie gedrängt haben. Materielle Not, Rechtlosigkeit, schwere körperliche Arbeit und der Konflikt zwischen Kirche, Staat und Familie kennzeichnen ihr Leben. Auch wenn sie nicht viel Worte über sich und ihre alltägliche Not verlieren, helfen sie einander und sorgen mit äußerster Kraft und Anstrengung für den Fortgang des Lebens, um gemeinsam vielleicht doch – zumindest für ihre Kinder – eine bessere Gesellschaft zu schaffen.
Die Autorin beobachtet und analysiert klar, schreibt ohne jede Sentimentalität und vermittelt uns ein eindrucksvolles Bild der süditalienischen Gesellschaft, die hier stellvertretend steht für unterentwickelte Gesellschaften überhaupt.

Die Autorin

Die Amerikanerin Ann Cornelisen, geboren 1926 in Cleveland/Ohio, kam 1954 nach Italien, um in Florenz Archäologie zu studieren. Statt dessen ging sie nach Süditalien, wo sie über zehn Jahre lang im sozialen Bereich tätig war.

Ann Cornelisen

Frauen im Schatten

Leben in einem süditalienischen Dorf

Mit Fotos der Autorin

Fischer
Taschenbuch
Verlag

Aus dem Amerikanischen übertragen
von Roland Fleissner

Deutsche Erstausgabe
Fischer Taschenbuch Verlag
August 1978
Umschlagentwurf: Jan Buchholz/Reni Hinsch
Titel der Originalausgabe: »Women of the Shadows«
Little, Brown and Company, Boston/Toronto
Fischer Taschenbuch Verlag GmbH, Frankfurt am Main

Satz: Hanseatische Druckanstalt GmbH, Hamburg
Druck und Bindung: Ebner, Ulm
Printed in Germany
780-ISBN-3-596-23401-8

Inhalt

Vorbemerkung 7

Einführung 9
Auf das Feld zu gehen, das ist fast ein Reflex 19

Zusammen und getrennt 23
Nicht einmal Wasser ist leicht zu bekommen 36

Peppina 39
Das ist mein Haus, wenn man es so nennen kann 56

Ninetta 59
Manchmal frage ich mich, was geschieht,
wenn ich nicht mehr jung bin 92

Teresa 93
Nichts ist privat in einem Haus mit einem Zimmer 121

Pinuccia 125
Wir haben keine von den Kupferpfannen je wiedergesehen 140

Cettina 141
»Kein Trinkwasser« steht warnend auf dem Schild 174

Epilog 175
Ein Lebenszyklus 189

VORBEMERKUNG

Peppina, Ninetta, Teresa und Maria, sie alle gibt es. Sie haben einen Namen und Gesichter und Familien. Sie tun, was sie tun müssen; sie mühen sich heute genauso ab wie früher. Pinuccia und Cettina gibt es ebenfalls wirklich, und auch sie haben einen Namen, Gesichter und Familien. Nur sind sie jünger. Ihr Leben ist weniger festgefahren, und sie müssen ihren eigenen Weg erst noch finden. Sie alle haben in ihrem Leben Dinge getan, auf die sie nicht stolz sind, und wenn sie, wie eine dieser Frauen es ausdrückte, im Innersten wissen, daß nichts privat ist, so würden sie doch sicher auch der Schlußbemerkung dieser Frau beipflichten: Das bedeutet nicht, daß man sich daran gewöhnt. Da für mich nicht ihre Namen, sondern ihr Leben wichtig ist, da ich ihre Privatsphäre zu respektieren wünsche, habe ich für sie Namen erfunden, die in keinerlei Bezug zu ihren wirklichen Namen stehen.

Die Fotos entstanden über Jahre hin in Süditalien, meist in der Provinz Lucania. Manche zeigen Menschen, die ich kenne, andere sind Porträts von Menschen, die ich nur ein einziges Mal gesehen habe und mit denen ich vielleicht kein Wort gewechselt habe. In *keinem* Fall aber sind es Fotos von hier im Text erwähnten Menschen oder Orten, an denen diese Menschen leben.

Ein Wort statt eines anderen zu wählen, das ist etwas vollkommen Subjektives. Wörter formen sich zu Sätzen und schließlich zu Abschnitten, die trotz der besten Absichten des Schreibenden immer seine persönlichen Erkenntnisse widerspiegeln werden, sogar seine persönlichen Interpretationen und Vorurteile. Auch die Fotokamera leistet da nicht mehr: Man sagt, die Kamera lügt nicht, aber ihre Wahrheit ist doch, was der Mensch hinter der Kamera zu sehen gewillt war und wie er es sehen wollte. Ich erhebe keinen Anspruch auf Objektivität, so wünschenswert mir dies erschiene. Wenn ein Mensch einen anderen Menschen darstellt, dann ist Objektivität schon von der Definition her unmöglich. Ich kannte diese Frauen über Jahre hin. Ich respektiere sie, mag sie, mag sie nicht, fühle mich amüsiert von ihnen, ärgere mich über sie und gerate in Wut ihretwegen. Wir haben zusammen gelacht und manchmal auch geweint. Darum muß ich akzeptieren, obwohl ich an die objektive Wahrheit dessen glaube, was ich geschrieben habe, daß auch diese Wahrheit nur eine subjektive ist.

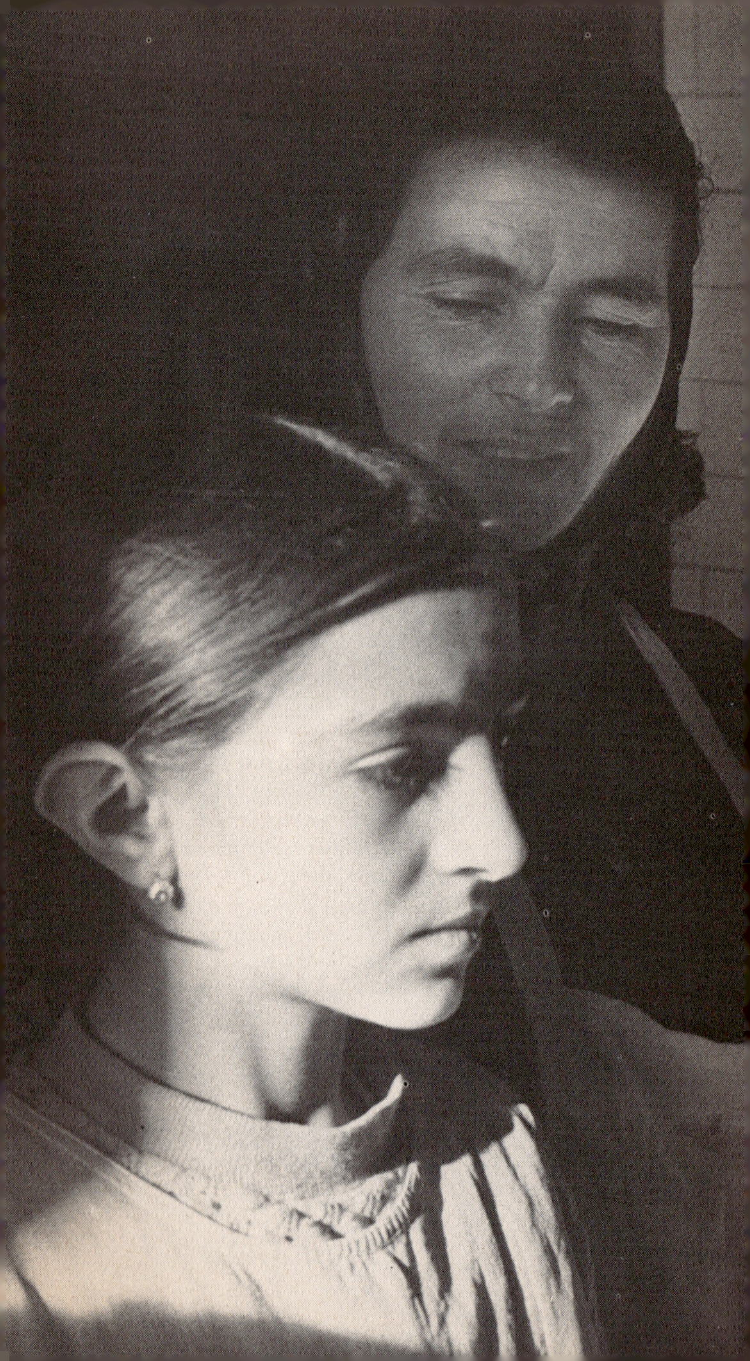

EINFÜHRUNG

Wahrscheinlich wird es für mich immer wieder ein letztes Wort geben, das ich über Süditalien sagen möchte. Nach zwanzig Jahren erkenne ich meine tiefe Bindung an dieses Land an, akzeptiere sie als eine chronische, vielleicht sogar gefährliche Affinität, die weder durch Vertrautheit und Enttäuschung geheilt wurde noch durch Ferne oder Bitterkeit verringert werden kann. Norman Douglas, der so vergnüglich (und so präzise) über den Süden schrieb, ist mir da ein Trost. Er fiel derselben Faszination anheim und hat dies wohl als lästiges Übel akzeptiert, das zwar nie verhängnisvoll wurde, aber doch eine besondere Art Quarantäne erforderte. Italiener wischen die Meinungen und die Liebe Fremder zu diesem Land gern beiseite: Wie könnten wir ihren primitiven Subkontinent verstehen, der selbst ihnen so verschlossen bleibt? Sonst kümmert sich sowieso niemand darum. Wie die meisten fixen Ideen ist auch diese Besessenheit eine einsame Angelegenheit. Ich kann sie nicht logisch erklären, ich spüre nur, daß das, was mich fesselt, die seltsame, fast fatale Symmetrie des Lebens in den abgelegenen Bergen ist – denn dies ist der Süden, der mich immer bewegt hat. Sie passen zusammen, dieses öde Land und diese verschlossenen Menschen, die keine Freude in diesem Leben sehen, sondern nur einen endlosen Kampf, in dem sie nie so recht siegen können.

Die Landschaft Süditaliens hat *nichts* mit der sanften, terrassierten Landschaft der Renaissancemalerei zu tun. Es ist eine kahle Welt in Sepiatusche, eine grausame Welt zackiger verbrannter Hügel, vertrockneter Flußbetten und abgelegener Dörfer, wo sich niedrige Häuser an steilen Abhängen zu Klumpen zusammendrängen. Diese Dörfer wirken alle wie nach einem bestimmten Muster angelegt. Am einen Ende scheint die Grundschule, eine langgestreckte graue Baracke, gefährlich über Stützen schwammigen Grundes zu schaukeln, die alles sind, was zwischen den Erosionsrinnen noch stehengeblieben ist. Ein weiterer verregneter Winter, und die Wände werden zusammensacken und dann langsam ins Tal hinunterbröckeln. Am anderen Dorfende ein dreistöckiges ›Hochhaus‹, strikt und arrogant in seinem Putz von mosaikartig gesetzten Kacheln und Panelen, es dient sozusagen als Ausrufungszeichen: Hier ist das Ende. Dazwischen herrschen die Bürokraten – Regierungsbeamte, Lehrer, Priester, die Polizei – und jene, die eine solche Vorrangstellung anstreben. Sie leben so nahe an der Piazza, wie sie es sich leisten können, in Gebäuden, die hier am Ort ›Paläste‹ genannt werden, die jedoch einheitlich unbequem und verwahrlost sind. Die Bauern leben in der unteren Welt, in einem Labyrinth enger, zufällig entstandener Gassen, in dumpfigen Häusern mit zwei Räumen. Sie gehören nicht wirklich zum Leben hier; sie warten nur auf die dunklen Stunden der Nacht. Auf dem Friedhof, außerhalb und unterhalb des Ortes, stehen die einzigen Bäume, einige Zypressen, als schwarze Narben auf der Erde. Der Süden verachtet Bäume, aber Zypressen dürfen die Toten bewachen.

Vor zwanzig Jahren schien das Leben in ständiger Bewegung zu sein. Männer und Frauen wanderten die Pfade zwischen den Dörfern und den winzigen Feldstücken hin und her, schleppten Korn oder Trauben oder Viehfutter, Oliven und Holz; sie taumelten geduldig einer hinter dem anderen her wie Ameisenzüge, dazu bestimmt, Tausende von Krümeln in einen unsichtbaren Bau hinter einem Stein zu transportieren. Jetzt, in den siebziger Jahren, gibt es weniger Menschen und weniger Esel, die mit ihren Hufen den Rhythmus ihres unaufhörlichen Weges schlagen. Manche Männer gehen nicht mehr auf die Felder hinaus, sondern sind es zufrieden, auf den niedrigen Steinmauern vor der Kirche oder am Rand des Marktplatzes vor sich hinzudösen. Schlechtes Wetter treibt sie in die Hinterzimmer der Cafés oder Weinläden, wo sie die Mützen ein wenig tiefer in die Stirn ziehen, um das grelle Neonlicht zu vermeiden, und wo sie auf den Stühlen hängen und halb im Schlaf dem Grunzen und Prahlen anderer Männer zuhören, die Karten spielen. Die noch auf die Felder gehen, sind ältere Männer. Es sind die zu Hause Gebliebenen. Ihnen erschienen die Fabriken in Mailand und Deutschland erschreckender als das geizige Land in der Lucania. Die Frauen hatten diese Wahl nicht, noch nicht einmal der Luxus der Furcht war ihnen erlaubt. Wie seit Jahrhunderten brechen Junge und Alte im fahlen Morgenlicht zu den Feldern auf und kehren in der Abenddämmerung langsam und mit schwerfälligen Schritten zurück. Ab und zu bleiben sie stehen, um ihre Traglast zu verschieben.

Sie sind von Natur aus sparsam, diese Frauen des Südens, sie sind unfähig, auch nur zehn Quadratmeter Boden brachliegen zu lassen. Der Boden ist ihre Versicherung gegen die Willkür einer industrialisierten Welt, die sie weder verstehen noch der sie trauen. Und ihr Pessimismus hat sich, scheint es, als begründet erwiesen, denn je mehr sich die Fabriken im Norden der Wirtschaftsrezession anpassen, desto mehr Männer kehren zurück und versuchen wieder Land zu erwerben, nicht aus Liebe zum Boden, sondern aus Angst, und so beginnt vielleicht der Zyklus von neuem.

In solchen Gegenden übt der Boden eine geheimnisvolle Macht über das Leben aus. Er ist Nahrung – oder Geld; in der Vergangenheit war er das Symbol der Macht. Selbst der armseligste Flecken Erde bedeutet alles oder nichts, je nach der Fähigkeit des Menschen, ihn auszuwerten. Darum ist es kaum verwunderlich, daß die Bauern die Erde mit kalten, argwöhnischen Augen beobachten und im Frühling von einer Katastrophe reden, wenn die Weizenschößlinge zart und grün stehen und die kahlen Hänge, die die einzigen Weideflächen sind, sich mit steifen Grasbüscheln bedekken. Der Frühling kann sich mit fröhlichen gelben Ginsterbesen und dem blauen Spitzengewebe des Rosmarins und anderer Wildblüten verkleiden, die wie Konfetti an den Straßenrändern verstreut blühen, doch ist dies nur ein Pomp, um den Arglosen zu narren. Das Mißtrauen der Bauern ist ansteckend. Nach so vielen Jahreszeiten, die ich erlebt habe, wird mir klar, daß ich die süditalienische Landschaft dann am schönsten finde, wenn sie versengt ist, wenn der Rauch von brennenden Stoppeln schwer in einen violettroten abendlichen Dämmerhimmel aufsteigt, der sich langsam, fast unmerklich zu Purpur verdunkelt. Dann, wenn es uns gar nichts verspricht, müssen wir Frieden mit dem Land schließen.

Das Leben in einem süditalienischen Dorf ist von allem anderen Leben ausgeschlossen. Die Entfernungen sind weit, der Transport teuer und schwierig. Keiner scheint Freunde in anderen Dörfern zu haben, und in die Stadt fährt man nur, wenn man amtliche Dokumente oder eine besondere medizinische Untersuchung braucht. Mit der Zeit verbindet sich unbewußt Strenge mit Gut und Leichtsinn mit Böse. (Ich erinnere mich, daß ich einmal in die nächste größere Stadt fuhr, nur um ein Bad zu nehmen und einen Film zu sehen, und daß ich mich bei meiner Rückkehr so schuldbewußt fühlte, daß ich ›offizielle‹ Besorgungen erfand, um meinen Nachbarn meine Abwesenheit zu erklären, die niemals daran gedacht hätten, mich auszufragen.) Daß ich freiwillig dort lebte, die Süditaliener aber nicht, daß ich jederzeit fortgehen konnte, was ihnen nicht möglich war, das war eher zufällig. Solange ich blieb, war ich einer bestimmten, festumrissenen Lebensform unterworfen. Es gab keine andere Möglichkeit, oder wenigstens schien es so. Ich teilte mit den andern, was es gab, einschließlich Nahrungsmitteln von schlechter Qualität zu hohen Preisen, unberechenbare sanitäre Anlagen und Stromversorgung, ein erbärmliches Klima und die Verachtung aller Außenseiter. Geld konnte keine Bequemlichkeit erkaufen, geschweige denn Delikatessen oder Amüsements.

In der Bürgermeisterei, der Poststelle und der Schule standen holzbefeuerte Öfen, gab es zwei Stunden Wasser pro Tag und genügend Elektrizität, um eine Birne in den finstersten Nachtstunden schwach zum Glühen zu bringen, in denen niemand da war, der davon Gebrauch gemacht hätte. Der moderne staatliche Wohnungsbau installierte in jeder Wohnung zwar einen Rauchfang, aber keine Heizung, und wenn der Druck niedrig war, gab es nicht einmal in den wenigen kostbaren Stunden, mit denen wir rechneten, Wasser. Die alten ein- oder zweiräumigen Häuser hatten alle Kamine, die eher wie Schnorchel aussahen, die direkt vor der Haustür oder dem Schlafzimmerfenster des darübergelegenen Hauses emporstakten. An den Brunnen warteten die Frauen in langen Schlangen, wenn ihr Bedarf an Wasser mit dem willkürlichen Versorgungsplan des Aquäduktes zufällig übereinstimmte, und sie gossen ihr Spülicht aus hüfthohen Tonkrügen, die ›Zio Pepes‹ genannt wurden und die ihnen als Toiletten dienten, direkt in die Abflußrinnen auf der Straße. Später kamen diese Krüge für kurze Zeit als Schirmständer in den Städten in Mode.

Mein Leben konnte auch nicht viel anders sein. Ich mietete mir in einem der barackenähnlichen Gebäude, die die ersten Nachkriegsregierungen als angemessene Unterkünfte für Bauern ansahen, eine kleine Wohnung. Es gab keine Ställe und auch keine Gerätekammern. Hühner, Ferkel sogar, wanderten über die Treppen, Fahrräder, Schubkarren und Motorroller, die zwangsläufig an die Stelle der Esel getreten waren, verstopften die Eingänge. Einer der wenigen Vorteile dieser modernen Wohneinheiten war eine Sitzbadewanne, in der ich Wasser auf Vorrat unterbringen konnte. Ich schöpfte es in die Toilette und in das Waschbecken für die unregelmäßigen Waschungen mit dem Schwamm, die ich mir leisten konnte, und ich kochte es für meine Pasta ab.

Auch ich hatte einen Ofen für Holzfeuerung, den ich an den Abenden anmachte, wenn der Wind nicht durch den Rauchfang herunterblies. Wenn ich im Winter zur Mittagszeit ein paar Minuten lang lesen wollte, setzte ich mich in meinen Wagen (in dieser Hinsicht war ich eine absolute Ausnahme) und ließ den Motor laufen, bis die Heizung zu arbeiten begann. Die einzige Alternative wäre gewesen, mich beim Ortsbäcker niederzulassen, doch dort hätte mich niemand lesen lassen: dort trifft man sich mit guten Bekannten zu einem ausgiebigen Tratsch. Da wir an Sonntagen vom frühen Morgen bis zum frühen Nachmittag Wasser hatten, kam ich zu der Überzeugung, es müsse eine Möglichkeit geben, irgendwie einen Wassererhitzer zu installieren. Für einen elektrischen Wassererhitzer reichte die Stromspannung nicht aus. Ein holzbefeuerter Boiler hätte nicht nur einen zweiten Rauchfang, sondern auch eine Atmungssicherheitsschleuse auf dem Dach erfordert, und dafür bekam ich nicht die Genehmigung. Schließlich fand ich einen Butangasboiler, von dem mir der Inhaber des Tabakladens, der gleichzeitig als Klempner arbeitete, versicherte, er werde wunderbar funktionieren. Dabei gab es nur einen Pferdefuß. Aus Sicherheitsgründen, um ausreichende Belüftung zu garantieren, müsse das Glas aus dem Badezimmerfenster entfernt werden! In über 750 Meter Höhe, wo ein normaler Winter acht Monate lang Kälte, Nebel und Schnee bringt, hielt ich es für besser, es sein zu lassen, und gab mich geschlagen. An Sonntagen, nach dem Mittagessen, zu der einzigen Zeit, in der ich von eventuellen Besuchern verschont bliebt, ›badete‹ ich im Spülbecken in der Küche, indem ich die Füße über den Rand hob und, so gut es ging, die Beine mit Wasser abrieb, das ich in Kesseln auf dem holzbefeuerten Küchenherd erhitzte.

Delikatessen kamen nicht in Frage: allein das bloße Minimum für den Lebensunterhalt zu besorgen, erforderte Erfindungsreichtum und recht viel Zeit. Butter war erhältlich, aber sie war lange, bevor sie uns erreichte, in dem Warenlager in Bari ranzig geworden. Es gab den salzigen *pecorino*, einen Käse von undefinierbarem Geschmack nach alten Abflußrohren und angesäuerten Lumpen; *parmigiano* gab es nicht. Fleisch war für Festtage, und dann sowohl zäh als teuer. Fisch erreichte uns auf einem Lastwagen, der seine Waren in jedem Dorf seiner 120 Kilometer langen Route feilgeboten hatte und mit einem Angebot von ein paar schuppigen Mittelstücken unbekannter Herkunft und ein paar äußerst verdächtigen Muscheln zu uns kam – die jedes Jahr zu Fällen von

Hepatitis, Typhus und kürzlich auch Cholera führten. Für ein Ei freundete man sich mit einer Nachbarin an, die Hühner hielt, und bezahlte dann (1959!) etwa 36 Pfennige pro Stück. Das ganze Warenlager eines Kramladens hätte man in einem schrankgroßen Zimmer unterbringen können: Tomaten in Dosen, Tomatenpaste, Thunfisch, Anchovis, Erbsen in Dosen, Oliven, Artischokken, *pecorino*, die örtlichen Sorten *salame*, mit erschreckenden Fettwürfeln, *paste* in einer erstaunlichen Vielzahl der Größe und Formen – und je größer, um so beliebter waren sie – und eine Lade mit Brot. Wenn man hartnäckig war, konnte man eventuell irgendwo hinter einer Theke in einer dunklen Ecke winzige Schachteln Seifenpulver aufspüren (nach denen allerdings keine große Nachfrage bestand, denn man wusch das Geschirr noch immer mit Sand und Asche, die Wäsche mit Riegeln gelber Kernseife), Flaschen mit Salzsäure, Bleichmitteln und ein paar schüttere Wischtücher. Alle Preise waren hoch, die Qualität minderwertig, aber man hatte keine andere Wahl. Mehr Geld oder weniger kann eine Ernährung nicht besser machen, die zur Hauptsache aus Pasta mit Öl oder Brot mit Öl besteht. Das Öl, und es ist immer sehr wichtig, war kein in Flaschen abgefülltes Handelsprodukt, sondern die lokale trübe sirupdicke Flüssigkeit, die zwar gut schmeckte, einem aber auch ans Zahnfleisch ging. Natürlich gab es den Obst- und Gemüsemarkt, auf dem das saisonbedingte Grünzeug und die Früchte aus Neapel feilgeboten wurden: drei Monate lang Blumenkohl und Broccoli, sechs, so schien es, Chicoree; Salat gab es in den heißesten Monaten, wenn es am gefährlichsten ist, ihn zu essen. Das einzige Obst am Ort selbst waren Kirschen und Feigen, und beide haben eine sehr beschränkte Erntezeit. Alles übrige kam von außerhalb, war voller Narben, Druckstellen und unwahrscheinlich teuer, der Abfall von günstigeren Märkten, den man ins Landesinnere schickte.

Amüsement war noch schwerer zu bekommen. Das Kino, ein Betontrog wie eine Schafschwemme, war den Männern vorbehalten, ebenso die Weinläden und Cafés, von denen eines im Hinterzimmer den einzigen Fernsehapparat am Ort stehen hatte. Das Radio war nur ein kleiner Trost. Alle Stationen, außer denen in Jugoslawien jenseits der Adria, schienen auf einem Pendelpegel zu senden, der den Ton bald deutlich, dann unklar und schwach, dann wieder klar gegen die Felswände der Berge ringsum zu werfen schien. Eine der drei italienischen Stationen drang nicht einmal als dünnes Echo bis zu uns. Der Sender übertrug klassische

Musik, und man hielt uns wohl für ihrer unwürdig. Nur wenige lasen, selbst von denen, die es konnten und sich leisten konnten, darum spezialisierte sich das Papier- und Elektrogeschäft, das uns gewöhnlich mit allem versorgte, was wir brauchten, auf Häkelmuster und *fumetti*, jene italienischen Comics, die mit Fotos Geschichten erzählen, die irgendwo zwischen Kitschoperetten und ›Geschichten, die das Leben schrieb‹ angesiedelt sind.
Abends hatten die Frauen kaum eine Wahl. Sie saßen da, erleichtert, wenn sie nichts mehr tun mußten, in einem Vakuum zwischen einem Tag und dem nächsten. Manchmal strickten sie rauhe schwere Unterhemden, manchmal stopften sie, nicht sehr sorgfältig, Sachen. Dieselben Frauen, die Jäthacken mit unendlicher Sorgfalt und Geduld führten, stürzten sich auf ihre Knöpfe und ihr Stopfgarn, als wollten sie Rache nehmen für die Enttäuschungen des Tages. Über den ganzen Ort hin verstreut saßen die Frauen in kleinen Gruppen, meist miteinander durch das dünne Netz urgroßväterlicher und urgroßmütterlicher Heiraten verwandt, die Füße auf dem Halbtritt vor der Feuerstelle, die Schals noch um die Schultern gelegt, die Ellenbogen auf die Knie gestützt, das Kinn fast über den Flammen und murmelten einander die neuesten Informationen zu. Sie brauchten keine Zeitung. Was sie interessierte, wanderte von Mund zu Mund. Sie sortierten die Informationsstückchen, wie sie bei der Ernte Bohnen verlesen würden: sie verwarfen die verschrumpelten, legten die besten bis zu einer späteren Begutachtung beiseite und sammelten die im Augenblick verwertbaren zu einem Häufchen vor sich. Das alles geschah mit erstaunlicher Akkuratesse. Ihre knappen Kommentare, verwurzelt in einer gemeinsamen Vergangenheit, klangen für Außenseiter beinahe biblisch. Wenn sie sich genügend langweilten oder ausreichend gewärmt hatten, gingen sie ins Bett. Im Sommer dauert der Arbeitstag länger, doch die Abende sind kühl und mild. Die Gruppe trifft sich wie gewohnt, aber jetzt vor den Haustüren oder auf dem Balkon der Nachbarin, nicht etwa aus Freundschaft oder aus Einsamkeit. Für sie ist Einsamkeit nichts weiter als ein willkürlicher Faktor im Leben. Sie treffen sich wie jede Clique, um nützlichen Tratsch auszutauschen, um auf Kosten anderer zu lachen und um zu vermeiden, daß sie selbst die Opfer sind. Sie wissen, daß irgendwo an einem andern Ort im Dorf *sie* die Opfer sind.
Tag um Tag sah ich immer dieselben Frauen. Anfangs tauschten wir die üblichen Nörgeleien über das Wetter und die Preise aus,

dann allmählich begannen wir über die Fehden, den Klatsch, die Krankheiten zu reden, die das alltägliche Leben ausmachen, über das Elend und die Enttäuschung, daß eine seit langem versprochene Veränderung doch nie wahrgemacht wird. Ich blieb, und so teilte ich mit ihnen, was es gab – die äußeren Unbequemlichkeiten, die mit der Zeit zu bloßen Ärgerlichkeiten absanken, und das weniger greifbare intuitive Unbehagen. In dieser Armut herrscht keine fröhliche Kameraderie. Dies sind Menschen, die mit dem Wissen geboren werden, daß sie keine Erwartungen haben. Sie leben allein und kämpfen, um irgendwie dem drohenden Zusammenbruch zu entgehen, sie wissen, daß niemand, nicht einmal die Verwandtschaft, ihnen helfen wird. Sie erwarten es gar nicht. Sie hatten niemals genug für sich selber und können ihre Plackerei nicht lange genug unterbrechen, um einem anderen zu helfen, auch erkennen sie kein gesellschaftliches, religiöses oder emotionales Gesetz an, das ihnen dies gebieten würde. Der Erfolg, sollte er sich einstellen, wird ein flüchtiger sein und wird ein paar körperliche Bedürfnisse, ein wenig Neid und eine Flut von anonymen Briefen mit Anschuldigungen an die Adresse der Provinzautoritäten mit sich bringen. So vieles hängt vom Glück ab, und Glück ist für den Bauern eine schwer faßbare Macht, die unlösbar von Gottes Willen abhängt. Irgendwie vermag man Ihn innerhalb dieser einen Lebensspanne nicht zu versöhnen.

Über zehn Jahre sind vergangen, seit ich jahraus, jahrein in einem süditalienischen Dorf lebte, mich dort verankerte und jeden Tag die Plagen sah, die das Leben dort mit sich bringt, und jeden Tag erkannte, daß nichts, was ich tun konnte, mehr als nur eine zeitweilige Erleichterung war. Die langsame gleichförmige Abfolge dieser Tage erzeugte ein Gefühl der inneren Vereinsamung in mir, das ich nie wieder ganz verlor. Das stand in keinem Zusammenhang mit der äußeren Entfernung von einer mir vertrauteren Welt. Wenn ich über Weihnachten oder Ostern nach Rom fuhr, fühlte ich eine heimliche Freude, als gönnte ich mir ein unerlaubtes Liebesabenteuer, nicht mit einem Mann, sondern mit den Annehmlichkeiten einer Großstadt, und wie es mit manchem Liebesabenteuer geht, kaum war ich dort, fühlte ich mich seltsam enttäuscht. Nichts entsprach ganz meinen Erwartungen. Es gab Licht und Wärme und Wasser – den ganzen Tag –, es gab Teppiche, in denen man bis zu den Knöcheln versank. Es gab auch Freunde und Partys, bei denen ich mich gedrängt fühlte, über ›Lebensbedingungen‹ und kleine Tragödien zu sprechen, die keinen interessierten, und ich machte mir plötzlich klar, daß ich meiner eigenen Isolation nicht entronnen war. Ich hatte sie mitgebracht.

Ich kehrte oft in mein Dorf zurück, doch in immer größeren Abständen. Wenn ich eintreffe, wendet sich mein Gefühl innerer Isolation nach außen. Ich bin von den Frauen isoliert, und sie von mir, wenn ich mir dessen vielleicht auch stärker bewußt bin, da ich sie gut kenne. Sie fragen niemals nach dem anderen Leben, das ich führe. Solange ich bei ihnen war, sollte ich das ihre teilen. Ich kam aus jener anderen Welt: so war ich automatisch wie die Leute, die sie im Fernsehen sahen. Sie waren die Entfremdeten, die nichts mit mir gemein hatten, außer ihren Feldern, ihren Kindern, ihren Kümmernissen und schließlich auch ihren Scherzen. Jedesmal wenn ich zurückkehre, beginnen wir von vorn. Ich muß mich verändert haben. Und sie fürchten diese Veränderung. Irgendein seltsamer Charakterumschwung könnte mich ja dazu bewegen, höhnisch zu reagieren, wo ich früher voll Sympathie war. Wir umkreisen einander wie streunende Hunde. Die Gesichter zeigen eine einstudierte Ausdruckslosigkeit. Wir erledigen das Ritual der Küsse auf beide Wangen, des kraftlosen Händedrucks, und ich sehe nur einen reservierten, stumpfen Ausdruck in den Augen und tiefe neue Falten um den Mund, und ich denke ans Altern. Sie nehmen eine sorgfältige, vollkommen freimütige Bestandsaufnahme mit mir vor und vergewissern sich wieder. Im Vergleich zu ihnen habe ich das Geheimnis ewiger Jugend entdeckt. Man schaue sich ihre grauen Haare an, die ausfallenden Zähne (das beginnt sowieso bereits, wenn sie noch Kinder sind), die vorfallenden Bäuche. Wieso ist Ihnen das nicht auch passiert, *signora*? Und ihre Beschwerden. Die Soundso wurde wegen *un male brutto* operiert, und das heißt: Krebs. *Maria u verdulaiu* ist gestorben – und so kauen wir die vergangenen Monate durch und arbeiten uns langsam wieder in die Gegenwart vor. Wir haben von neuem begonnen.

Als ich dort lebte, brauchte ich nicht jeden Tag zu denken: Dies ist das ganze Leben, mehr gibt es nicht. Ich bezweifle, daß ich wie sie kämpfen könnte, um diese Tage zu erdulden, oder daß, was immer in mir menschlich ist und mich von einem Tier unterscheidet, ihre Art Leben überstehen könnte. Sie sagen: »Das Leben macht brutal.« Das sie dies erkennen, erklärt, warum sie trotz aller gegenteiligen Äußerungen so schmerzlich human bleiben. Es sind Frauen von gewaltigen Stärken, diese Frauen im Schatten. Eine dieser Stärken, und nicht die geringste, ist ihr Schweigen, das Außenstehende als Unterwürfigkeit begreifen. Ich bedauere, daß ich sozusagen als Filter eingedrungen bin, doch glaube ich, diese Frauen – ehe sie verschwinden und geisterhafte Schatten hinter einem Mythos werden – sollten selbst sprechen.

Auf das Feld zu gehen, das ist fast ein Reflex, bedingt durch den gänzlichen Mangel an anderer Arbeit. Man geht, auch wenn es vielleicht nicht nötig wäre. Der Esel braucht Futter: man schneidet es mit der Hand, manchmal nur längs der Ackerränder, und stopft es in die Säcke, die vom Sattel hängen. Da man schon draußen ist, sammelt man Wildkräuter für einen Salat – ein bißchen Sauerampfer, Löwenzahn, was es eben gibt. Man jätet den Streifen Weizen, lockert die Erde um die Bohnen, bindet eine Ranke fest. Man schaut hinüber, um zu sehen, wie die Frucht beim Nachbarn steht. Nicht daß man wirklich gewünscht hätte, der gestrige Hagelsturm hätte sie zu Boden geschlagen, aber es wäre ja nur gerecht, wenn … Man sammelt ein paar Zweige zum Anzünden. Dann schließlich auf den unsichtbaren Fingerzeig des noch unveränderten Lichts, das sich aber bald ändern wird, der lange Weg zurück ins Dorf. Acht Kilometer, sechzehn Kilometer – ein langer Weg und nichts, an das man denken könnte, außer, wie man ein wenig mehr Land bekommen könnte, eine Arbeit, wie man die Kinder sattkriegen soll. Die Kinder. Werden sie auch einmal so leben? Man reitet den Esel nicht: er braucht seine Kräfte ebenfalls. Seine Hufe klicken, die Stiefel knirschen, und man schläft im Gehen fast ein.

ZUSAMMEN UND GETRENNT

Zusammen, ja, zu vorgeschriebenen Zeiten und an vorgeschriebenen Orten. So wie die Frauen mit den andern Frauen und ihre Ehemänner mit den anderen Männern zu Beerdigungen gehen, so scheint ihr Leben eigenartig abgesondert. Die äußerlichen Regeln sind recht leicht zu begreifen, doch gibt es in diesem System Feinheiten, die nicht festgelegt sind und die, wie ich vermute, nicht diskutiert werden. Etwas ›gehört sich‹ so oder so. Wenn zum Beispiel ein Mann, dessen Frau ich gewöhnlich besser kannte, mich um Hilfe oder Rat bitten kam, dann begleitete ihn seine Frau nicht, wie ich erwartet hätte. Er kam allein. Wenn ein Mann, den ich nicht kannte, mit mir sprechen wollte, dann brachte er seine Mutter oder eine ältere gemeinsame Bekannte mit, aber nicht als Anstandsdame, denn es war allgemein bekannt, daß eine meiner Nachbarinnen sich dieser Aufgabe angenommen hätte.
Das Leben an einem normalen Tag ist anstrengend, aber nicht kompliziert. Solange eine Frau jung ist, teilen sie und ihr Mann die Feldarbeit nahezu gleich miteinander. Fehlt sie auf dem Feld, dann ist dies das erste Anzeichen von Wohlstand, doch nun schneidet sie Holz, gräbt mit der Hacke, jätet das Unkraut aus dem Korn, bindet später die Garben, während der Mann mäht. Sie worfelt und liest Ähren auf, was der Mann nicht tut, und sie schleppt Säcke und lädt Heu auf. Sie sagen, sie produziert weniger, aber das ist keine Befreiung. Ihre Hilfe wird nie abgewiesen. Sie kann ein Maultier, dem die Augen verbunden sind, im Kreis durch Saubohnen treiben, während der Mann sie wendet, oder sie kann wenden, und er führt das Maultier – endlose Stunden lang unter einer Sonne, die den Schädel pochen läßt, als würde eine zarte Membrane zwischen der Schädeldecke und dem Gehirn fantastisch anschwellen und müßte zerplatzen. Frauen pflügen oder säen nur selten. Tradition und Aberglaube stehen dem entgegen; allerdings habe ich Frauen mit den Griffen eines Pfluges kämpfen sehen, um die Pflugschar so tief wie möglich in den Boden zu pressen, während der Mann den Pflug das Feld auf und ab schleppte, das plötzlich riesig groß wirkte. Sie sind zusammen, doch sie haben wenig gemeinsam: auf einer Bank hockend, essen sie die Mittagsmahlzeit, Brot und ein paar Pfefferschoten; am Abend, zu Hause, wieder eine Mahlzeit, gewöhnlich Teigwaren mit Öl oder Soße,

Brot und vielleicht ein Stück Wurst. Gemeinsam ist ihnen ein wortloser tiefsitzender Gram über die Krankheiten und Todesfälle, die ihre Familie treffen. Sie wirken nie hilfloser oder einander näher, als wenn sie auf ein stummes fieberndes Kind in einem Krankenhausbett hinunterblicken.

Dann gibt es die Welt des Mannes in der Öffentlichkeit, die Welt seiner spärlichen Vergnügungen, von denen seine Frau ausgeschlossen ist. Die Piazza, die Cafés, das Kino, die Kartenspiele und die endlosen politischen Diskussionen. Er raucht, er trinkt ein wenig Wein, oft trinkt er allerdings ziemlich viel – wie die Frauen sagen: »Was sollte er auch sonst tun?« –, vielleicht spielt er Karten, sicher streitet er mit jemandem, dann geht er nach Hause und zu Bett, denn am nächsten Morgen muß er wieder aufs Feld hinaus. Und außerdem waren schon zu viele Abende genauso.

Besitzt er Land, dann reicht es nicht, um davon zu leben; er muß mehr Grund pachten oder Arbeit finden – und es ist nie genug Arbeit für alle da – auf einer Baustelle und muß die Bearbeitung des eigenen Bodens weitgehend der Frau überlassen. Wie auch immer, vier Wintermonate lang bummelt er in der Ortschaft herum, versucht, »der Zeit ein Schnippchen zu schlagen, damit sie schneller vergeht«, und vermeidet es möglichst, an das vergangene oder das kommende Jahr zu denken. Sein weiterer Besitz ist vielleicht ein Steinhaus mit zwei Räumen, über dem das Dach undicht ist und dessen Kamin raucht, seit der Mensch aus den Steinzeithöhlen herauskam, und ein Maultier oder ein Esel, heute manchmal sogar ein Motorroller oder ein Motorrad, ein Schwein, ein paar Hühner und einige Schulden, die nie ganz abbezahlt sind, bevor er neue eingehen muß. Seine Kleidung ist einfach: Arbeitshose, Stiefel, eine alte Jacke, ein Paar gute Hosen und vielleicht eine zweite Jacke und schwarze Schuhe aus Pappe mit dünnen Sohlen. Der Anzug, den er bei der Hochzeit trug, wird weiter gemacht und gereinigt, und er trägt ihn auch bei seiner Beerdigung.

Ein Mann, der bei aller Arbeit, die er nur finden kann, niemals mehr als das zum Überleben notwendige Existenzminimum schafft, der – keineswegs durch eigene Schuld – nicht imstande ist, sein Geschick zu verbessern, seinen Kindern eine andere Zukunft zu versprechen, ihnen eine bessere Wohnung zu bieten oder sie ausreichend mit Nahrung und Kleidung zu versorgen, kann sich wohl kaum anders als unzulänglich und verbittert fühlen. In der Öffentlichkeit neigt er dazu zu kriechen, nicht zu dominieren. Zu Hause, wo sein Versagen sichtbar wird, ist er stumm und in sich verschlossen, beklagt sich nur verdrießlich und beiläufig wie ein Untermieter, den das eigentlich nicht berührt, über das Essen und den Lärm, den die Kinder veranstalten. Seine Wut über tausend andere Dinge läßt ihn die Kinder anfahren, und wenn sie aus Angst, daß er sie schlagen wird, zu weinen beginnen, nimmt er einen Zahnstocher und seine Mütze und verschwindet in der Nacht. Er spielt vielleicht Karten oder trinkt mit Freunden, die genauso niedergeschlagen sind wie er, in den Weinhandlungen, oder er steht einfach auf der Piazza herum, bis zu Hause wahrscheinlich alle im Bett sind. Er weiß, daß das Essen alles war, was eben da war, daß Kinder lärmen, daß seine gelegentliche Grobheit ihm nicht den Respekt seiner Frau und seiner Kinder einbringt, und er weiß auch, daß er sich kein Vergnügen irgendwelcher Art leisten kann. An jedem Tag seines Lebens kämpft er gegen die langsam weiterfressende Frustration an. Er ist ein Mann ohne Vorrechte, er kann keine Entscheidungen treffen oder Alternativen bedenken. Er steht jeden Tag durch, und der Frustrationsdruck baut sich auf wie Dampfdruck in einem Kessel. Um zu überleben, ist er fast gezwungen, sich sein Ego so wiederaufzurichten, daß er sich als mächtigen Mann sehen kann, als jemanden, der einen gewissen Respekt von sich selbst und von anderen verdient.

Wenn er so auf der Piazza steht, unrasiert, die Augen leer auf irgendeinen Punkt im Raum gerichtet, dann wirkt er geistlos, doch seine Frau würde wissen, daß er ›fantasiert‹. Es hilft; seine Traumgebilde und die wirklichen Ereignisse verschwimmen dann oft zu einem für ihn befriedigenden Ereignis. Er stattet sich mit Macht aus, und das ist für jemanden keine leichte Aufgabe, der scheinbar für alle Männer außer seinesgleichen unsichtbar ist. Die nächstliegende Macht und die am wenigsten widerlegbare ist die sexuelle. Also, die Frau vom Pancrazio, hat die mir nicht einen Blick zugeworfen...? Vom Traum bis zu einer kleinen harmlosen Spekulation, keineswegs schon einer Prahlerei, ist nur ein kurzer Schritt. Seine Freunde sondieren ihre Chancen auf die gleiche Art, mit Anspielungen, ohne es direkt auszusprechen, und dann, ohne es zu bemerken, schweigen sie wieder. Er dreht sich nach einer vorüberkommenden Frau um, taxiert ihre eventuellen Reize und die offenkundige Unzulänglichkeit ihres Mannes. Seine Gedanken schweifen zurück zu den Ereignissen des Tages, zu dem Groll, der dabei entstanden ist. Das nächste Mal werde ich dem Schweinehund ein paar Sachen sagen, schwört er sich. Das nächste Mal.

Das lasse ich dem nicht durchgehen. *Er*, das ist natürlich der *padrone*, der Polizist, der Steuereinnehmer, Doktor, Rechtsanwalt, Kaufmann oder Lehrer. Wiederholung und Wunsch flößen einem Protest Leben ein, der nie geäußert werden wird. Was er tun wird, wenn... davon nährt sich seine Fantasie, und »Heute habe ich ihm aber gesagt, was er mich kann...« ist die Ouvertüre zu Tausenden fiktiver Unterredungen.
Er erschafft sich eine Welt, an die er glauben muß, weil sie ihm Macht garantiert und ihm gleichzeitig etwas gibt, das er verteidigen kann, denn wenn seine sexuellen Heldenträume für andere Männer eine Bedrohung darstellen, dann auch die ihren für ihn. Er muß die Treue seiner Frau sicherstellen, die Jungfräulichkeit seiner Tochter, nicht um ihretwillen, sondern um seinetwillen, für seine ›Ehre‹. Wahrscheinlich wird nie jemand ergründen, wann dieser Kult mit der Ehre entstanden ist, aber ich bin davon überzeugt, daß sie ein Geschöpf der Einbildung ist. Da sie so bequem zwischen dem Möglichen und dem Unwahrscheinlichen schwebt, gibt sie Befriedigung ohne das tägliche Risiko, den Beweis antreten zu müssen. Stellen Sie sich den heutigen Bauern, wenn Sie wollen, als einen Nachfahren des *Dekameron* vor. Danach lebt er in rasender Liebeslust und wilden sexuellen Aktivitäten, eine Gefahr für alle Frauen (ein Blick von ihm, und sie erglühen in Leidenschaft), und er ist eifersüchtig auf alle Männer und fühlt sich von allen bedroht. Vielleicht ist er so, doch fällt es mir schwer, es zu glauben.
Selbst logistisch ist das unmöglich. Überbevölkerung fördert heimliche Stelldicheins nicht gerade. Wenn Mann und Frau das Zimmer, oft auch das Bett mit ihren Kindern teilen müssen und die Großmutter direkt hinter der Trennwand schläft, fällt es schwer, einen privaten Streit auszufechten, geschweige denn eine heimliche Begegnung zu arrangieren. Und bei den seltenen Gelegenheiten, bei denen die Straße leer ist, gibt es immer irgendein altes Weib, das durch einen Spalt in der Doppeltür späht. Leere Felder gibt es nicht. Versuchen Sie, ein bescheidenes Sonnenbad zu nehmen, und Sie werden feststellen, daß sogar die Bäume Augen haben. Das *Wo* wird zu einem fast unlösbaren Problem. Dazu kommt noch das *Warum*. Die meisten von uns haben den Wandel der Sexualmoral miterlebt und können sich noch weitere Veränderungen vorstellen, vielleicht ohne allzu große Begeisterung, doch denkbar sind sie. Bauern sind aber nicht flexibel. Sie sind schockiert über das, was man ihnen über die angeblichen Ge-

wohnheiten der Jugend in den Städten berichtet, und klammern sich an strikte, beinahe viktorianische Regeln. Ein Mann und eine Frau dürfen nie zusammen allein gelassen werden, oder das Schlimmste wird passieren. Männer sind von übermächtigen körperlichen Bedürfnissen getrieben; die Frauen müssen das mit einem Lächeln ertragen. Die Frauen der Bauern erleben die körperliche Vereinigung selten als angenehm. Als etwas Notwendiges, als ihre Pflicht, als Heimsuchung ja, aber nicht als Leidenschaft, ein Wort, das eher an Raserei erinnert als an Liebe oder körperliche Vereinigung.

Ich habe mehr als eine Frau darüber klagen hören, daß die von der Regierung verwalteten Bordelle geschlossen wurden, und ich sah die langen Schlangen der Bauern auf einer Nebenpiazza warten, bis sie für ihre fünf Minuten in das ›Haus‹ gelassen wurden. (»Die Zeit ist um!« und über die Trennwand fliegt eine Rolle Toilettenpapier.) Eine armselige, traurige kleine Szene, die sich jahrelang an jedem Samstag- und Sonntagabend wiederholte. Aber wo sind dann alle jene sehnsuchtsvollen Mädchen und leidenschaftlichen Ehefrauen, die nach den Aufmerksamkeiten dieser Männer verlangen? Es läßt sich nicht vermeiden zu sagen: die Frauen dort sind durchaus nicht generell von überwältigenden feurigen Süchten geplagt, aber die Männer brauchen das Gefühl, daß es so sei, und die Frauen lassen sie in diesem Glauben. Die Männer sind auf anderen Gebieten sehr viel grausamer enttäuscht worden. Die Frauen auf dem Land sind instinktiv pragmatisch genug, ihnen diese eine Illusion zu lassen: vielleicht spüren sie sogar, wie nötig sie für Männer ist, die sonst nichts haben. Wenn sie unter sich sind und reden, sagen Frauen, die sich der sexuellen Reize und Heldentaten ihres Mannes rühmen, immer wieder das gleiche mit farblosem Stolz: »Er ist *valente, valente!«* Er ist sehr, sehr schnell.

So schlägt also der Mann auf der Piazza die Zeit tot, fantasiert vor sich hin und glaubt fast zu sein, was er doch nicht ist. Seine Frustration ist immer da, wie ein Hühnerauge, das drückt, aber sie treibt ihn nie ganz so weit, daß er handelt. Er ist sich seiner Rechte oder sogar seiner berechtigten Erwartungen nicht sicher, und er ist sich selbst zu unsicher, um mehr zu tun als zu grollen. Manchmal allerdings, wenn es sehr heiß ist, besonders zur Zeit der *festa,* wenn die Ernte eingebracht ist und er sich wieder einmal eingestehen muß, daß er nicht genug hat, um über den Winter zu kommen, wenn die Ausgaben für Schuhe, Pullover und Hosen für die Familie ihn erschreckt haben und wenn er genug Wein getrunken

hat, treffen seine Enttäuschungen und sein Groll zu einem Moment rasenden Protests zusammen. Demütigungen, die keine waren, nichtige Bemerkungen, die er durch den Dunst seiner dämmernden Tagträume nur halb verstanden und halb begriffen hatte, kommen ihm nun zurück. Dann genügt eine Bemerkung, die vielleicht nicht einmal auf ihn gemünzt war, und er stürzt sich in eine Prügelei. Für Außenstehende wirkt das wie der plötzliche unprovozierte Angriff eines Tieres. Seine Wut richtet sich nie gegen die echten Ursachen seiner Verbitterung – das würde er doch nicht wirklich wagen –, sondern gegen einen anderen Bauern, den er in der höhnischen, stichelnden Art von Leuten verabscheut, die zusammen geboren und aufgewachsen sind und wohl auch zusammen sterben müssen.
Gewalttätigkeit bringt Erleichterung, gleichgültig, wie nichtig das Motiv sein mag. Ein Streit wirkt reinigend. Der Mann kann zu Hause toben und in der Öffentlichkeit den Gockel spielen, und endlich hat er einmal etwas im Griff, womit er fertig wird. Was im äußersten Fall eine sinnlose Streiterei wäre, kann dann zur Messerstecherei oder noch schlimmer zum Mord ausarten. Barbarisch, unmoralisch, ungesetzlich? Sicher. Der Mann ist zu manchen Zeiten genau das, aber es handelt sich dabei zugleich um eine Art Katharsis, in die er sich flüchtet, wenn Armut, Langeweile und Enttäuschung seine Vernunft zu überwältigen drohen. (In den letzten Jahren sahen wir, daß die Armen in den Großstadtslums mit genau der gleichen explosiven Aggression reagieren.) Man hat, halb im Stolz, das heiße Blut, das vielgepriesene mediterrane Temperament zur Begründung herangezogen, als würde damit irgend etwas entschuldigt, doch wenn der süditalienische Bauer wirklich so heißblütig wäre, dann hätte er schon vor Hunderten von Jahren die kleinen Lokaltyrannen und die bigotten Provinzkleriker umgebracht, die sein Leben zu einem Golgatha machten. Aber statt dessen steht er auf der Piazza, vor sich hinbrütend und grollend. Hin- und hergerissen zwischen den vagen Freuden der Einbildung und den offenkundigen Gefahren des Handelns zieht er die eigene Niederlage auf sich herab.

Für die Frauen ist jeder Tag ein vielköpfiges Ungeheuer. Wie sie damit zu Rande kommen, ist verschieden; nicht nur weil jede Frau anders ist, sondern weil die Bräuche, die einen so weiten Bereich des Lebens bestimmen, von Gegend zu Gegend, sogar von Dorf zu Dorf andere sind. Geschichte, klimatische Umstände, was angebaut wird und die dazu erforderlichen Arbeitsmethoden erklären viele der Unterschiede; andere sind mysteriöse Überbleibsel von Bräuchen, die ihre Ursprünge überlebt haben. Warum wetteifern zum Beispiel die Frauen in einem Dorf miteinander, welche von ihnen den Mann mit guten Kleidern auf dem Leib und Geld in der Tasche »auf der Piazza halten kann?« Und welcher der ›eleganteste‹ ist? Die Männer sind hier Drohnen, die öffentlich zur Schau gestellt werden, um die Überlegenheit ihrer Ehefrauen zu beweisen. Warum sind die Frauen eines bestimmten Dorfes als Hexen berühmt, die eines anderen als geschickte Hebammen? Warum dürfen in einem einzigen Dorf Frauen kein Wasser tragen?

In gewissen Teilen Siziliens leben die jungen Frauen auf dem Land in einer Art italienischer Purdah, einem haremsähnlichen Zustand. Sie dürfen nie allein im Haus sein und werden gewöhnlich von den furienhaften Schwiegermüttern streng überwacht. Sie schlüpfen vielleicht einmal durch Hintergassen, umgehen den *Corso* und die Piazza, um kurz vor Tagesanbruch oder in der Abenddämmerung auf den Markt zu gehen, und auch dann meist nicht allein. Schließlich geben sie es auf und schicken die Kinder zum Krämer, zum Schuhmacher und zum Gemüsehändler.

Die weiten fruchtbaren Ebenen der Provinz Apulien sind übersät mit Städten, in denen 30000 bis 100000 Menschen dem Anschein nach in den Trümmern eines vor kurzem erst geschehenem Erdbebens kampieren. Solche Ansiedlungen erheben den Anspruch, Städte zu sein, und zum Beweis führen sie die entsprechende Anzahl niederer ›Wolkenkratzer‹ und Schaufenster mit polierten Aluminiumrahmen an Läden vor, die nun plötzlich ›Boutiquen‹ heißen. Dennoch, 80% der Bewohner sind Landarbeiter und Bauern. Sie leben in wuchernden Gehegen in Häusern, die nur einen Raum haben, mitten in der üblichen Enge zwischen Eseln, Maultieren, Karren, Hühnern, Schweinen, Kaninchen, Hunden, Katzen und Kindern. In manchen der Hintergassen und engen Straßen gibt es bruchstückhaftes Straßenpflaster, das schmale Stege zwischen wandernden Wasserrinnen und Schlaglöchern bildet; andere sind mit mehr Ehrlichkeit als ›unpassierbar‹ beschildert. Zwanzig Jahre lang mußte die Installation von Sielen oder Wasserrohren oder Elektrokabeln als Entschuldigung für diesen chronischen Mißstand herhalten. An jeder Tür hängen Vorhänge aus Plastikschnüren, um die Fliegen abzuhalten. In diesen Orten arbeitet eine Frau vom Land auf den Feldern, wann immer es geht, besonders wenn die verschiedenen Ernten rasch eingeholt werden müssen, aber ihre vordringlichste Pflicht ist es, mit den Schwierigkeiten zu Rande zu kommen, wie sie für jede Stadt typisch sind. Sie verwendet die Hälfte ihres Lebens darauf, Schlange zu stehen, um Rechnungen zu bezahlen oder Anträge einzureichen (so benötigt etwa jedes Kind für die Einschulung zehn verschiedene Formulare, bis es zugelassen wird). Wenn sie bezahlte Arbeit finden kann, um so besser. Daneben muß sie allerdings trotzdem noch einkaufen, kochen, genug Wasser herbeizuschaffen versuchen, um das Geschirr und die Wäsche zu waschen. Die winterlichen Abfallberge von zu vielen Menschen und zu vielen Tieren werden im Frühling zur Brutstätte von Fliegen und Ratten. Bald hat dann Bambino Giovanni Fieber und der fünfjährige Mario schlimmen Durchfall. Seuchen, die Jahrhunderte lang heimisch waren, kehren heute zurück, wie um die Überlebenskräfte der Untauglichen zu erproben, und die Frauen rennen vom Doktor zum Heiligen und von dem zum Zauberdoktor und flehen um einen Wundertrank gegen den bösen Blick, und als letzte Hilfe bleibt die wundertätige Madonna. Immer hinken sie einen Schritt hinter der Katastrophe her und versuchen sie mit den stumpfen Werkzeugen ihres Aberglaubens zu besiegen.

Die zwei Regionen, die ich am besten kenne, *Abruzzo* und *Lucania,* sind kahl und gebirgig, mit manchmal sehr großen Dörfern, die gefährlich an steilen Hängen oder sogar auf wolkenumwehten kleinen Bergspitzen hängen, weil man vor vielen Generationen entschieden hat, daß man sich so am besten gegen eindringende Feinde und gegen die Malaria aus den Tälern drunten verteidigen könne. Die Felder sind nicht größer als zwei, drei nebeneinander gelegte Bettücher: ein Felssattel hier, ein Fleckchen dort. Maschinen nützten hier kaum etwas, sie würden nur noch mehr Steine und unfruchtbare Erde ausgraben. Seit langem wurde die fruchtbare Oberkrume durch Wolkenbrüche zum Meer hinuntergespült, und daß der Mensch hier überlebt, sagte sehr viel darüber aus, wie mächtig seine verborgenen Kräfte sind, wie stark sein Optimismus, mehr noch, seine Entschlossenheit ist zu überleben. Kaum etwas ist sicher, aber wie es eben an solchen Orten ist, arbeiten die Umstände einander auf ruinöse Weise in die Hände. Das einzige, was es im Übermaß gibt, ist das Wetter, das in einer perfekten zeitlichen Verkehrung die Ernte verkümmern läßt, die den Menschen ein Jahr länger am Leben erhalten würde. Der Wind versengt die Olivenbäume. Der Regen entwurzelt die

Sämlinge. Hagel schlägt den reifen Weizen nieder. Weintrauben müssen in brennender Hitze Saft ziehen.
Die Männer und Frauen, die dem widerstehen können, sind hier geboren. Sie alle müssen Arbeit finden, und es gibt niemals genug. Einige geben auf und warten einfach darauf, daß irgendeine neue Subvention der Regierung sie rettet. Die Frauen auf dem Land wissen, daß sie tun müssen, was getan werden muß, und das ist sehr viel mehr als nur ihre Arbeit auf dem Feld. Sie ziehen Tomaten und Pfeffer, legen Oliven ein, setzen in Öl die Würze an, die sie den ganzen Winter über verwenden, helfen beim Schweineschlachten, nachdem sie die Tiere aufgezogen haben, und schneiden das Fleisch in zigtausend kleine Würfel für die Würste. Auch heute backen viele ihr Brot noch selbst: große runde Laibe, weil deren schwere Feuchtigkeit den Magen besser füllt als die Ware vom Bäcker. Sie kochen und waschen. Wenn sie das Glück haben, ein briefmarkengroßes Fleckchen Land in der Nähe des Austritts der Hauptkloake zu ergattern, wo sich die Kanalisation in eine offene Grube ergießt, dann legen sie einen Gemüsegarten an und verkaufen die Erträge auf dem Markt. Sie dienen auch als Maultiere, wenn man keine besitzt. Sie haben Babys, schreiende Blagen, die gefüttert, gewickelt und erzogen werden müssen, in der liebevoll-brutalen Weise, wie nur geplagte Mütter sie ersinnen können. Und als wäre ihr Tag nicht ausgefüllt genug, können sie sich nicht erlauben, *irgendeine* Arbeit abzulehnen, die Geld bringt – außer direkter Prostitution.
Prostituierte gibt es allerdings auch. Zu Zeiten, als ich Säuglingspflege betrieb, schienen sie meine zuverlässigsten und loyalsten Klienten zu sein, indem sie in regelmäßigen Abständen eine bunte Reihe von Babys produzierten. Unglücklicherweise ist Empfängnisverhütung für die zwei oder drei freiberuflichen Dirnen, die in jedem Dorf ihr Auskommen finden, ein bis heute unerschlossenes Mysterium. Die erste Prostituierte, die ich kennenlernte, hauste in den Hecken vor der ›Stadt‹ und lauerte den Männern auf ihrem Weg vom oder zum Weinladen auf. Sie verlangte fünfzig *lire* (damals etwa vierzig bis fünfzig Pfennig). Sie wußte nicht, wovon sie sonst hätte leben sollen. Im Krieg war ihre ganze Familie bei der Bombardierung des Ortes umgekommen, und sie fing an, ihre Gunst gegen Brot einzutauschen, um zu überleben. Als ich sie kennenlernte, hatte sie drei unterernährte Kinder mit gelber Haut und riesigen Augen in verkniffenen winzigen Gesichtern, und jedes Jahr kam sie und fragte nach einem Platz im Kindergarten.

Wir konnten die Kinder nicht aufnehmen, da die Mutter Tuberkulose und Syphilis hatte. Eine andere Frau, die in ihrem Gewerbe ganz gut verdiente, ›vergaß‹ oft tagelang, ihrem kleinen Jungen, Tommaso, zu essen zu geben. Es war ihr gelungen, bei den örtlichen Behörden eine kleine Wohnung in einem staatlichen Wohnblock zu ergattern. Die Wohnung war vollkommen leer, bis auf zwei beruflich nötige Utensilien: ein Regenschirm und ein Bett. Tommaso war von der ständigen Beachtung, die er im Kindergarten fand, dermaßen angetan, daß alles, was sich auf seinen einsamen monatelangen Wanderungen durch Gassen und Hinterhöfe in ihm angestaut hatte, wie ein Sturzbach hervorsprudelte. Wir hatten angenommen, daß er im Bett der Mutter schlafen durfte, wenn sie ›aus‹ oder unbeschäftigt war. Erst nach Wochen, in denen er uns berichtete, was für lächerlich-komische Geschichten der ›Bräutigam von gestern nacht‹, wie er die Freier immer nannte, angestellt hatte, wurde uns klar, daß er still *unter* dem Bett zu liegen pflegte.

Für die meisten Frauen sind solche Abenteuer der Stoff zum Tratschen: die Arbeit, für die *sie* bezahlt werden, ist die übliche Plackerei jedes Dorfes: tagsüber die verhaßte Arbeit auf den Feldern; Holz schneiden und nach Hause schleppen; Einkaufen, Kochen und Saubermachen für eine ›Signora‹; Stiegen und Gänge wischen; Brotlaibe von zwei Kilo Gewicht, und fünf oder sechs davon pro Ladung, auf Borden, die auf dem Kopf balanciert werden, vom Bäcker zu den verschiedenen Ladenbesitzern tragen; Säcke mit Salz, Futtermitteln und Dünger von Lastwagen abladen; und, wenn es sein muß, als Maurergehilfinnen arbeiten, Mörteltröge herbeischleppen und Tröge voll Schutt zur Halde bringen. Wie das Leben für die Landbewohner seit Jahrhunderten festgelegt und geregelt ist, haben sie nur eine einzige absolute Verantwortung – die Familie.

Die Frauen verdienen am zuverlässigsten das nötige Bargeld. Sie helfen bei allen Ernten, ziehen so viele Kleintiere auf, wie sie nur Raum und Futter finden können, und verkaufen sie dann geschickt auf dem Markt. Irgendwie sind sie es, die die Verzweigungen der örtlichen Bürokratie und Politik begreifen, und deshalb wissen, wen man übers Ohr hauen kann, drängen oder bezirzen muß, eine Beihilfe, ein Haus oder einen Sack Mehl bewilligt zu bekommen. Sie lehren ihre Kinder, zwischen Gut und Böse zu unterscheiden (und das ist oft noch die beste Erziehung, die sie überhaupt bekommen), sie bringen ihnen bei, was in der Gemeinschaft als ›anständig‹ gilt, und die wenigen Fertigkeiten, die sie selbst besitzen. Und letztlich entscheiden sie über den Umfang der Mitgift ihrer Töchter und sammeln dann die Leintücher Stück für Stück, denn sie sind es, die tatsächlich den Geldbeutel kontrollieren und entscheiden, welche Einkäufe jede Woche auf dem Markt gemacht werden sollen. Am wichtigsten aber von allem: diese Frauen schaffen ihren Kindern einen Bereich der Sicherheit, der weder durch Prügel noch durch wütende Kreischerei je zunichte gemacht werden kann. Jede hat ihr Kind gestillt, es gestreichelt, in den Schlaf gewiegt, an seinem Bett gewacht, wenn es krank war, bis es weiß, daß seine Mutter es liebt, und zwar nicht als Belohnung, weil es brav war oder die Sache gut gemacht hat, sondern einfach weil sie es liebt. Es ist ihr Kind. Sie ist für ihre Kinder, was die Madonna für den gläubigen Katholiken in ihrer Gesellschaft ist: die alles verzeihende und schützende Mutter. Das ist das Ziel der meisten Mütter, aber selten besitzen sie genügend ›Macht‹, um die totale Verantwortung zu übernehmen. Man könnte den Vergleich noch weiter führen, obwohl kaum zu sagen ist, ob die Praktiken der katholischen Kirche in Süditalien das Ergebnis einer einheimischen Entwicklung der Theologie sind oder einfach geschickte Anpassung an die Bräuche der Gemeinde. Der Marienkult blüht und ist zum Kern der lokalen Glaubensvorstellungen geworden. Die Erscheinungen der Jungfrau Maria entziehen sich jeglichem Versuch der Erfassung, geschweige denn einer Überprüfung, aber das spielt ebensowenig eine Rolle wie der rosigblaue Plastikkitsch der modernen Madonnenstatuen. Maria, die Verkörperung der Erd-Mutter, kann man lieben, man kann ihr vertrauen und zu ihr beten, aber GOTT und SEIN Sohn Jesus bleiben kühle Symbole. Und der Heilige Geist, sowieso unfaßbar, bleibt ganz konkret die Gipstaube, die so vage über allen Altären schwebt. Männern fällt es schwer, vor anderen Männern demütig zu sein, und noch schwerer, ihr Gesicht zu verlieren, so daß ihr Ego durch das Gebet zu einer Frau und die Bitte um ihr Eingreifen weniger angekratzt wird. Frauen können sich unmittelbar mit der alles duldenden Mutter identifizieren und vielleicht sogar Trost aus ihrer Wichtigkeit für alle Menschen beziehen. So sehr es der Vatikan bedauern mag, im Süden Italiens hängt Christus über dem Altar, doch das Volk verehrt und betet zur Jungfrau Maria.

Wenn die Frauen älter werden und ihre Kinder heiraten, haben sie weniger zu kämpfen. Sie wissen, daß jemand sich um sie kümmern wird. In vieler Hinsicht war ihr Leben ein Ersatzleben und wird es auch weiterhin sein. Sie haben ein wenig Macht erhascht, ohne daß es den Anschein hatte, und Glücksmomente aus dem unkritischen Entwicklungsverlauf ihrer Kinder bezogen, ganz besonders ihrer Söhne. Merkwürdigerweise haben sie auch dann noch die Courage anzugreifen, wenn ihre Söhne zaudern. Er sucht nach einer Entschuldigung, um definitives Handeln zu vermeiden – sie zielt auf Sieg ab. Vieles hat sich geändert in den letzten zwanzig Jahren. Die Industrialisierung und das Leben in Großstädten, die solche Veränderungen fördern, sind für die Landfrauen zu kompliziert. Ihre Söhne entfliehen in eine Welt, die sie nicht kennen, und verdienen und geben dort unvorstellbare Summen an Geld aus. Der Einfluß der Mütter wird von Jahr zu Jahr geringer, aber es scheint, als hätten ihre Töchter und Schwiegertöchter ihre Lektion gut gelernt, denn sie fordern heute mehr: mehr Geld, Kleider, Beachtung und Hilfe.

Zu Hause in Lucania ist Veränderung noch immer suspekt und geht nur sehr langsam vonstatten. Wie früher tragen die Frauen den Großteil der Lebenslast und beanspruchen die Macht, die sie auf Umwegen erlangen, denn sobald Frauen sicher sind, daß sie die Alltagsprobleme meistern können, haben sie keine Neigung, zugunsten der Männer zu verzichten, die nie solche Selbstsicherheit kannten. Wenn sie allein sind, haben die Frauen zu entscheiden. Sie bearbeiten den Boden, verkaufen das, was ihrer Meinung nach verkauft werden soll, und verlangen von den Behörden an Unterstützung, was sie für ihren rechtmäßigen Anteil halten. Ihre Ehemänner sind meist sehr genau, was das Geld, das sie nach Hause geschickt haben, angeht: der Rest soll für neue Öfen verwendet werden, für Heißwasserboiler, wenn man in einer der staatlichen Neubauwohnungen lebt, für Mosaikfußböden an Stelle der früheren Ziegel, oder für den Verputz der Außenfront, falls man ein kleines Haus besitzt. Ebenso wie Grund und Boden ist ein Haus etwas ›Reales‹, und wird immer einen gewissen Wert behalten. Frauen sind vielleicht weniger vorsichtig. Ich habe einige kennengelernt, die Unternehmerinnen in kleinem Maßstab wurden, die sich kleine Stücke Land kauften und sich Feldarbeiter zu einem Tageslohn anheuerten. Eine ihrer größten Freuden war es, in der Lage zu sein, die Männer zu feuern und durch andere, arbeitswilligere zu ersetzen. Wenn sie die Landarbeit nie gereizt hat, dann machen solche Frauen kleine Ladengeschäfte auf und hoffen auf Vergrößerung. Und diese Geschäfte werden gedeihen wie Unkraut.

Es sind keine sehr liebenswerten Frauen. Sie sind plump, oft grob und zuweilen unfähig, ihre sonderbare Wildheit unter Kontrolle zu halten. Ihr Kopf ist nicht vollgestopft mit Theorien, sie wissen nichts von mildernden Umständen; nahezu jedes Mittel, außer Mord, ist erlaubt oder kann gerechtfertigt werden. Sie sehen, wie andere bei der ewigen Jagd nach dem Glück Erfolg haben, während sie selbst zurückbleiben verwirrt von ungewissen Vorstellungen. Die Rettung für sie ist und war immer, daß sie stets die Geheimnisse ihrer eigenen Welt kannten und zu gebrauchen wußten, und das zuweilen auf wunderbar subtile Weise. Und sie haben Arbeit nie gefürchtet. Diese Frauen haben einen gewissen Witz, Findigkeit und so etwas wie überwältigende Courage. Wenn sie je für einander Mitgefühl empfinden, geben sie sich doch nie soweit darein, daß sie die kleine Stimme überhörten, die ihnen zuflüstert: »Vorsicht! Jetzt braucht sie dich, aber später ...«

Es muß nicht betont werden, daß sie eine eiserne Loyalität ihren Angehörigen gegenüber haben.

Die Frauen dort können den eigenen Namen schreiben, aber in jeder anderen Hinsicht sind sie ungebildet. Glücklicherweise verfügen sie über ein phänomenales Gedächtnis. Ich fragte Chichella einmal, wie sie sich nur an alles erinnern könnten, an Daten, Namen, Orte und was irgendwer gesagt hat. Sie lächelte knapp, keineswegs selbstmitleidig, sondern einfach um Verständnis bittend, und sagte: »Ja, das ist alles, was wir haben.«

Nicht einmal Wasser ist leicht zu bekommen – die Häuser im alten Teil der Stadt haben noch immer keine Zuleitung. Das Aquädukt führt drei, vielleicht vier Stunden Wasser am Tag, dann, wie um daran zu erinnern, daß Sauberkeit der Frömmigkeit am nächsten ist, während der ganzen Samstagnacht und den größten Teil des Sonntags. Familien, die vor dem Morgengrauen zu ihren Feldern aufbrechen, kehren in der Abenddämmerung zurück und merken, daß es kein Wasser gibt. Wie so vieles andere, ist die Wasserversorgung Aufgabe der Frauen. Jede weiß, wo ein Brunnen ist, der ein fast unsichtbares Rinnsal hergibt, oder eine Quelle, die durch Schlamm oder Fels emporsickert. Manchmal ist der Weg mehrere Kilometer weit, aber ohne Wasser ... Die Frau nimmt ihr Strickzeug und den Eimer und geht langsam den mühsamen Weg hin und noch langsamer nach Hause zurück.

PEPPINA

Mehrere Jahre lang wohnte ich mit einer kurzgewachsenen, etwas plumpen Frau namens Peppina auf derselben Etage. Sie kam bei der geringsten Andeutung eines Schrittes auf der Treppe an die Tür und schaute, wer da kam. Immer hatte sie dabei ein Baby an der Brust. Sie sah aus, als trüge sie abgelegte Kleider, die sauber und sorgfältig gestopft waren, aber offensichtlich für eine größere und schlankere Figur gemacht waren. Die Pullover spannten über ihren Brüsten und krochen in der Taille immer höher, während die Reißverschlüsse ein Eigenleben führten und sofort wieder hinunterrutschten, kaum hatte sie sie schamhaft hochgezogen. Ihre Beschäftigung mit Besuchern kann nichts anderes als ein konditionierter Reflex gewesen sein, denn sie bekam selbst selten Besuch und war durchaus nicht der Typ der zudringlichen Nachbarin; wenn sie merkte, daß es jemand für mich war, tauchte sie sofort in ihre Wohnung zurück und schloß leise die Tür. Andere Frauen wären an der Tür stehen geblieben und hätten auf jedes Wort unserer Unterhaltung gelauscht, als wären sie durch ein heiliges Recht dazu autorisiert. Peppina pflegte später immer bei mir zu klopfen und sich zu entschuldigen.

Sie war eine heitere Frau, sie lächelte oft und zeigte dabei eine Reihe kleiner, sehr weißer schiefsitzender Zähne. Die hellgrünen Augen wirkten stets matt. Und sie hatte allen Grund erschöpft zu sein. Während der Jahre, die ich sie als Nachbarin hatte, gab es nur kurze Perioden, in denen sie nicht entweder ein Baby stillte oder schwanger war. Sie schien so um die Vierzig zu sein, dabei war sie erst fünfundzwanzig. Sie hatte bereits drei Kinder, den Säugling und zwei kleine Kerle von derselben Größe mit riesigen braunen Augen, die ständig im Treppenhaus herumlungerten. Da wir so dicht nebeneinander wohnten, war es unvermeidlich, daß wir einander immer besser kennenlernten.

Der Ehemann, Minguccio, arbeitete in Deutschland als Bauzimmerer. Die Mutter lebte bei Peppina und den Kindern, weil sie, wie sie mir erklärte, fünf Brüder habe, die alle entweder in Norditalien oder in Deutschland arbeiteten, und weil deren Frauen kein Hehl daraus machten, wie schwierig es für sie mit der Schwiegermutter sei. Sie hatte sich abgeplagt, ihre Söhne aufzuziehen, hatte schwer gearbeitet, sie zu ernähren, und erwartete nun, daß sie das Szepter in ihren Haushalten führen würde. Sie war nicht glücklich bei Peppina zu leben, einfach weil Peppina ihre *Tochter* war: sie erwartete die volle Aufmerksamkeit ihrer *Söhne.* Die allerdings schienen froh zu sein, ihr zu entkommen, denn sie war ein echter Drachen: stocktaub, fett, streitsüchtig und dem Alkohol ergeben – mit Vorliebe Schnaps, aber Wein tat es auch, wenn es nichts Besseres gab. Außerdem war sie sehr gefräßig. Wann immer ich etwas kochte, das gut roch, konnte ich damit rechnen, daß es an der Tür klopfte. Immer war es die Oma. »Was kochen Sie denn Schönes zum Abendessen?«, und wenn ich es ihr sagte – »Kann ich mal probieren?« Dann kam Peppina und holte sie weg. Später kam Peppina zurück, um sich immer in der gleichen Form zu entschuldigen: »Bitte haben Sie Geduld, sie ist alt.« Kurzfristig verschwand die Großmutter, und ich wußte, einer der Söhne war zurückgekehrt, aber schon bald war sie wieder da.

Obwohl Peppina so fröhlich wirkte, schien sie doch die Last einer lebenslangen Trauer mit sich herumzuschleppen. Ihre Stimme war gedämpft – was nicht heißen soll, daß sie nicht genauso kreischen konnte wie die andern Frauen, wenn sie wollte –, und sogar ihr Gang hatte etwas Bedächtiges, als mache es keinen Unterschied, ob sie eine Minute früher oder später komme. Wie oft habe ich sie sitzen sehen, ein Kind in den Armen, die Stirn gegen das Glas der Balkontür gelehnt, blind hinausstarrend, und ich fragte mich, welche Gedanken wohl eine solche Trostlosigkeit in ihr Gesicht brächten. Wenn sie einmal ansetzte, über sich selbst zu sprechen, zuckte sie stets die Achseln und sagte: »Was kann man schon erwarten? *Nichts!«* Dann schwieg sie, und ich dachte jedesmal, sie würde nicht weitersprechen, aber meistens tat sie es doch.

»Sie werden es vielleicht nicht glauben können, aber ich war einmal ganz hübsch, nicht nur als ich klein war, auch später, als Minguccio um meine Hand anhielt. Da war ich noch hübsch. Hatte diesen Bauch hier nicht...«, und sie klopfte ärgerlich darauf. »Ich erinnere mich nicht sehr gut an meinen Vater, aber bevor er nach Afrika ging – er sagte, er würde den Krieg gewinnen, und wir würden alle dorthin gehen und Land bekommen, aber dann fiel er, und wir blieben eben hier –, aber vorher neckten ihn die andern Männer immer, ich erinnere mich noch daran. Er ließ mich auf seinen Knien auf und ab hopsen, und die andern sagten: ›Na, wart mal ab, was die dir noch an Schwierigkeiten machen wird. Wart's nur ab! Wenn du zurückkommst, dann wirst du die

Jungs nicht von ihr weghalten können!‹ Damals war ich noch klein, und er kam nicht zurück. Er war Schäfer, für einen von den alten Landbesitzern. Der ist jetzt auch schon tot. Seine Söhne interessierten sich nicht für das Land. Die sind alle nach Neapel gegangen und nie wieder zurückgekommen. Ich erinnere mich gar nicht mehr an sie. Mein Vater? Ja, der war ständig dort draußen. Sie gaben uns ein Zimmer, in dem wir wohnen konnten, und ein bißchen Boden, den Mamma bearbeiten konnte, und es gab noch andere Männer, die von Jahr zu Jahr neue Verträge bekamen, und ihre Familien lebten auch dort. Als ich klein war, mochte ich das. Es gab eine Menge Kinder, und wir mußten arbeiten, sicher, aber wir hatten auch Spaß. Keiner sorgte dafür, daß wir zur Schule gingen, besonders bei uns Mädchen nicht. Nachdem mein Vater in den Krieg gegangen war, durfte Mamma bleiben – mein Bruder Tommaso war damals schon vierzehn, und er hütete die Schafe, und Mamma arbeitete auf den Feldern, und darum ließen sie uns bleiben.

Aber dann, als bekannt war, daß mein Vater tot war, fingen die anderen Frauen an zu sagen, daß Mamma hinter ihren Männern her wäre – das war nicht wahr, aber sie sagten es, und außerdem meinten sie, daß sie und Tommaso zusammen nicht so viel arbeiteten, wie ein Mann das tun könnte. Sie hatten ein paar Verwandte, verstehen Sie, die irgendwo unterkommen wollten, und deshalb sagten sie, meine Mamma sei nicht besser als eine Hure. Darum zogen wir in die Stadt. Es war eine schlechte Zeit nach dem Krieg. Die Pension von Mamma kam nie. ›Warten Sie doch ab, sie kommt schon noch‹, sagten sie ihr auf der Post, aber die Rente kam nicht, erst vor fünf oder sechs Jahren, und dann auch nicht alles. Wir kannten niemand, der die Sache vorangetrieben hätte. Wir mußten nehmen, was kam – wenn was kam. Darum hat Mamma jede Arbeit gemacht, die sie kriegen konnte, und darum ist sie jetzt so alt. Nicht daß sie alt ist, ich meine, sie sieht nur so alt aus, und darum bemühe ich mich, Geduld mit ihr zu haben. Sie hat geschuftet – Gott weiß, wie schwer! –, und der einzige Rat, den sie mir je gegeben hat, war: ›Mach dir das klar! Du wirst dein Leben lang arbeiten müssen, aber arbeite nie auf den Feldern, ganz egal wie hungrig du bist, ganz gleich, was sie dir anbieten. Fang bloß nie damit an, die lassen dich nicht los, bis du nicht halb tot bist und zu nichts anderem mehr taugst.‹ Sie glaubte immer, daß das alles wäre, was ich an Lebenserkenntnis brauchen würde.

Sicher, ich habe auf den Feldern gearbeitet – so habe ich meinen Minguccio kennengelernt. Er hat ein bißchen Land gepachtet – so eine richtige Pachtgeschichte – und er arbeitete da, und auf dem Weg zu den Feldern und zurück traf ich ihn halt, und wir gingen miteinander. Er hat gehofft, daß er von der Bodenreform Land kriegen würde, aber er hat nie was gekriegt ... und dann hatte er drei schlechte Jahre nacheinander, wo er kaum seine Schulden abzahlen konnte, darum hat er es aufgegeben und ist auf den Bau gegangen – damals gab's da noch mehr Arbeit. Aber er hat den Wunsch nach eigenem Boden nie aufgegeben. Der würde jetzt gleich wieder anfangen, wenn er könnte – aber man kann ja nicht, wenn man nichts besitzt. Also, als wir dann heirateten, sagte er, keine Feldarbeit mehr, aber ich machte doch weiter, besonders wenn er keine Arbeit hatte. Ich sagte zu ihm, wir werden nicht deinem Stolz zuliebe verhungern, also bin ich als Landarbeiterin gegangen, und die Bezahlung war gut. Aber nachdem das Baby geboren war, habe ich meine Kraft nie mehr so recht zurückgewonnen, darum hab ich ihm versprochen, es aufzugeben. Wie ich gesagt habe, was kann man schon erwarten?«

In der Zeit unserer Bekanntschaft nahm Peppina so ziemlich jede Arbeit an, meist putzte sie Treppen. Daneben hatte sie eine dauernde, wenn auch lose Vereinbarung getroffen mit der Frau eines Arztes in der Nähe, wo sie immer dann zu erscheinen hatte, wenn es nötig war, was praktisch so aussah, daß sie jeden Morgen die Einkäufe tätigte, für den Wasservorrat sorgte, den Abwasch nach dem Mittagessen machte und zuweilen auch noch kochte. Unglücklicherweise geschah jede Arbeit, die sie finden konnte, sozusagen auf der Basis von Gefälligkeit; selbst die Doktorsfrau bezahlte sie unregelmäßig und gab ihr, was sie selber für angemessen hielt. Überweisungen aus Deutschland kamen in unterschiedlicher Höhe, je nachdem wie Minguccio Arbeit finden konnte. Manche Jahre waren gut, andere schlecht, und das einzige, was er konnte, war nur bei mildem Wetter gefragt. Es gab Monate, in denen Peppina, ihre Kinder und ihre Mutter von Knoblauch-Pizza lebten, einem Hefeteigfladen, auf dem man Knoblauchstückchen verteilt, ihn mit Olivenöl übergießt und dann für 20 *lire* beim Bäcker im Ofen backen läßt.

Eines Abends, ein paar Monate nachdem Peppina in die Nebenwohnung gezogen war, versagte meine Butangasflasche, wie sie das stets zu tun scheint, wenn ich gerade dabei bin, Pasta zu kochen, und ich lief mit dem Topf in der Hand über den Treppenabsatz, um Peppina zu fragen, ob ich nicht auf ihrem Herd zu Ende kochen könnte. Als sie die Tür öffnete, merkte ich, daß sie zögerte, mich hineinzulassen. Sie stand abweisend unter der Tür, stammelte unzusammenhängende Worte, denen ich nur entnehmen konnte, daß ich im Moment nicht willkommen sei. Als ich mich abwenden wollte, hielt sie mich an und seufzte tief, als hätte sie sich mit einer schrecklichen Strafe abgefunden.

»Geben Sie's mir. Ich werd's zu der Dingsda runterbringen.« In ihrer Verlegenheit fiel ihr der richtige Name nicht ein. »Wenn sie fertig ist, bringe ich sie Ihnen rüber.« Und sie schlurfte die Treppe hinunter.

Während ich wartete, halb in Gedanken über Peppina, halb mit anderen Vorbereitungen beschäftigt, ging es mir auf: Peppina war ebenfalls ohne Gas, wahrscheinlich, weil sie kein Geld für eine neue ›Bombe‹ hatte. Einige Minuten später kam sie mit meinem Topf zurück, gabelte die Spaghetti auf einen Teller, häufte Soße und Käse darauf und winkte mich an den Tisch. Sie setzte sich mir gegenüber und bemerkte: »Hier drin ist es warm.« Ich blickte ihr ins Gesicht, und soweit ich mich erinnere, sagte ich nur: »Was ist los?« Und dann kam es unter einigen Tränen der Erleichterung heraus.

Als Minguccio zuletzt im August nach Hause gekommen war, hatte er neue Küchenmöbel gekauft. Und tatsächlich hatte sie Schränke aus braun-weißem Resopal und einen kunststoffbezogenen Tisch mit spinnendünnen Chrombeinen und dazu passende Stühle, die bereits zu wackeln begannen. Bevor Minguccio das kaufte, hatte er an dem alten Tisch gesessen, sein Geld vor sich, und hatte die Summe immer und immer wieder durchgerechnet. Er benötigte eine bestimmte Summe für seine Reise, für einen Monat Unterkunft und Verpflegung, für den Fall, daß er seine alte Stelle nicht gleich wieder bekommen konnte. Dann berechnete er eine bestimmte monatliche Summe für seine Familie – sie sagte mir nicht, wieviel, allerdings ist anzunehmen, daß er dabei ihren Verdienst mit veranschlagt hat – und kam zu dem Schluß, es sei noch genug für die Möbel übrig. Peppina war eigentlich gar nicht so erpicht auf neue Möbel gewesen. Sie hätte lieber einen richtigen Herd gehabt, statt der zwei Gasbrenner, hatte dann aber doch nichts gesagt, weil er, wie sie erklärte, ohnehin so wenig mit seiner Arbeit zufrieden wäre und auch nur so kurz zu Hause sein könnte. Wenn er die Möbel zuerst haben wollte, dann sollte der Herd eben als nächstes drankommen. Doch ein zweites Mal wollte sie in

Sachen Herd nicht klein beigeben. Aber Minguccio wollte eine Eßtischgarnitur, die dann blitzend und unbenutzt in dem kleinen Vorderzimmer stehen würde.
Peppina sagte: »Das ist was für Leute mit Geld. Wir essen in der Küche am Küchentisch, und das wird immer so bleiben, also ist der Herd wichtiger.«
Als ihr Mann abgereist war, fand sie Arbeit als Holzfällerin und Holzschneiderin und machte sich gleich wieder Gedanken über den Herd. Sie wußte, um Weihnachten stiegen die Preise immer an. Wenn sie ihn vorher kaufen könnte, würde sie etwas sparen. Sie rechnete wieder und wieder aus, was man ihr schuldete und was sie in diesen Monaten an Verdienst erwarten konnte. (Gleichgültig, wie wenig Schulunterricht sie gehabt haben mögen, diese Frauen sind Expertinnen im Rechnen mit den Fingern.) Schließlich war sie ihrer Sache sicher; sie unterschrieb den Ratenvertrag und bezahlte die erste und zweite Rate. Alles schien in Ordnung. Dann kam ein Telegramm von Minguccio. Er war krank, die übliche Wintergrippe, und brauchte Geld für seine Ausgaben, bis er wieder zur Arbeit gehen konnte. Damit fingen ihre Sorgen an und wurden mit jedem Tag lastender. Sie schuldete dem Gemischtwarenhändler inzwischen so viel, daß er ihr keinen Kredit mehr geben wollte. Die vorletzte Rate für den Herd war auch schon fast wieder fällig. Sie hatte kein Feuerholz mehr, und schließlich war ihr vor ein paar Tagen auch das Gas ausgegangen. Sie hatte kaum noch Mehl und würde bald nicht einmal mehr eine Knoblauch-Pizza bereiten können. Die Doktorsfrau war ihr den Lohn schuldig geblieben, ebenso der Mann, für den sie Holz geschlagen hatte. Die Familie hatte sie von dem ernährt, was sie durchs Treppenputzen verdiente: 2000 *lire* im Monat pro Treppe (sie putzte zwei), also lebten sie von 4000 *lire* – damals etwa 40 DM – pro Monat. Irgendwie mußte sie dafür sorgen, daß die Kinder zu essen und es warm hatten. Sie hatte Angst, ihren Anspruch auf den Herd zu verlieren, und fast noch mehr vor der unbezahlten Rate, denn die würde durch ihre Bank eingezogen werden, vielleicht ginge die Sache sogar ans Gericht, wenn sie nicht bezahlte. Und trotzdem brachte sie es nicht über sich, die Leute zu mahnen, ihr das Geld für bereits geleistete Arbeit zu bezahlen.
»Nein, nein, ich kann denen damit nicht kommen. Ich kann es nicht. Sie wissen doch, wie die sind. Wenn ich hingehe und ihnen vorjammere, daß ich das Geld brauche, sagen wir, sie bezahlen mich, aber das nächste Mal finden sie jemand andern für die

Arbeit, jemanden, der wartet. Ich hab versucht, mehr Arbeit zu finden. Aber es gibt keine. Wenn ich die verliere, die ich habe, werde ich nie wieder was kriegen. Nein, ich kann die nicht bitten.«
Und sie bat auch mich nicht, um nichts: sie erklärte mir, warum sie an der Tür so merkwürdig gewesen war. Ich fragte sie, ob sie die Miete bezahlt hätte, dann fiel mir die Kriegerwitwenrente ihrer Mutter ein.
»Eh – wer zahlt hier schon seine Miete? Keiner! Die Häuser gehören dem Staat, und alle sagen, warum sollen wir dem was zahlen. Die schulden uns mehr, als wir je rauskriegen. Meine Schwierigkeit ist, daß ich Untermieter bin – von meinem Vetter –, aber der weiß, daß ich irgendwann bezahlen werde, und außerdem kostet es ihn ja nichts. Und was Mamma und ihre Rente angeht, das können Sie gleich wieder vergessen. Das kommt alles auf ihr Postsparbuch – für ihre Beerdigung, sagt sie. Sie will eine ›gute Beerdigung‹, wie sie das nennt, mit Glockenläuten und dem schwarzen Leichenwagen. Ich hab sie nicht einmal darauf angesprochen. Vielleicht könnte einer von meinen Brüdern was aus ihr herausholen, wenn er wirklich in Schwierigkeiten wäre, aber mir würde sie nichts geben, und wenn ich im Sterben läge. Früher habe ich sie einmal gebeten. Ich werde ihr nicht das Vergnügen bereiten, mich ein zweitesmal abzuweisen. Nein, sie und ihre Pension kommen nicht in Frage.«
Ihr Grundsatz war es, und sie bezahlte teuer dafür, niemandem zu nahe zu treten. Meiner ist es, kein Geld zu verleihen, doch an diesem Abend tat ich es. Wir setzten eine kleine Vereinbarung zwischen uns auf, das heißt, ich schrieb und sie unterzeichnete, nachdem sie ihre Unterschrift ein paarmal geübt hatte. Ich gab ihr genau die Summe für die zwei noch ausstehenden Raten für den Herd (nicht ganz 9000 lire) mit zwei Auflagen: daß sie *niemandem* etwas davon sagen dürfe, nicht einmal Minguccio, und daß sie erst nach Weihnachten zurückzahlen dürfe, wenn er wieder nach Deutschland gefahren sei. Er brauchte davon nie etwas zu erfahren. Ich schlug ihr vor, die fällige Rate jetzt zu bezahlen und den Rest für die Schulden beim Lebensmittelhändler zu verwenden. Bevor die letzte Rate fällig würde, hätte sie sicher von jemandem ihren Lohn bekommen, argumentierte (und hoffte) ich. Sie nickte langsam, ihre Augen waren groß und nicht mehr von Sorgen getrübt.
»Gar keinem etwas davon sagen?« fragte sie.
»Gar keinem, und ich meine wirklich keinem! Ich kann kein Geld

verleihen, denn wenn ich es täte, würde mir die ganze Stadt die Tür einrennen.«

Ihr Kopf nickte weiter vor und zurück wie bei einem Spielzeughund. Ich wußte, sie dachte nach, versuchte sich einzureden, daß ich es wirklich so meinte, wie ich sagte. Am Ende scheint ihr das gelungen zu sein, denn niemand, nicht einmal ihr Mann, erfuhr jemals etwas von unserem Arrangement.

Als ich zu Ende gegessen hatte, bestand sie darauf, das Geschirr zu spülen (mit Wasser aus ihrer Sitzbadewanne, das auf dem Herd der Nachbarin erhitzt wurde), und ich begriff, daß sie beabsichtigte, für mich bei allen möglichen Hausarbeiten den stets bereiten Dienstboten zu spielen. So sehr ich mich auch bemühte, ich konnte sie nie davon überzeugen, daß sie mir keine Dienstleistungen schulde. »Wenn es mir aber doch Vergnügen macht«, pflegte sie zu sagen und arbeitete unverdrossen weiter. Als wir uns an diesem Abend trennten, drängte ich ihr einen Armvoll Holz auf; am nächsten Tag bestellte ich für uns beide neue Gasflaschen.

Einige Wochen später kam Minguccio zu Weihnachten nach Hause. Er sah hager und bleich aus. Er war ein schmächtiger Mann mit einer langen dünnen Nase, die sein knochiges Gesicht betonte, und schmalen dunklen Augen, die zwar bei der geringsten Bewegung sofort aufmerksam wurden, aber niemals angstvoll oder berechnend. Ein außergewöhnlich stiller Mann, höflich, aber stets auf der Hut, für den Fall, daß der Freund von gestern zum Feind geworden war, vor dem man sich heute in acht nehmen mußte. Am ersten Abend nach seiner Rückkehr besuchte er mich ohne Peppina. Es war der erste von einem Dutzend solcher Besuche, die er stets am Abend seiner Ankunft und am Abend vor seiner Abreise abstattete. Anscheinend machte ihn mein Wohnzimmer nervös, denn er hielt sich dort nie auf, sondern ging geradewegs in die Küche, setzte sich auf einen Stuhl und starrte zwischen seinen Knien hindurch auf den Fußboden. Er nahm niemals etwas an, außer einer Tasse Kaffee, die er trank, während er eine Zigarette rauchte. Beim erstenmal wollte er mir danken. Er hatte irgendwie erfahren, daß ich zu seiner Frau und den Kindern sehr freundlich gewesen sei. Als ich überrascht dreinblickte, sagte er: »Ja, und sie hat mir gesagt, daß wir Ihnen Holz schulden. Ich werde es Ihnen morgen zurückgeben. Sie sagt, sie hat Ihnen das Geld für das Gas gegeben. Das hat sie doch, oder?« Er wollte nur meine Bestätigung. »Sie sagen, das ist nicht viel, aber wenn man kein Holz und kein Gas und, noch *schlimmer*, kein Geld hat, dann hat man überhaupt nichts in der Welt. Wir danken Ihnen. Wir werden Ihre Güte nicht mißbrauchen.«

Er drückte sich stets etwas gestelzt aus – entweder aus Scheu oder aufgrund einer angeborenen Denkgenauigkeit, ich habe das nie herausgefunden. Unsere Unterhaltungen hatten fast immer eine beinahe chinesische Förmlichkeit, und dabei lernte ich ihn doch im Laufe der Jahre recht gut kennen. Er sagte mir einmal, daß für ihn das Leben in Deutschland leichter sei als für andere, weil er nicht jede Nacht wachliegen und sich sorgen müsse, ob und welche Art Arbeit seine Frau gefunden habe. »Sie ist eine gute Frau, und ich weiß, daß sie mir treu ist. Aber die andern, von denen ist kein einziger sicher. Das bewirkt eine Art Wahnsinn.«

In den ersten Jahren als Gastarbeiter in Deutschland, spielte er nach der Arbeit den Koch in den Baracken, in denen einige zwanzig italienische Männer hausten. Er hatte das nicht beabsichtigt, aber er fand, daß sie alle Geld hinauswarfen, indem sie sich alle selbst ihre Mahlzeiten kochten, und schlug eine Gemeinschaftskasse für die Einkäufe und einen Essensplan vor, der allen genehm war. Sie waren alle einverstanden und wählten natürlich ihn aus, die Sache in die Hand zu nehmen. Später erlaubte ihm eine Familie, die ein Café betrieb, als Entgelt für ein paar Stunden Arbeit am Abend in einer Kammer über der Garage zu schlafen. Sie faßten bald Vertrauen zu ihm. Er war stolz, wenn sie ihn an Sonntagen zum Abendessen einluden. In einem Sommer fuhr er gar nicht nach Italien zurück, sondern blieb in Deutschland und kümmerte sich um das Café, während die Besitzer Urlaub machten. Nach mehr als zehn Jahren fand er einen Arbeitgeber, der ihn das ganze Jahr über anstellte und ihm dabei noch erlaubte, die erforderlichen Besuche in Italien zu machen, und er fand eine Familie, die ihm ein eigenes Zimmer und gegen Ende sogar die Abendmahlzeiten gab. Deutschland war ihm nie Heimat, er mochte das Land nicht, aber er hatte das Beste daraus gemacht, das ihm möglich war, und er hatte ein wenig Bequemlichkeit und Vertrauen dafür zurückbekommen.

In all diesen Jahren setzten sich seine Besuche bei mir fort, selbst als es Peppina auf irgendeine mysteriöse Weise, über die sie nie bereit war zu sprechen, gelungen war, eine eigene Wohnung in einem staatlich geförderten Wohnhaus zu bekommen, wodurch sie die höheren Kosten einer Untermiete umging. Sie wohnten jetzt knappe hundert Meter von mir entfernt, und obwohl wir einander dauernd begegneten, war die frühere Vertrautheit des gemeinsamen Treppenabsatzes nicht mehr vorhanden. In einem Sommer sah ich ihre Kinder, inzwischen waren es fünf, in höchst empfindlichen weißen Sommerkleidern und dazu passenden weißen Schuhen einherstolzieren. Bei seinem nächsten Besuch berichtete mir Minguccio, es sei ›beschlossen worden‹, daß künftig das ganze Geld von Peppina verwaltet werden solle, und ich stellte mir im Geist ihr finsteres Gesicht und ihre Mißbilligung angesichts dieser extravaganten Kleidung vor. Sie sparten damals für ein Fernsehgerät, wieder eine von Peppinas Ideen, um die Kinder im Haus zu halten, jetzt, da sie im ›Herumtreibealter‹ seien, wie sie das nannte, aber auch, obwohl sie das nicht eingestand, weil die Abende mit der Mutter langweilig und trist waren. Die meiste Zeit hatten sie genügend zu essen, genug Feuerholz und sogar einiges an Extrakleidung, aber auf Kosten so vieler schwerer Tage und einsamer Nächte.

Peppina verlor noch ein paar Zähne, legte sich ein paar Pfunde mehr zu und sah noch immer müde aus. Hätte sie alle ihre Schwangerschaften bis zu Ende durchgestanden, ihr rapider Abstieg in ein verfrühtes Alter wäre wohl noch deutlicher gewesen. Sie sprach nie darüber. Ich glaube, sie nahm einfach an, daß ich es wisse, denn Abtreibung ist die einzige Erklärung für ihre plötzlichen Fehlgeburten. Sie fanden nie statt, wenn Minguccio zu Hause war. Und ich glaube nicht, daß er auch nur den geringsten Verdacht hegte. Jedesmal hatte Peppina genug Essen für die Kinder für mehrere Tage vorbereitet, die Wäsche war frisch gewaschen, und sie hatte der Doktorsfrau Bescheid gesagt, daß sie nicht zur Arbeit kommen könne. Nachdem alle diese Vorbereitungen getroffen waren, ging sie wie jeden Morgen in die Stadt, blieb lange aus, kehrte nach Hause zurück und legte sich ins Bett. Drei Tage später erschien sie wieder, bleich und etwas schwankend auf den Beinen, und nahm ihr früheres Leben wieder auf. Manchmal sorgt sie sich, und sagt es auch laut, daß sie nicht zur Beichte gehen könne. Es kann keine andere Begründung geben: fünf ihrer Kinder wurden nicht geboren. Die Kirche, der sie angehört, sagt, sie habe diese Kinder ermordet. Es sollten zwölf sein, statt sieben, und ich bin sicher, das siebente wäre nicht geboren worden, wäre Minguccio nicht einen ganzen Winter über zu Hause gewesen.

Zu Weihnachten kam er nach Hause und war »krank in den Eingeweiden«, wie Peppina sagte. Er ging ins Krankenhaus, um sich röntgen zu lassen. Die Abenteuer, die jemand erlebt, der mutig genug ist, das Städtische Krankenhaus zu betreten, sind eine Geschichte für sich: dort war es schon immer unmöglich, exakte Diagnosen zu erstellen oder jemanden zu heilen, und deshalb wurde es zu einem Ort, an dem man stirbt. Zweimal wöchentlich kommt ein Spezialist für Radiologie und schaut sich die Röntgenaufnahmen an, aber wieder tritt das Unvermeidliche ein: die Filme sind undeutlich. Der Patient wird nach Bari oder Potenza oder Salerno gehen und eine neue Untersuchung vornehmen lassen müssen. Minguccio reiste die Provinzen auf und ab, je nachdem was ihm die einzelnen Ärzte rieten, aber der Erfolg war gering. Peppina sagte, er leide unter Fieberanfällen, aber er war schon immer ein Mann gewesen, der im Haus blieb, darum konnte man nur schwer sagen, wann er krank war oder sich besser fühlte. An sonnigen Nachmittagen sah ich ihn manchmal, magerer denn je und sehr bleich, mit den drei jüngsten Kindern die Straße entlangwandern. Wenn er mit den Kindern war, lächelte er immer.

Ich wußte, daß Peppina fast den ganzen Tag außer Haus war. Sie hatte noch zwei Familien gefunden, für die sie arbeitete. Anfangs kam sie von der Piazza zurückgewankt, mit ihren eigenen Einkäufen, denen der Doktorsfrau und denen der zwei neuen Familien beladen, später mußte das älteste Mädchen, Rosa, mitgehen und die halbe Last tragen. Rosa war darüber empört. Auf dem Heimweg trafen sie stets ihre Freundinnen, die langsam zur Schule trotteten, und sie schämte sich, daß sie arbeiten mußte, bevor sie sich zu ihnen gesellen konnte. Eines Morgens – Peppina hatte bisher Rosas Schmollen und Gejammere einfach ignoriert – verlor sie die Geduld und prügelte das Mädchen mitten auf der Straße, wo jeder es sehen und hören konnte.

»Du schämst dich also, was?« kreischte sie. »Ich werd' dir was zum Schämen geben!« Und sie schlug sie auf den Kopf. Einen einzigen Schlag. Dann trat sie zurück und sah zu, wie das Kind heulte, und als es gerade aufhören wollte, pfefferte Peppina noch ein paar Ohrfeigen in Rosas Gesicht. »Da hast du's! Und jetzt marsch! Wir gehen nach Haus.« Und die Kleine stolperte heulend hinter ihr her.

Eine paar Tage lang lief Rosa mit einem verschwollenen Gesicht herum und schwieg, verdrossen und wie ein Tier im Käfig. »Das ist das Schlimme mit den Schulen«, erklärte mir Peppina. »Die bringen ihnen bei, daß sie zu gut für die Arbeit sind.« Danach putzte Rosa das eine Treppenhaus, während ihre Mutter das andere machte, aber sie wechselten sich dabei ab, weil Peppina sichergehen wollte, daß ihre Tochter die Arbeit auch sorgfältig erledigte. Danach gingen sie auf den Markt. In diesem Winter lernte Rosa das, was ihre Mutter für ein ewiges Gesetz hält: es gibt kein Entrinnen von der Arbeit.

Als es diesmal wieder Zeit gewesen wäre, nach Deutschland zurückzufahren, blieb Minguccio zu Hause. Peppina schuftete, und die Trübseligkeit des Winters senkte sich über die Familie. Anfang April sagte sie mir, daß sie erneut schwanger sei, und fügte hinzu: »Diesmal ist nichts zu machen.« Sie wurde langsam dicker, arbeitete aber an allen Tagen. Minguccios Gesundheitszustand war in diesem Frühling etwas besser. Eines Tages bat er mich, ihm Geld für Zigaretten zu leihen, bis Peppina zurückkomme. Sie hatte das ganze Geld bei sich. »Sie kann es gut verwalten, wissen Sie«, sagte er ohne das geringste Anzeichen verletzten Stolzes. »Und sie weiß, was wir brauchen.« Im Mai fand er Arbeit als Arbeiter beim Bau einer neuen Straße, nicht etwa als Schreiner, sondern nur als Hilfsarbeiter, doch er glaubte, er könne es auch zu Hause schaffen. Vielleicht waren ja die Tage in Deutschland endgültig vorbei.

Der Sommer ist immer ein wenig leichter. Mit der Sonne kehrt auch die Hoffnung zurück, und nichts ist völlig unmöglich. Aber das Wetter war gegen Minguccio. Obwohl es auf der Straßentrasse mehr Arbeit hätte geben müssen, führten Sturzregen zu Erdrutschen, und dann folgten Nebel und schließlich Schneefälle. Zwei Monate lang rührte sich keine Schaufel. Minguccio hockte zu Hause und versorgte das Feuer. Peppina arbeitete langsamer und langsamer.

Maria wurde Mitte Dezember 1971 geboren. Zufällig war ich gerade zu Besuch bei ihnen. Sie war das siebente Kind, das vierte Mädchen. Peppina war damals achtunddreißig Jahre alt. Ich sah sie nur ein einziges Mal in ihrem eigenen Bett liegen, in dem sie alle ihre Kinder geboren hatte, unter Mitwirkung einer Hebamme und der Schwester ihres Mannes. Diesmal waren die Wehen langwierig und anstrengend gewesen. Peppina sorgte sich, weil sie sich sehr geschwächt fühlte. Sie sagte nur eines zu mir, und das war bei einem solchen Besuch wirklich ungewöhnlich. Sie erklärte mir, die Familie ihres Mannes sei wütend auf sie. Sie selbst habe keine Familie mehr: die Mutter war im Frühjahr gestorben, die Brüder arbeiteten noch immer in Norditalien oder in Deutschland.

»Wenn ich tue, was ich tun muß, dann sagen Sie denen, es ist keine

Schande, seinen Lebensunterhalt zu verdienen. Es ist eine Schande auf Kosten anderer zu leben.«
Später begriff ich das.

An diesem Osterfest wartete sie, bis die anderen alle zum Hochamt in die Kirche gegangen waren, dann kam sie über den Hof zu mir herüber, um mir zu erklären, was sie getan hatte, fast als müsse sie sich bei mir entschuldigen. Als sie zu reden anfing, war ich wie immer amüsiert.
»Was kann man schon erwarten? *Nichts!*« Sie schwieg. »Erinnern Sie sich, wie ich Ihnen damals gesagt hab, ich würde tun müssen, was ich tun muß? Wahrscheinlich haben Sie es sowieso schon gehört. Es wäre ja auch zu schön, darüber nicht zu reden, was? Aber verstehen Sie, es war unsere einzige Chance, oder jedenfalls sah es so aus. Es hat hier nirgendwo Arbeit gegeben. Und Minguccio ging's ja nicht richtig besser, zum Teil wohl, weil er so mutlos geworden ist – das war ja vielleicht die ganze Krankheit. Manchmal denke ich, genau das ist es, allerdings sage ich das nicht zu ihm.
Jedenfalls, bevor Sie damals zu mir kamen, hab ich rausgekriegt, daß ein Offizier in der Armee und seine Frau in Rom – sein Bruder arbeitet in Bari, so hab ich das rausgekriegt –, daß die also eine Amme für ihr Baby suchten. Die Leute, die mir das erzählt haben, sagten die ganze Zeit: ›Das ist 'ne leichte Arbeit, Peppina. Wichtig ist bloß, daß du sauber und gesund bist. Ganz besonders sauber!‹ Also, keiner hat mir je nachgesagt, ich wäre schmutzig – aus dem Leim gegangen, das vielleicht, und eine Prinzessin bin ich auch nicht, nicht mal wenn ich mich in meine besten Kleider werfe, aber schmutzig bin ich nicht. In dem Gutachten vom Arzt steht, daß ich gesund bin und keine von den komisch klingenden Krankheiten habe, die er aufgeschrieben hat. Als sie damals zu mir kamen, hatte ich mich bereits entschlossen. Ich wollte es machen, auch wenn Minguccio darüber wütend werden würde. Aber der würde sowieso genug zu tun haben, sich um die Kinder zu kümmern. Verstehen Sie, die haben gesagt, sie würden mir im Monat 180 000 *lire* (etwa 1400 DM) bezahlen, und wenn sich alles gut anlassen würde, dann würden sie auch versuchen, für Minguccio eine Arbeit zu finden. Was kann man schon erwarten?« Diesmal hielt sie inne, ohne ihre stereotype Antwort zu geben. »Ich hab' denen geglaubt. Am Neujahrstag bin ich fortgegangen – es war scheußlich. Sogar der Minguccio hat geweint, als ich in den Autobus stieg,

und ich hab' bei mir gedacht, das halt' ich nicht aus, aber wir fuhren los und immer weiter – ich hatte das Baby bei mir und Benito – das arme kleine Wurm, er wurde unterwegs so müde. (Das Kind war achtzehn Monate alt!) Als wir am Morgen in den Zug stiegen, war es noch finster, und wir kamen erst gegen Abend an, und da war es schon wieder finster. Wir hätten die Fahrt gar nicht überstanden, wenn die Leute nicht so freundlich gewesen wären und mit Benito hinaus auf den Gang gegangen wären und ihm gezeigt hätten, was man durchs Fenster sehen kann, und so weiter.

Ja, sie sind am Bahnhof gewesen, um uns abzuholen. Er, er war gar nicht so übel, er machte Witze und streichelte Maria und so. Er hatte einen kleinen Schnurrbart und war so ein bißchen breit, nicht fett, aber so, als hätte man ihn in seine Uniform hineingestopft und als würden die Knöpfe jeden Moment losplatzen. Das Drolligste an ihm war, daß er sein Mittagessen in einer Ledertasche mit ins Büro nahm, wie ein Arbeiter, bloß um Geldausgaben zu vermeiden. Aber sie – als ich die sah, wußte ich, das gibt Ärger. Ein richtiges Fuchsgesicht und ganz affektiert, und andauernd nannte sie ihn ›Titti‹, wie wenn sie ein kleines Mädchen wäre, das was vom Pappi erbettelt.

Bis heute habe ich keine Ahnung, wohin wir fuhren. Für mich sah das alles gleich aus. Diese ganzen modernen Häuser, eins neben dem andern, eins neben dem andern, wie Selleriestauden auf dem Feld. Denen ihr Haus hatte einen Aufzug. Ich hab' geglaubt, mir wird schlecht, bis er endlich stehenblieb. Später habe ich mich dann dran gewöhnt. Und dann sagt sie zu mir: ›Hier herein. Sie werden bei den zwei Babys schlafen!‹ *Zwei Babys!* Es stellte sich heraus, daß es die zwei jüngsten waren, aber es gab insgesamt vier, und ich hatte sie alle zu versorgen. Den Säugling stillen, mich um den kleinen Jungen kümmern, er war drei, vier Monate älter als Benito, und dann um die zwei älteren Kinder. Ich mußte sie jeden Morgen in die Schule bringen, sie mittags wieder abholen und mich den Rest des Tages um sie kümmern. Oh weiah, Signora! Als ich sie am ersten Morgen zur Schule gebracht hatte, habe ich mich auf dem Rückweg verirrt, und keiner hat mich verstanden, wenn ich nach der Straße von dem Oberst fragte. Ich hab' es so deutlich wie möglich gesagt, so gut ich es eben verstehe, aber die haben mich nur angestarrt, als wenn ich verrückt wäre. Plötzlich bin ich um eine Ecke gebogen, und da ist sie gestanden! Die *signora* im Bademantel und einem Ausgehmantel drüber. Sie fing an, mich anzukeifen. Sie bezahlt keinen Spitzenlohn, damit ich mir die

Sehenswürdigkeiten Roms anschaue, und wo bin ich gewesen, und was bilde ich mir eigentlich ein, wozu ich da bin? Sie hat überhaupt nicht mehr aufgehört. Wie Rosaria – das war das Dienstmädchen, und sie war fast so alt wie meine Mamma und mindestens so müde –, wie Rosaria immer sagte: ›*Quella carogna!*‹ – was für ein Miststück! Verzeihen Sie den Ausdruck, aber genau das war die! *Una carogna*, und ich wußte es vom ersten Tag an, als sie mit der Milchabzapfmaschine anfing, so was wie man zum Melken der Kühe verwendet, und sie sagte, ich muß das auch machen. Ich war seine Amme, aber das Baby kriegte seine Milch aus der Flasche! Sie hat nicht erlaubt, daß ich ihm die Brust gebe – oh, nein-nein! Er mußte die Milch aus der Flasche kriegen – aus einer abgekochten Flasche! Wozu brauchte die mich dann überhaupt? Also, das kann ich Ihnen sagen. Der Milchsauger tat weh. Wieso durfte ich denn nicht meine Brüste mit Alkohol waschen, genau wie für die Melkmaschine, und wenn sie dann immer noch glaubte, daß ich ihr Baby anstecken könnte, dann würde ich einen Gummischutz verwenden, aber sie soll doch das Baby wie ein richtiges Baby nuckeln lassen. Aber nein, nein und nein! Es muß die Absaugmaschine sein! Bald war ich ganz wund, und jedesmal, wenn ich die Maschine ansetzen mußte, brachen die Wunden wieder auf, und es tat weh, und ich saß da und heulte und fragte mich, warum bloß der liebe Gott mich das hat tun lassen. Dann dachte ich daran, was mir sonst noch übrig geblieben wäre, und ich machte einfach weiter. Es gab für mich keine andere Möglichkeit. Und die Bezahlung war ja gut.

Die arme alte Rosaria. Es brachte mich fast um, die sechs Kinder zu versorgen – und ich wusch auch noch die ganze Wäsche –, aber um der Rosaria zu helfen, sagte ich, daß ich dem Oberst seine Hemden bügeln würde. Dann entschieden wir, daß es am besten ist, wenn wir die ganze Wäsche auf einmal machen, also wusch ich das Ganze und erledigte auch das ganze Bügeln. Die arme Rosaria! Bei der Arbeit redeten wir immer miteinander. Sie war eine Witwe. Das war eine lange Geschichte mit ihrem Mann. Der war ein Säufer gewesen, aber dann war er gestürzt, hatte sich verletzt und war gestorben. Sie hat gesagt, das ist das einzige Gute gewesen, was der in dreißig Jahren gemacht hat. Das Problem war nur, daß ein paar von den Marken für seine Rente nicht geklebt worden sind, oder so was, und daß die Versicherung ihr noch immer nichts bezahlte. ›Sonst würde ich dieser *carogna* an die Gurgel gehen!‹ sagte sie und lachte. Abends spülten wir gemeinsam ab und saßen

dann da und redeten, wenn wir nicht zu müde dazu waren. Saubermachen und Kochen, immer diese ganzen Mahlzeiten – es war einfach zu viel für sie. Also, an einem Morgen sitze ich da und gebe Maria die Brust. Es war noch ziemlich früh, aber ich hatte die Ration für den kleinen Giancarlo bereits abgezapft, mit der Maschine – *sissignora!* –, da kommt doch das Fuchsgesicht rein und sagt, als wenn sie was übers Wetter sagt: ›Ich habe Rosaria fortgeschickt. Sie leistet nicht, was wir von ihr erwarten, aber ich bin sicher, Sie werden das schon schaffen, Peppina. Sie erledigen alles so rasch, da wird Ihnen das bißchen Kochen nebenbei ja wohl auch nichts ausmachen.‹ Ich wollte ihr eigentlich sagen, wohin sie sich das stecken soll, aber ich wiederholte mir immer wieder in meinem Kopf: 180000, 180000, Peppina, 180000 im Monat, sag es nicht! Sag es bloß nicht! Beiß dir auf die Zunge. Und das hab' ich dann auch getan.
Signora, ich schwöre Ihnen, ich wäre immer noch dort, wenn meine Brüste nicht so wund geworden wären. Ach, das hat verflixt wehgetan! Und Minguccio hat es gesehen. Er konnte das nicht verkraften, alles andere, ja, aber das nicht. Im Februar kam er mich besuchen, das war unser Vorwand, aber eigentlich wollte er sich nach dem Arbeitsplatz erkundigen, den sie ihm zu besorgen versprochen hatten. *La carogna*, dieses Aas, ließ ihn den ganzen Tag in der Küche hocken. Ich war manchmal auch da, aber nicht die ganze Zeit, weil ich ja zwischen der Schule und dem Haus hin und her rennen mußte und außerdem stillen mußte. Darum kam er rein, als ich es gerade machte, um mit mir zu reden, und da hat er mich da sitzen sehen, wie ich weinte, und er sah meine Brust, wund wie sie war. Und er hat zu mir gesagt: ›Wir gehen heim, wir zwei. Es ist mir egal, ob wir verhungern, aber ich werde nicht zulassen, daß du verstümmelt wirst.‹ Er zwang mich zu packen, und wir gingen am gleichen Abend weg, und die wollten mir nicht einmal die 180000 *lire* zahlen, die sie mir schuldeten, oder die Eisenbahnfahrkarte. Schließlich sagte der Oberst: ›Also gut, bloß weil ich so ein gutes Herz habe. Verstehen Sie, ich *schulde* Ihnen überhaupt nichts. Ich betrachte das als Probemonat. Vergessen Sie nicht, Sie hatten Ihr Zimmer und außerdem auch noch Ihr Essen. Aber aus lauter Herzensgüte werde ich Ihnen 70000 *lire* geben. Nehmen Sie's oder lassen Sie es bleiben.‹ Schließlich haben wir es angenommen.«
Dies war das letzte Mal, daß ich Peppina sah. Sie sagte mir, sie könne einfach nicht länger kämpfen. Minguccio sei nicht krank an

seinem Körper, sondern in seiner Seele. Er brachte es nicht über sich, allein wieder nach Deutschland zurückzufahren. Entweder würde er zu Hause Arbeit finden, oder sie und die Kinder würden mit ihm gehen müssen. Sie hatte diese Entscheidung hinausgeschoben, bis einer der Jungs die Schule hinter sich gebracht hatte. Der Junge sollte bei einer der unzähligen Schwägerinnen wohnen bleiben und eine Mechanikerlehre anfangen. Rosa sollte bei einer anderen Schwägerin wohnen. Die übrigen... »Nun, die sind jung«, sagte Peppina. »Vielleicht können sie ja Deutsch lernen. Auf jeden Fall werden sie dort in die Schule gehen. Ich möchte nicht, daß meine Kinder als Deutsche aufwachsen, aber ich fürchte, so wird es kommen. Ich muß jedenfalls gehen.«

Sie trafen gerade rechtzeitig zu der Krise im Baugewerbe in Deutschland ein. Minguccio arbeitet nachts noch immer in seinem Café, sie haben in der Nähe zwei Zimmer gemietet, aber wieder liegt die Hauptlast auf Peppinas Schultern: sie macht in Schulen sauber und kauft für Frauen ein, die besser dran sind als sie; sie unterstützt die ganze Familie. Etwas allerdings hat sich für sie alle verbessert: es kamen keine neuen Kinder. Minguccio hat im nächsten Frühjahr Aussicht Arbeit zu finden.

Wenn ich an Peppina denke, erinnere ich mich immer daran, wie sie ein Gespräch beginnt, wie sie mit den Achseln zuckt und sagt:

»Eh, was kann man schon erwarten? *Nichts!*«

»Das ist mein Haus, wenn man es so nennen kann, und ich habe Glück, weil ich ein Fenster habe und nichts davor, nur den Hügel drüben überm Weg. Wenigstens kriegen wir Luft. Es ist ja bloß ein Zimmer, und wir sind fünf. Es ging ganz gut, als die Kinder noch klein waren, ich meine, wirklich ganz klein, aber Antonio ist jetzt fünf, und er sieht und hört Dinge, die nichts für ihn sind. Wir haben uns jedesmal, wenn es ging, um eins der neuen Häuser beworben. Wir haben kein Wasser, das Dach ist undicht, und der Hausbesitzer will es nicht reparieren lassen, weil wir mit der Miete im Rückstand sind. Wir müssen 60000 lire *(etwa 500 DM) im Jahr bezahlen, und in diesem Jahr haben wir das Geld einfach nicht. Mein Mann hat zwei Jahre lang in Mailand gearbeitet, irgendwie auf einem Bau, aber in diesem Winter ist er arbeitslos geworden, und hier gibt es keine Arbeit – das ist was, womit man sicher rechnen kann. Und ich bekomme jetzt wieder ein Kind. Und da behaupten die Leute, man kann nicht schwanger werden, solange man stillt! Ich stille zwei – so kommen wir über die Runden –, aber trotzdem. Jedenfalls wollen wir die* Comune *wieder um ein Haus bitten. Ich wäre schon glücklich mit einer von diesen Wohnungen mit zwei Schlafzimmern, aber es ist eigentlich bloß so aus Gewohnheit – das Anfragen, meine ich. Die Häuser, die sie jetzt bauen, sind für die Leute bestimmt, die ihre Wohnungen bei dem Erdrutsch vor vier, nein, fünf Jahren verloren haben. Wir werden keins kriegen.«*

NINETTA

An einem Junimorgen erwachte ich mit einem eigenartigen Gefühl von Schwere. Es kann sich dabei nur um eine körperliche Reaktion auf eine Luftdruckveränderung handeln, doch nehme ich es inzwischen als ein Warnsignal, daß an diesem Tag alles fehlschlagen werde. Der Himmel draußen war blau und wolkenlos, die Luft warm. Drunten im Hof standen Frauen im Schatten bei einem Schwein, das ans Gitter eines Erdgeschoßbalkons gebunden war, schwatzten und hatten für den Augenblick ihre Pflichten vergessen. Ein Hundejunges jagte ein Huhn über einen Abfallhaufen, auf dem vier nackte Kinder spielten. Solina hat sie also heute schon hinausgeschickt, dachte ich. Sie hatte neun Kinder, und im Sommer gab sie den Kleineren nur am Sonntag Kleider zum Anziehen: eine kurze Befreiung von der ständigen Wascherei, erklärte sie. Was unsere Nachbarinnen bei sich selbst als Sparsamkeit bezeichneten, nannten sie bei Solina »die Schlampigkeit einer Fremden«, denn sie stammte aus Slowenien, war vor zwanzig Jahren eine jener Kriegsbräute gewesen, und man sprach grundsätzlich nur mit einem leicht verächtlichen Zug in den Mundwinkeln von ihr als *La Slava,* der Slawin. Der Müllkarren ratterte auf den Platz, und der Müllkutscher kletterte in seinem verdreckten blauen Arbeitskittel langsam von dem Fahrradsattel, ein bißchen steif, als wäre es bereits Mittag. Dann kam der Augenblick seines Triumphes: um sein Kommen in der Nachbarschaft anzukündigen, mußte er auf seiner Trillerpfeife pfeifen. Die Kinder und sogar die Frauen drehten sich zu ihm um, denn seine Darbietung – mit grandiosen Gesten, mit Trillern und Tuten – galt als eines der großen Spektakel am Ort. Alles war für einen Junimorgen recht normal.

Ich zog mich an und frühstückte zu einer Begleitmusik von kreischenden Stimmen im Treppenhaus, die freundschaftliche Klagen austauschten, und als alles wieder ruhig war, machte ich mich ein bißchen verstohlen auf, die Treppe hinabzusteigen. Vielleicht, wenn es mir gelänge, die Berührung mit der Welt hinauszuschieben – doch das war eine kindische List und schon auf dem ersten Treppenabsatz zum Scheitern verurteilt, weil dort Ninetta mit der übertriebenen Konzentriertheit jemandes, der vorgibt, nicht auf der Lauer zu liegen, ihren Mop durch die

Gegend schwenkte. Ninetta war eine einsame Frau. Seit mehreren Jahren war ihr Mann von zu Hause fort, hatte erst in Deutschland gearbeitet und war nun in Mailand. Ihre Eltern waren gestorben, ihre einzige Schwester war in den Norden gezogen, um auf den Reisfeldern zu arbeiten, hatte dort geheiratet und war nicht mehr zurückgekehrt. Ninetta war die größte Klatschbase und darum, keineswegs unlogischerweise, auch die erste, sich überall Mißachtung einzubilden. Ihr kleiner gedrungener Körper verstellte mir ohne sichtbare Absicht den Weg. Sie wendete sich um und lächelte mich überrascht und unschuldsvoll an, als wolle sie sagen: Na sieh mal an, was für ein Zufall, Sie hier zu treffen. Es war eindeutig, sie hatte etwas auf dem Herzen.

Wäre ihr Leben anders verlaufen, ihre großen haselnußbraunen Augen hätten vielleicht den weiten offenen Unschuldsblick eines neugierigen Kindes haben können; statt dessen waren sie immer von abschätzender Berechnung verschleiert. Tiefe Ringe und die stark geschwungenen Brauenknochen ließen sie dunkler erscheinen, als sie waren, und irgendwie unvereinbar mit dem breiten arglosen Gesicht. Gewöhnlich hing ihr das hellbraune Haar in festen Locken um den Kopf, es konnte aber auch jeweils zu Weihnachten, Ostern und zur *festa* –, wenn es frisch gewaschen war, wie ein engelhafter Heiligenschein aus Locken um ihr Gesicht wehen. Die gleichen Widersprüche wies ihre Persönlichkeit auf. Zwei verschiedene Charaktere schienen hier in einem Körper zu wohnen: der eine war freundlich, sanft und scheu; der andere aggressiv, mit einer giftigen Zunge in der Wut und im Scherz, und so voll Angespanntheit, daß jedes ihrer Worte geradezu von der Erwartung eines Streites knisterte. Trotz der Unverträglichkeiten ihrer Veranlagung galt sie als ›eine gute Frau, ein armes Ding‹, und ›arm‹ nicht im materiellen Sinne verstanden, denn arm waren sie ja alle, sondern ›arm‹, weil sie einen eifersüchtigen Ehemann hatte, der zuviel trank und sie prügelte, und einen fünf Jahre alten Jungen, der Jüngste von ihren vieren, der die gleichen weiten, braunen Haselnußaugen hatte und der ›ohne Penis geboren‹ wurde. In der ganzen Welt gelten Körperdefekte als unbegreifliche Gaben, die die Mütter, niemals die Väter, ihren Kindern mitgeben – das Ergebnis eines rezessiven Gens, eines Schocks, eines übermäßigen Gebrauchs von Medikamenten, oder, wie wir heute wissen, von nicht sorgfältig genug getesteten Präparaten. Und immer sind es die Mütter, die die ganze Alltagsqual erdulden. Wenn Ninetta ganz normal um den Preis eines Eies feilschte, konnte sie damit rechnen, ein paar höhnische Bemerkungen zu hören. Wenn es sich um eine ernstere Auseinandersetzung handelte, war sie emotional durch die ›lustigen‹ Sticheleien ihrer Gegnerinnen oft völlig mattgesetzt. Sie hatten gegen sie so viele Waffen einzusetzen, und jede dieser Waffen stellte eine unwiderstehliche Versuchung für Menschen dar, die nur seltene Siege im Leben erwarten können und nur den schwer erkauften kennen. Ninetta trat dann meist den Rückzug an, gab sich jedoch nie geschlagen, und darum lebten wir, die wir das Treppenhaus mit ihr teilten, in einem Zustand ständiger Ungewißheit: würden wir einer verwundeten Löwin oder einem schnurrenden Kätzchen begegnen? Die Erfahrung hatte uns gelehrt, sie immer zuerst reden zu lassen.

»Aha, Sie sind schon auf!« sagte sie, scheinbar überrascht, aber mit einem Lächeln: sie war also in ihrer liebenswürdigen Phase. Die Anspielung auf irgendein Versagen war bei ihr eine unbewußte Technik, die sie so lange zu ihrem eigenen Schutz angewendet hatte, bis sie zu einer Sprachgewohnheit und vielleicht sogar zu einer Denkgewohnheit geworden war. Immer noch stand sie mir im Weg. »Wo Sie jetzt schon mal da sind, wollte ich Sie fragen – also, ich wollte Sie fragen, ob Sie 'n paar Tomaten haben wollen?« Ohne auf meine Antwort zu warten, sprach sie hastig weiter: »Es sind die ersten, und Sie mögen Tomaten doch so gern«, fügte sie mit einem kriegerischen Unterton hinzu.

Kurz nachdem ich eingezogen war, hatte sie mir ein paar Feigen gebracht, dann etwas *rughetta*, Kräuter, die sie auf dem Weg zu den Feldern am Straßenrand gepflückt hatte, und schließlich im Herbst, als es keine Früchte mehr gab, die sie hätte bringen können, brachte sie mir das an, was sie am meisten schätzte: Katastrophenberichte, das heißt alles, was jemand anderem passiert war. Sie benutzte sie sozusagen sich selbst zum Trost.

Langsam verhängte der kalte, düstere und endlos scheinende Winter über uns den Ausnahmezustand. An den Morgen huschten vermummte Gestalten, bei welchem Wetter auch immer, zu Besorgungen durch die Straßen, doch am frühen Nachmittag zogen Nebelbänke an unseren Fenstern vorbei und brachten ein seltsam wattiges Zwielicht und eine echolose Stille mit sich. Dann konnte man leicht glauben, daß es sonst keinen Menschen gebe.

Zuerst schien Ninetta durch diese Isolierung erleichtert zu sein, doch als die Wochen verstrichen, entwickelten sich ihre Probleme in ihrer Phantasie zu allgegenwärtigen Ungeheuern, und um ihnen

zu entrinnen, war sie zu mir heraufgekommen, um mit mir zu reden. Sie wußte, daß ich ihr nicht helfen konnte, doch war es für sie vielleicht wichtiger, daß ich sie weder verurteilte noch über sie klatschte.
»Nicht jetzt, verstehen Sie. Später. Ich wollte auch mit Ihnen sprechen, wenn Sie dann Zeit haben. *No, no, no,* nicht jetzt! Ich weiß, nicht jetzt. Außerdem haben Sie einen Platten. Den werden Sie wechseln müssen.« Ihr Lächeln wurde breiter, fast ein wenig vergnügt. »Ich hab's gesehen, wie ich heimgekommen bin, aber machen Sie sich keine Sorgen, ich werd' Ihnen helfen.« Und so hatte der Teufelskreis begonnen: dies war das erste der von mir befürchteten Mißgeschicke. Ninetta hatte keine Ahnung von Autos, und unter Hilfe verstand sie ihre unterstützende Gesellschaft, dennoch ließ sie sich nicht davon abbringen. Sie lehnte den Mop an die Wand, wischte sich die Hände an der Schürze ab und polterte zielstrebig die Stufen hinunter.
Fünfzehn Minuten später hatten wir den Radwechsel erledigt. Meine Arme waren bis zum Ellbogen verdreckt, aber ich zwang mich, das Werkzeug sorgsam zu verstauen, während Ninetta auf einer Obstkiste thronte und affektiert wie eine Duenna eine Gruppe von Frauen und Kindern belehrte, die sich versammelt hatten, um mir zuzuschauen. Sie hatte bereits die Mängel der modernen Autoreifen abgehandelt, ihre schlechte Widerstandsfähigkeit gegen Nägel und die sogar noch miserablere Abnutzungsqualität und hatte blitzschnell eine Brücke zu jenen Bestandteilen im Aluminium geschlagen, die Krebs verursachen, als plötzlich hinter mir, aber noch in einiger Entfernung, eine Frauenstimme in dem sirenenähnlichen Wutgeheul zu schrillen begann, das wie das Rasseln der Klapperschlange die Warnung der südländischen Frauen vor einem wilden Angriff ist. Als ich mich umdrehte, stürzte eine Gestalt in einem blauen Kattunkleid mit ausgestreckten Armen an mir vorbei. Das gelblich-kranke Gesicht eines kleinen Jungen, der neben Ninetta stand, verzog sich vor Furcht. Er stolperte rückwärts und rannte dann, so schnell er konnte, die Böschung zur Straße hinauf. Seine Mutter schwenkte herum und packte Ninetta bei den Haaren.
»Hure! Läufige Hündin, die du bist«, kreischte die Frau und beutelte Ninettas Kopf, daß es fast aussah, als müßte ihr das Genick brechen. »Meinen Sohn verderben, das willst du, was! Nicht genug, daß du dauernd meinem Mann auflauerst!« Ninettas Hände krallten sich in das Gesicht der Frau, in ihre Kleidung, was

sie nur zu fassen bekamen. »Der Zorn Gottes ist dir keine Lehre gewesen! Ein Junge, der sein ›Ding‹ nicht hat, ist dir keine Lehre! Nein, dir nicht! Du kümmerst dich einen Dreck darum.« Sie begann Ninetta, die hintenüber gefallen war, mit den Füßen zu treten. Ninetta versuchte sich von der Obstkiste zu befreien. Die Nachbarinnen zogen die Frau weg und wollten sie festhalten, vermochten jedoch die von Raserei und Adrenalin hervorgerufenen Kräfte wenig mehr, als sie zu bremsen. Im Augenblick, als sie sich freimachte, half ich Ninetta auf die Beine. Sie weinte und schien ganz benommen, doch sie wirbelte von mir fort, attackierte die Frau mit Fußtritten, Ohrfeigen und Bissen, so daß schließlich beide in einem Gewirr von Armen und Beinen auf dem Boden landeten. Wir hörten Ninettas Stimme immer wieder kreischen:
»Sei pazza, pazza, PAZZA!« Du bist verrückt, verrückt, VERRÜCKT!
Schließlich konnten wir sie trennen. Wir zwangen Ninetta, sich auf den Beifahrersitz meines Wagens zu setzen, ich saß neben ihr, während die Frauen die Tür blockierten. Und Ninetta weinte. Das eine Auge war bereits rosa und begann anzuschwellen. Einmal versuchte sie mit gesenktem Kopf durch die Frauen auszubrechen, sackte aber wieder neben mir zusammen und schluchzte leise. Ich fragte sie, worüber der Streit denn entbrannt sei und wer diese Frau sei. Dann redeten alle durcheinander. Giulia – so hieß die andere Frau – war nicht gerade beliebt. Sie war Ninettas Schwägerin, beide hatten Brüder geheiratet, und sie war derart eifersüchtig auf Ninetta, daß sie mit ihr bei jeder Gelegenheit, selbst unter den fadenscheinigsten Begründungen, Streit anfing. Außerdem schrieb sie Pietro, Ninettas Mann, anonyme Briefe, in denen sie sie aller möglicher Vergehen anklagte, angefangen damit, daß sie die Kinder schlage, bis zur Beschuldigung, sie habe einen Liebhaber – Stiche, haargenau darauf gerichtet, Pietros Argwohn zu bestätigen. Er dachte immer daran, daß in derartigen Briefen stets ein Körnchen Wahrheit stecken müsse, aber es kam ihm nie in den Sinn, daß der Briefschreiber vielleicht mehr daran interessiert sein könnte, Zwietracht zu säen, als Information zu vermitteln. Pietro hatte Ninetta für jeden anonymen Brief, den er erhalten hatte, schwer büßen lassen.
Plötzlich wurde mir klar, daß ich den Grund für Giulias Anschuldigungen kannte, und ich wog das eine Übel, nämlich zu verraten, was Ninetta mir unter dem Siegel der Verschwiegen-

heit anvertraut hatte, gegen die Vorteile auf, ihre Unschuld klarstellen zu können, als ich hörte, wie sie – zu erbittert, als daß sie noch auf jemand Rücksicht hätte nehmen können – die ganze Geschichte heraussprudelte. Ohne Giulia etwas davon zu sagen, hatte ihr Mann sich von Pietro Geld geliehen, und dieser hatte Ninetta aufgetragen, die Schuld zu kassieren, wann immer sie das Geld brauchte. Ninetta hatte abgewartet, sich die Ausflüchte und Verzögerungen ihres Schwagers geduldig gefallen lassen, bis vor kurzem, als ihr nichts anderes mehr übrig blieb. Bemüht, taktvoll zu sein, war sie nicht in seine Wohnung gegangen. Sie hatte statt dessen auf der Straße auf ihn gewartet, um ihn noch einmal um die Rückzahlung des Geldes zu bitten. Schließlich hatte er es ihr dann am vorherigen Abend in ihr Haus gebracht, wobei sie sich aber geweigert hatte, ihm die Tür zu öffnen. Sie wollte Ärger vermeiden. Sie wollte ihn nicht in der Wohnung haben und trug ihm auf, das Geld bei mir abzugeben. Das tat er auch, und sie kam es abholen, kaum war sein Schritt draußen auf der Straße zu hören.
»Ich bin doch keine Hure«, schluchzte sie. »So wahr Gott mein Zeuge ist, kein Mann kommt mir ins Haus, wenn ich allein bin. Das wissen Sie doch, Signora! Sie würden doch jeden hören, nicht wahr? Sagen Sie's ihnen doch, sagen Sie's ihnen!« Sie schrie das laut heraus, und die Frauen fingen an, Giulia zu verfluchen. Zwei sagten, wenn Ninetta hinaufgehen möchte, würden sie bei ihr bleiben und dafür sorgen, daß man sie in Frieden ließ.
Ich machte mich auf den Weg, um meinen Reifen flicken zu lassen, weil ich wußte, daß ich mich abends nützlicher machen konnte, wenn die anderen Frauen mit ihrer Familie beschäftigt sein würden. Es gab keinen Strom, also auch keine Preßluft. Später, am Nachmittag, würde man mir – vielleicht – meinen Reifen ins Haus bringen.

Ninetta lebte immer von einem Notstand zum anderen und benutzte ihn als Generalprobe für die endgültige Katastrophe. Zwar war der körperliche Zweikampf mit ihrer Schwägerin außergewöhnlich, aber sämtliche Szenen wurden bei ihr auf hoher dramatischer Ebene und mit instinktiver Präzision gespielt. Sie kannte ihr Publikum gut. Und sie liebte Streit. Ihr Kopf war schneller als der anderer Frauen, ihre Stimme durchdringender. Ihre Beleidigungen kamen prompt und griffen weit, aber ihre eigentliche Stärke, die von den anderen Frauen auch bereitwillig anerkannt wurde, war ihre Fähigkeit, mit den Wohlfahrtsstellen umzuspringen. Sie schwatzte ihnen Medikamente ab, weinte, heulte und fuchtelte so lange mit den Armen, bis sie ihr Decken und warme Mäntel gaben. Man sagt von ihr, sie könne sehr würdevoll in Ohnmacht fallen (und in überzeugender Verzweiflung), wenn sie um Pasta bettle, obwohl sie die Technik eines hysterischen Weinkrampfes bei weitem vorzog. Das falle ihr sehr viel leichter, sagte sie. Sie gab allerdings zu, daß in manchen Situationen eine längere Ohnmacht auch genug Aufmerksamkeit errege. Auch alle anderen Bereiche ihrer Existenz ging sie mit der gleichen absoluten und unmittelbaren Konzentration an und war demzufolge eine geschickte und schnelle Feldarbeiterin, eine tüchtige Hausfrau, eine gute, wenn auch nicht ganz kalkulierbare Mutter und allgemein der Schrecken der gesamten Nachbarschaft. Dieser *modus vivendi*, bei dem man das Leben schurigelt, bevor man von ihm selber tyrannisiert wird, schloß jede Notwendigkeit des Nachdenkens aus: es genügte zu reagieren.

Für Ninetta funktionierte das ganz gut, bis der kleine Giuseppe »ohne einen Penis« zur Welt kam. (Ich verwende den Ausdruck weiterhin in Anführungszeichen, weil Ninetta so sagte und weil Giuseppe das einzige Kind war, das niemals nur in einem Baumwollunterhemdchen herumlief. Ninetta hätte das Kind eher umgebracht, als zuzulassen, daß irgend jemand es sähe, darum habe ich keine Ahnung, wie medizinisch exakt ihre Beschreibung war; allerdings scheinen die fünf Operationen, die in Giovannis ersten sieben Lebensjahren vorgenommen wurden, die Diagnose zu bestätigen.)

Jetzt aber hatte sie Zeit, nachzusinnen und Überlegungen anzustellen. Plötzlich waren die Streitgespräche und der Austausch von Beleidigungen, die bislang ihre Turnier-Waffen gewesen waren, irgendwie geschärft zum blutigen Ernst, und wenn Ninettas Szenen vor den Wohlfahrtspflegern auch noch immer so dekorativ waren wie früher, so waren sie doch irgendwie weniger erfolgreich: sie waren nicht mehr Teil eines Spieles, das sie sich zu verlieren leisten konnte. Jetzt, wo sie wirklich Hilfe brauchte, hatte sie ihren Touch verloren. Keiner war bereit oder fähig zu helfen, sie fand nie heraus, welches von beidem. Sie fing an, Gespenster zu sehen. Sie bildete sich absurde, raffinierte Verschwörungen gegen ihre Person ein und grübelte vor sich hin, wie niemand das erwartet hätte, obwohl es auch wieder nicht so

erstaunlich war, denn sie tat auch dies wie alles andere: mit unbarmherzigem Eifer.
Ihre Gefechte mit ihrem Mann Pietro hatten immer zu den erbärmlichen Realitäten des modernen Wohnens in papier-dünnen Wänden für uns gehört, was wir alle akzeptiert hatten. Pietro war ein großer, kräftiger Mann mit einem schwammigen Gesicht und gelocktem, rötlichem Haar, der als bloße Treppenbekanntschaft fast scheu, und sicherlich nicht gewalttätig war. Er sprach mit sanfter Stimme, bestand immer darauf, mir die Einkäufe hinaufzutragen, auch lächerlich leichte Päckchen, und hatte eine fast unterwürfige Art, sich gegen die Wand zu drücken, um mich vorbeizulassen, als könnte die Wand ihn aufnehmen und mich so von seiner beschmutzenden Gegenwart befreien. Gelegentlich, wenn Markttag war, folgte er Ninetta mit der gleichen Zuvorkommenheit von Stand zu Stand. Wein verstärkte seine Höflichkeit mir gegenüber nur noch – und, wie ich feststellte, seine Brutalität seiner Frau gegenüber. Nachdem ich monatelang ihren Streitereien hatte zuhören müssen, kam ich zu einigen recht entmutigenden Schlußfolgerungen: sie waren *beide* eifersüchtig, *beide* neigten dazu, sich Liebeleien und Untreue bei dem anderen einzubilden, obwohl sie wußten, daß es nichts dergleichen gab, und *beide* genossen einen richtigen Krach, wie ein wohlhabenderes Ehepaar in der Stadt vielleicht ein Essen im Restaurant oder einen Kinobesuch: dieses waren ihre zweimal die Woche stattfindenden Vergnügungen. Seine Mutter, die damals bei ihnen wohnte und die je nach Wetterlage ihre Tage am Schlafzimmerfenster oder auf dem Balkon verbrachte, von wo aus sie alles ausspionierte, was sich unten zutrug, stachelte zunächst Ninetta an, die sie verachtete, dann Pietro mit Berichten über Ninettas Mißverhalten, wie sie es angeblich selbst bezeugen könne. Sie hatte bei dem unvermeidlichen Ringkampf natürlich einen Platz in der ersten Reihe und man konnte hören, wie sie ihren Sohn anfeuerte, wie sie ihm sogar bei einem besonders gutplacierten Schlag gegen Ninetta applaudierte.
Im zweiten Sommer nach der Geburt Giuseppes, als das Wetter warm wurde, alle Fenster offenstanden und man lange Abende auf dem Balkon saß, konnten wir Nachbarn kaum umhin zu bemerken, daß die Streitereien zwischen Ninetta und Pietro sich verändert hatten. Das hatte nichts mit Lauschen zu tun: wir konnten gar nicht anders. Neben dem Greinen zahnender Babys und dem Lärm der Radios drangen ihre Stimmen zu uns, wenn wir Mittag

aßen, leisteten uns Gesellschaft beim Abwasch, wogten beim Kaffee um uns herum wie Wolken von Giftgas und verfolgten uns noch ins Bett, bis wir nervös und erschöpft einschliefen. Oft weckten uns dann später noch einmal dumpfe Schläge, die von Ninettas Wehgeschrei oder Wutgeschrei – das war schwer zu sagen – unterstrichen wurden. Keiner ging jemals an ihre Tür; wir hatten zu oft erlebt, daß unwissende Eindringlinge von einem Chor von Flüchen und Drohungen in die Flucht geschlagen wurden.

Wir waren diese Streitereien so gewöhnt, daß zunächst keiner von uns sich die Mühe machte, zuzuhören, als der Ton sich änderte. Ich habe noch immer den Eindruck, daß ich nie bewußt zuhörte, sondern die Worte sich osmotisch in mein Gehirn eingruben. Gerade sprach Ninetta. Pietro und seine Mutter lieferten in brummigem Gleichmaß *si's* und *no's* und *ma's*, die von Ninetta, wenn sie zu hartnäckig wurden, mit einem scharfen »*Basta!* Haltet den Mund, ihr zwei! *Basta*, sage ich!« abgeschnitten wurden. Und dann nahm ihre Stimme gewöhnlich eine dunklere Tonart an, die aber für uns alle, die wir im Dunkeln lauschten, erstaunlich klar verständlich war.

Die Schlüsselwörter, die Nacht für Nacht wiederholt wurden, waren ›Arbeit‹ und ›Versicherung‹, ›hier, nein‹ und ›dort, ja‹. Wenn Ninetta Anfang und Mitte der Szenen gänzlich unter Kontrolle hatte, das Finale fiel stets Pietro zu. Ein Wort zuviel, ein halbes Glas Wein mehr, und seine Wut machte sich in Gebrüll Luft und mit den widerlichen dumpfen Schlägen, die uns bedeuteten, daß das Ende nahe war. Und dann hörte man statt Stille und verhohlenem Schniefen Ninettas Stimme plötzlich sehr ruhig sagen:

»*Basta*, Pietro. Es ist unsinnig, daß du so schreist. Wir müssen uns entscheiden.« Sie hatte sich bereits entschieden.

Pietro war mit seinem gewöhnlichen Arbeitszyklus zufrieden. Er war ein sehr kräftiger Mann, fehlte nicht einen Tag und gab niemals Anlaß zu Ärger. Das hatte zur Folge, daß er selten ohne Arbeit war. Die Unternehmer von außerhalb zahlten einem zuverlässigen Mann nur zu gern den gesetzlich vorgeschriebenen Lohn und die Sozialabgaben für die Versicherung. Wegen der außergewöhnlichen Kälte fanden die Männer vom Spätherbst bis Anfang Frühling keine Arbeit, weil die Baustelle geschlossen wurde, doch Pietro machte sich darüber überhaupt keine Gedanken. Er fand ganz einfach eine andere Arbeit am Ort und verlangte pro Tag ein paar hundert Lire mehr als üblich, anstelle einer Versicherung. Pietro war glücklich. Er verdiente ein bißchen was unter der Hand, *und* er hatte außerdem noch seine laufende Krankenversicherung, solange die unerwartete Gottesgnade seiner ›Arbeitslosigkeit‹ anhalten würde. Sein Arbeitgeber bekam einen guten Arbeiter und konnte in dem süßesten Vergnügen jedes Süditalieners schwelgen, seiner Regierung eine weitere Abgabe vorzuenthalten. Pietro nahm das Risiko auf sich. Sein Boß konnte ja immer behaupten, er habe ihn nur für eine Arbeit von zwei, drei Tagen eingestellt.

Aber als Giuseppe geboren wurde, begriff Ninetta, daß nichts so wichtig wäre wie die Krankenversicherung, die für den Aufenthalt im Hospital, für seine Medikamente, die Operationen und möglicherweise eines Tages auch für eine Pension aufkommen würde. Darum hatte sie ihren Entschluß gefaßt: Pietro mußte nach Deutschland, und zwar mit einem Arbeitsvertrag, der gemäß einer Übereinkunft der Regierungen beider Länder, die automatische Weiterzahlung der Versicherungsprämien in Italien und einen hohen Lohn garantierte. Pietro argumentierte, daß es für ihn keinen Grund gebe, fortzugehen: er sei nie ohne Arbeit, sie hätten gut zu essen und könnten zusammen sein. Nur Schwächlinge müßten weglaufen, um Arbeit zu finden. Das ging immer so weiter, bis wir schließlich ein fürchterliches Brüllen von Pietro hörten, auf das sofort ein lauter Krach folgte und manchmal das Geräusch von splitterndem Holz und dann Stille, die fast noch beängstigender war als die Szene davor, und die verkündete uns für diese Nacht das Ende der Feindseligkeiten.

Innerhalb eines Monats änderte sich die Streiterei schon wieder, nicht in der Lautstärke oder in der Heftigkeit, sondern was das Thema anging, als wäre der Hauptstreitpunkt inzwischen entschieden worden. Die höhnischen Bemerkungen Pietros und sein Gebrüll galten nun ausschließlich seinem Arbeitsvertrag. »Sicher, sicher, ich kriege gleich einen nur so hingeschmissen! Während halb Lucania sich abrackert, einen zu bekommen! *Ma che cazzo vuoi!* Was weißt du denn schon davon? Nichts! GAR NICHTS!« Oder manchmal: »Dann geh doch *du* raus und geh auf den Strich, wenn du alles so genau weißt, aber laß bloß deinen Arsch hier nicht mehr blicken!«

Ninetta sprach niemals über diese Streitereien. Zweifellos wußte sie, daß dies nicht nötig sei, aber sie besprach auch ihre Pläne nicht. Offensichtlich fühlte sich Pietro vollkommen sicher, und durchaus zu Recht. Hunderttausende von Männern gingen illegal nach Deutschland, die rechtlosen Einwanderer aus dem Mittelmeerraum, die dort Arbeit suchten, gleich, für wie kurze Zeit, und die bereitwillig auch für reduzierten Lohn und ohne Sozialversicherung arbeiten. Weitere Hunderttausende versuchten durch Tricks eine der paar tausend Jobs zu bekommen, die als offizielle Arbeitsverträge anstanden. Wenn einer einen zugänglichen Beamten in der Bürgermeisterei dazu bewegen konnte, ihm eine Bescheinigung darüber auszustellen, daß er ein fertig ausgebildeter Elektriker, Schreiner, Installateur oder ein Zauberkünstler in sonst einer anderen Fertigkeit sei, die vielversprechend klang, dann konnte er anfangen, Empfehlungsschreiben zu sammeln. Das ist ein seit alters her erprobtes System, an das jeder Süditaliener glaubt. Gleichgültig, wie es um seine echten oder bloß bescheinigten Fähigkeiten steht, er weiß, ohne Empfehlung gibt es kaum eine Hoffnung. Wenn eine Freundin der Schwägerin der Großcousine seiner Frau den Fahrer eines Abgeordneten heiratet, dann kann er es vielleicht einrichten, daß er ein Beglaubigungszertifikat von einigem Gewicht bekommt, doch wenn er über keine solche enge Beziehung verfügt, muß er auf die Anzahl statt der Qualität setzen. Bei dieser Schatzsuche ist fast jeder Mann mit einem weißen Hemd und schwarzen Schuhen und fast jede Frau mit Lederpumps, und einer Handtasche ein möglicher Aktivposten. Sie können immerhin schreiben, und vielleicht haben sie sogar Beziehungen. Das ist ein langwieriger und entwürdigender Prozeß von Nötigungen und Kriechereien, der zumeist auch noch völlig im Sande verläuft. Pietro jedenfalls dachte nicht daran, seine Zeit damit zu vergeuden. Ninetta kannte niemanden unter den *notabili,* außer den Grundbesitzern, für die sie gearbeitet hatte, und die waren weder geneigt zu helfen, noch würde man auf sie hören, falls sie es doch getan hätten.

Nein, Pietro fühlte sich ganz sicher.

Wochen später, als die Flaute ständiger Gegenstand ihrer Streitereien geworden war und wir uns keine Gedanken mehr machten, wurde im Büro des staatlichen Arbeitsamtes eine Liste ausgehängt, auf der die Namen von zwölf fähigen Rohrlegern aus Apulien und Lucanien standen, die von einem Chemiewerk in Deutschland mit regulären Arbeitsverträgen, Versicherung und sämtlichen gesetzlichen Vorteilen angenommen worden waren. Pietro konnte zwar Betongießen, hatte aber noch nie ein Rohr angefaßt. Er stand auf der Liste. Man ließ ihnen zehn Tage, ihre

Angelegenheiten zu ordnen, als hätte es da etwas zu regeln gegeben, und sich Personalpapiere und Versicherungskarten zu besorgen.
Pietro verfiel in trübsinnige Erstarrung. Er saß den ganzen Tag auf dem Balkon und sah ins Leere; nachts wanderte er die Straße auf und ab und trat in tieferes Dunkel zurück, wenn er Stimmen hörte. Während der Tage vor seiner Abreise gab es keine Szenen mehr. Er sprach mit niemandem außer seiner Familie und sogar selten mit Ninetta, die hinunterging, wenn er zu lange im Dunkeln herumlief, und ihn drängte, ins Bett zu kommen. Als sie einmal zusammen heraufkamen, hörte ich ihn fragen:
»Wie hast du das geschafft?«
»Das ist jetzt gleich, wie ich es geschafft hab. Wichtig ist, daß es passiert ist. Du hast die Arbeit. Und ich hab außerdem auch nicht gehurt dafür.«
Ich glaube ihr, aber mehr weiß ich nicht darüber, wie sie es arrangiert hat. Danach befragt, lächelte sie nur, und ihre Augen glitten zur Seite, als könnten sie sie verraten. Es ist ihr Geheimnis, und sie hat es selbst vor Pietro bewahrt, obwohl die Vermutung sehr naheliegt, daß es ihr gelang, die richtige Person zu erpressen.
An einem trüben grauen Septembermorgen brach Pietro kurz vor Morgengrauen mit sechs oder sieben anderen Männern auf, die entschlossen waren, illegal Arbeit zu suchen. Der Bus zu der über dreißig Kilometer entfernten Bahnstation unten im Tal hatte Verspätung, doch die Männer waren zu benommen, das zu bemerken. Wie bleiche steife Leichen, die auf ihre Särge warteten, standen sie in einer Reihe an der Straße. Die Frauen, die sich Schals um Kopf und Schultern geschlungen hatten, um sich gegen die Morgenkälte zu schützen, waren nervös. Babys schliefen in ihren Armen, andere Kinder klammerten sich verschlafen an den Rökken fest und quengelten nach ihrem Frühstück, doch die Mütter beachteten sie nicht. Sie waren Reisen nicht gewohnt. Sie hatten Angst. Würden ihre Männer den Anschluß verpassen? Würden die Nahrungsmittel, die so kläglich in den Bündeln und Pappkoffern zu ihren Füßen verstaut waren, auch reichen? Die eine oder andere weinte leise in sich hinein. Eine ältere zischelte ihrem Sohn Warnungen vor leichtfertigen Frauen ins Ohr, aber er tat, als höre er nicht. Seine Frau wurde rot, schwieg aber. Auch Ninetta blieb stumm, aber während sie ihren Pietro ansah, füllten sich ihre riesigen Augen mit Tränen, die sich nicht so recht lösten, um die

Wangen hinunterzulaufen. Pietros Aufmerksamkeit war auf etwas Unsichtbares direkt vor der Spitze seiner abgetragenen Stiefel gerichtet. Schließlich bog der Autobus mit dem trompetenhaften Dreitonsignal um die Kurve, das damals für die Busse auf dem Land in Italien typisch war. Die Frauen hatten schon zu lange gewartet, als daß sie nun noch Zeit für beruhigendes Klagen gehabt hätten. Ehe sie die Gesichter zusammenkneifen konnten, hatten ihnen die Männer jene flüchtigen, unpersönlichen Küsse auf beide Wangen gedrückt, die in der Öffentlichkeit erlaubt sind, hatten ihre Bündel zur Gepäckluke geschleppt, sie hineingehoben und waren dann im Bus verschwunden, der nach einem weiteren Trompeten davonschnaufte und die Frauen und Kinder keuchend in einer öligschwarzen Wolke von Auspuffgasen zurückließ. Die Männer waren fort.
»Jetzt ist er wenigstens überzeugt, daß es richtig ist«, sagte Ninetta leise mit müder Stimme, als wir von der Bushaltestelle zurückgingen. »Endlich! Alles, was er gesagt hat, bevor er fortging, war: ›Ich warne dich, wenn du mir Hörner aufsetzt, dann komme ich zurück und bring dich um. Hast du verstanden? Ich werde dich umbringen!‹ Als ob ich dafür Zeit hätte, bei all dem, was ich auf dem Hals hab. Ach, vergessen wir den Trieb. Aber so was sagt er auch, wenn er hier am Ort zur Arbeit geht, also hat er sich jetzt keine großen anderen Sorgen gemacht, als er abfuhr. Er ist also doch überzeugt. Endlich.«
Ninetta lebte fast genauso weiter wie bisher. Sie fand genügend Arbeit als Holzfällerin und beim Sägen. Sie suchte sich absichtlich Männer aus, für die sie früher schon gearbeitet hatte, Männer, die sie in Frieden lassen würden und sie mit einem festen prozentualen Anteil am Tagesertrag an Holz bezahlten. Als später mit dem Winter alle Feldarbeit ein Ende hatte, suchte sie sich Arbeiten in der Stadt. Wie Pietro war auch sie kräftig und selten ohne Arbeit, einfach weil sie alles annahm – Fässer rollte, Säcke auflud, Brennholz zu Scheiten schnitt, Ställe ausmistete, Wäsche wusch – sie war nicht heikel, wenn man sie gut und prompt bezahlte.
Eine gravierende Änderung gab es allerdings doch. Am Tag nach der Abreise Pietros setzte sie ihre Schwiegermutter vor die Tür, samt Bettstatt, Matratze, Kleiderbündeln, ihren kupfernen Lieblingstöpfen, der von innen erleuchteten Madonna und allem anderen Kram, und schickte sie in die Wohnung eines anderen Sohnes und seiner Frau, der gehässigen Giulia. Ich fuhr gerade zum Mittagessen nach Hause, als ich vor mir mitten auf der Straße

Ninetta entdeckte. Sie trug die Sprungfedermatratze mit den Beinen nach oben auf dem Kopf. Bei jedem Schritt wippten die Federn bedenklich aufwärts und nach vorn, wie ein langsamer Gezeitenstrom. Ninetta hatte wohl das wogende Ungetüm besser unter Kontrolle, als es den Anschein hatte, denn sie stützte es nur mit einer Hand ab, als sie sich umwendete, um mit mir zu reden. Fast wäre es ihr wirbelnd wie der Propeller eines Hubschraubers entkommen, doch sie packte es rechtzeitig. Ein boshaftes Lächeln trat in ihr Gesicht.

»Eh«, sagte sie mit dieser merkwürdigen ruckartigen Kinnbewegung nach vorn und aufwärts, die bedeutet: Seht mich an, denen werd ich's zeigen! »So, heute hat's mir gereicht. Von jetzt an, ob's ihnen paßt oder nicht, kann sie *die* herumkommandieren. Das ist eine Strafe, die ich nicht auf mich nehmen muß!« Und sie ging weiter und lachte laut auf, mit einem kindlichen Vergnügen, das sich in Kichern auflöste. »Soll sie doch mal *la dolce vita* bei denen drüben ausprobieren!« Und schwankend und wogend zog sie davon.

In diesem Winter fuhr sie mit Giovanni zu einer ersten Operation nach Bari. Sie sagte niemandem etwas davon, nicht einmal, wie sich herausstellte, ihrer Schwiegermutter, die wieder inthronisiert worden war (mit wogender Sprungfedermatratze, Bündeln, Kupfertöpfen und der beleuchteten Madonna), das erstemal von vielen folgenden Malen, um sich um die anderen Kinder zu kümmern. Giuseppe sollte ›Untersuchungen‹ haben.

Eines Tages, Ninetta war fast zwei Wochen fort, übergab man mir eine Nachricht, die zwar an mich adressiert, aber für ihre Schwiegermutter bestimmt war. Ich konnte mir gut vorstellen, wie der Inhaber der ›Bar Italia‹, der gleichzeitig der Hüter des öffentlichen Telefons war, die Botschaft mit der rechten Hand niederkritzelte, während er mit der linken den Hebel der Espressomaschine drückte oder einen schmutzigen Lappen über die Theke schob. Ich hatte ihn das Dutzende Male tun sehen und ihn schreien hören: »Wie war das? Sagen Sie's noch mal!«, und der Zettel machte sich selbständig und rutschte ihm weg, so daß sich Krakel ergaben, die Zentimeter unter dem Wort standen, zu dem sie vielleicht gehören mochten. Das Ergebnis war stets so etwas wie ein chinesisches Geduldsspiel, aber er konnte nichts dafür. Das Telefon, das außerhalb der Reichweite des allerlängsten Armes gehalten werden mußte, steckte in einem Nest zerfetzter Telefonbücher, klebriger Tassen und Löffel, Flaschenverschlüssen und vor sich hin trocknender Backwaren auf einem Bord im Hintergrund. Es war nahezu unmöglich, dort etwas aufzuschreiben, aber schließlich mußte sowieso jeder, der eine Nachricht übermitteln wollte, ein geduldiger Optimist und eine Spielernatur sein, wenn nicht ein ausgemachter Narr. Unsere Telefonleitung besaß unberechenbare Einweg-Eigenschaften. Je nach Windverhältnissen und Luftdruck längs aller Punkte, die unsere Leitung berührte, konnten wir entweder deutlich hören, aber überhaupt nicht gehört werden, oder man konnte uns hören, während wir selbst uns mit verwischten Seufzern, Knistern und aufregenden Bruchstücken von Gesprächen anderer Teilnehmer zufriedengeben mußten: »Gut, Sie wollen also zwei Tonnen Schaumgummi zu 800 lire«, oder: »Enrico hat geglaubt, daß es Herzbeschwerden sind, aber der Spezialist sagt, es sind bloß Hühneraugen...« Dann verschwamm alles wieder zu einem Wortsalat und Piepsern, bei dem ich jede Hoffnung aufzugeben pflegte, weiter von meinem Gesprächspartner zu hören.

Unter diesen Umständen mußte man jede Nachricht zu neunzig Prozent durch Hellseherei enträtseln. Ninettas Botschaft bildete da keine Ausnahme. Wenn sie mechanischen Erfindungen gegenüber ein instinktives Mißtrauen hegte, wie die meisten Menschen, die sich ihrer selten bedienen, so hatte sie noch weniger Zutrauen in die Verläßlichkeit der Gattung Mensch – deshalb die an mich gerichtete Nachricht. Mit äußerst genauem Gespür für gesellschaftliche Rangunterschiede war Ninetta zu der Überzeugung gelangt, daß eine Botschaft, die mich sofort erreichen würde, ihrer Schwiegermutter überhaupt nicht ausgerichtet werden würde, obwohl man fairerweise zugeben muß, daß diese unterschiedliche Behandlung ebensosehr auf das Verlangen nach den hundert Lire Trinkgeld zurückzuführen war, die ich dem kleinen Sohn des Barbesitzers zu geben pflegte, wie auf Klassenunterschiede und Respekt. Allerdings bewirkte meine soziale Stellung nicht, daß der Text verständlicher war. Was er besagte, war anscheinend: »Alle hübsch für nächste Woche, schicke Taxus zum Barikrankenhaus, heute zwölf Mittag, 80.« Es klang wie ein verschlüsselter Invasionsplan, aber nach gewissen anagrammatischen Manipulationen ergab sich: Alles in Ordnung, kann erst nächste Woche zurückkommen. Schick heute in einer Woche mittags ein Taxi zum Krankenhaus in Bari.

Ich brachte es zu Ninettas Schwiegermutter und las es ihr vor, da sie Analphabetin war, aber sie hörte kaum zu. Sie habe sich keine

Sorgen gemacht, erklärte sie. Sie wisse, daß Ninetta heimkommen werde, wenn sie es leid sei, sich herumzutreiben.
»Sieht ihr ähnlich, das auch noch nobel zu machen«, murrte sie. »Ein Auto, wenn's der Bus genauso tut. Ich werd ihr jemand schicken, aber es ist rausgeworfenes Geld. Sieht ihr wirklich ähnlich – die war schon immer so. Verschwendet mit vollen Händen. Wenn Pietro da wäre, der würde ihr was erzählen...«
»Sie hat das Geld selbst verdient, also werden Sie sie schon selbst entscheiden lassen müssen, was sie damit macht«, war alles, was ich zu ihr sagte, und ließ sie allein, damit sie ihre Beschwerden vor den Kindern breitwalzen konnte, die sich gar nicht um sie kümmerten, so sehr waren sie an das Keifen dieser Stimme gewöhnt.
Niemand wunderte sich darüber, daß die ›Untersuchungen‹ so lange gedauert hatten, wodurch Ninettas Theorie von der Gleichgültigkeit der Menschen bestätigt wird; es untermauert gleichfalls einen Verdacht, den ich hegte: da der Alltag in einem solchen Dorf vollkommen egozentrisch verläuft, hört ein Mensch für seine eigenen Nachbarn auf zu existieren, wenn er fortgeht oder aus welchen Gründen immer verschwindet, sei es nur, daß eine längere Krankheit ihn ans Bett fesselt. Man erinnert sich vielleicht an ihn als an eine undeutliche Gestalt in der Vergangenheit, aber nur wenn sie ihm wieder begegnen – auf dem Markt, auf der Straße oder auf der Treppe –, ist er für sie wieder lebendig, kann er ihnen in die Quere kommen, sie amüsieren, sie übers Ohr hauen oder ihnen helfen. Ninetta war fort. Sie besaß keine Wirklichkeit für die Leute. Ihre Rückkehr würde sozusagen eine Wiedergeburt sein.
In italienischen Schulen wird kausales Denken ungefähr mit ebenso großer Begeisterung gelehrt wie Theorien über die menschliche Entwicklung, aber mir wollte es doch seltsam erscheinen, daß niemand die ausgedehnte Abwesenheit und den Mietwagen zusammenzählte und zu dem Schluß kam, daß Giuseppe sich zu einer Operation im Krankenhaus befunden hatte und noch nicht wieder kräftig genug war, die Fahrt im Bus durchzuhalten. Ich bat die Leute, das Bild Ninettas in sich wiederzubeleben, an *sie* zu denken, aber natürlich taten sie das nicht. Statt dessen kauten sie mit kannibalistischer Bosheit auf der Extravaganz des gemieteten Autos herum.
Es war bereits dunkel, als sie ankamen, niemand sah sie. Im Winter kehren wir der Straße den Rücken zu und kuscheln uns blind vor das Feuer, als könnten wir unseren trägen Verstand von seinem eisigen Pessimismus freischmelzen, indem wir uns Hände und

Füße wärmen. Ich hörte Ninetta langsam die Treppe heraufsteigen, schwerfällig, als trüge sie Giuseppe auf dem Arm. Dann öffnete sie die Tür. Dann die Schnatterstimme der Schwiegermutter, meckernd wie die eines wütenden Affen, und mir war klar, daß sie mit der Litanei ihrer Vorwürfe begonnen hatte. Ninetta erhob die Stimme überhaupt nicht, ich zweifle sogar, daß sie irgend etwas sagte. Kaum eine halbe Stunde später quietschten die Sprungfedern wie gewöhnlich, zwei tiefe Erschöpfungsseufzer folgten, dann war alles für diese Nacht still.

Als Giuseppe am nächsten Tag seinen Mittagsschlaf hielt, kam Ninetta zu mir herüber. Die neunzehn Tage und Nächte, die sie auf einem Stuhl an seinem Bett gesessen hatte, die Fürsorge, die man von einer italienischen *Mamma* erwartet, die Angst um das Kind, die jede Mutter gehabt haben würde, hatten ihren vierschrötigen Körper um fünfzehn bis zwanzig Pfund abnehmen lassen. Die dunklen Ringe um ihre Augen zogen sich bis zu den Brauen und zu den Wangen hin, sie sahen fast wie Prellungen aus. Sie sei müde, müde, müde, sagte sie, und ihre Stimme bestätigte es. Zum erstenmal sah ich sie mit unbeweglichen Händen, die sie übereinander im Schoß liegen hatte, still dasitzen. Sie hatte getan, was sie dort so allein konnte. Es sei doch besser, nicht wahr, eine zweite Fahrt zu vermeiden? Nach der Untersuchung hatte der Arzt ihr gesagt, daß er operieren könne. Sie müsse allerdings die Verantwortung dafür übernehmen. Der Doktor sei kurz angebunden gewesen. Sie hatte nur Gelegenheit, mit ihm auf dem Korridor zu sprechen, wenn er von einer Station zur nächsten segelte, umgeben von einem Konvoy junger Männer – Assistenzärzte und Techniker, meinte sie –, deren Hauptfunktion es anscheinend war, die Verwandten der Patienten abzuwimmeln.

»Der Oberspezialist, das war kein Hundertliredoktor, wie wir ihn hier haben. Dem kann man keine selbstgemachte *salame* anbieten und frische Eier, damit er sich um einen kümmert«, sagte Ninetta. »Aber er wollte mir einfach nicht helfen. Er hat mich kaum angesehen, wenn er mit mir redete, so als hätte ich eine ansteckende Krankheit oder als wäre ich eine Hure oder so. Er sagte bloß: ›Ich bin Arzt. Meine Aufgabe ist es, zu operieren und nicht jammernde Mütter und Großmütter zu trösten.‹ Aber mit Giuseppe war er ganz anders. Mit ihm war er geduldig und sanft. Er gab mir zwei Tage Bedenkzeit, weil Giuseppe sowieso Spritzen kriegen sollte, die sie ihm geben wollten. Am letzten Morgen wartete ich, bis er in unserem Stock fertig war, und dann stellte ich mich mitten auf den Korridor, stützte die Hände auf die Hüften und sagte zu ihm: ›Diesmal werden Sie mich anhören müssen!‹ Eine Nonne versuchte mich aus dem Weg zu schieben, aber er sagte: ›Nein, Schwester, lassen Sie sie.‹ Also hab ich ihm gesagt, ich bin einverstanden, wenn er es mir erklärt, mir sagt, was sie da machen würden. Und wissen Sie, was er gesagt hat? Er hat gesagt, und ich schwöre Ihnen, es ist wahr: ›Das ist zu kompliziert, als daß sie das verstehen könnten.‹ Das hat er gesagt. Die spielen alle Gott den Allmächtigen, diese Ärzte. Aber dann hat er auch noch gesagt, daß ich mich richtig entschieden hab, wenn ich will, daß mit dem Kind alles in Ordnung kommt. Er befahl mir, im Büro die Papiere zu unterschreiben, damit er am nächsten Morgen operieren kann, und dann schoß er an mir vorbei, als wäre ich gar nicht vorhanden.

Ich war furchtbar müde. Wenn sie Giuseppe morgens zu den Untersuchungen holten, rollte ich mich auf seinem Bett zusammen und schlief ein, aber wenn eine von den Nonnen einen dabei erwischte, dann gab's Ärger. Da war eine Frau, die ein Baby in dem Bett gleich daneben hatte – es ist vor zwei Tagen gestorben, *pover' anima* –, und die stupste mich immer, wenn sie jemand kommen hörte. In der Nacht wechselten wir uns ab. Ich schlief auf dem Stuhl, den Kopf auf den Armen auf dem Bettende, und sie paßte auf, daß Giuseppe mich nicht brauchte, und dann machte ich es für sie genauso, aber das war ja kein richtiger Schlaf. Nach ein paar Tagen hatte ich nichts mehr zu essen. Da gab es einen Platz, wo man Brot kaufen konnte, aber das waren Gauner, die Leute in dem Laden. Alles kostete das Doppelte. Als sie Giuseppe operierten, war ich ziemlich hungrig, aber dann konnte ich ein paar Tage lang das aufessen, was sie ihm mit dem Wagen brachten. Er wollte nicht essen.

Dieser Doktor ist ein komischer Mann. Als sie Giuseppe wieder in sein Bett gebracht hatten, schickte er alle ein, zwei Stunden einen Arzt, der nach ihm schaute, um sicher zu sein, daß er in Ordnung ist. Er erlaubte auch nicht, daß die Nonnen ihn anfaßten. Er wechselte selbst den Verband und hantierte mit den Röhrchen herum, oder einer von den andern Ärzten machte das. Er hat mir gesagt, daß er lieber versuchen würde, es *mir* beizubringen, wie man das macht, als zu versuchen, es einer Nonne beizubringen. Sobald ich es begriffen hätte, sagte er, würde ich es wenigstens richtig machen. Er war so freundlich gewesen, aber dann plötzlich vor einer Woche fing er an, mich vor all den Frauen zu beschimp-

fen, weil Giuseppes Bett schmutzig war. Sie werden es mir nicht glauben, aber ich brachte kein Wort heraus, nicht ein einziges. Die andern Frauen mußten ihm sagen, daß mir keiner Bettücher gegeben hatte – den andern übrigens auch nicht. Aber dann ging's vielleicht los. Das war *wirklich* eine Szene! Alles kam raus, daß wir kein Wasser hatten, um die Kleinen abzuwischen, daß uns die Nonnen nicht an die Wasserbehälter ließen, die sie gefüllt hatten. Wasser gab's nur an ein paar Stunden pro Tag. Aber nach dem Donnerwetter, was hatten wir da für eine schöne Station mit sauberen Laken und Flaschen voll Waschwasser und jeden Morgen frisches Trinkwasser! Und jeden Tag sagte uns die Nonne: ›Vergessen Sie aber ja nicht, dem Professor zu sagen, wie gut wir für Sie sorgen.‹
Bevor wir gestern abfuhren, hat er mir gesagt, was ich tun soll und daß ich in drei Monaten wiederkommen soll, damit er Giuseppe noch mal untersuchen kann. Im nächsten Herbst, oder vielleicht auch schon früher, will er noch mal operieren. Er hat gesagt: ›Sehen Sie, ich hab es Ihnen ja gesagt, alles wird gutgehen.‹ Und ich brachte den Mund nicht auf, aber, Signora, so was hat er niemals zu mir gesagt. Ich hab ihm einen Osterkuchen mit *ricotta* versprochen, und da hat er sogar gelächelt. Also werde ich wieder hinfahren. Ich glaube, ich werde so oft hinfahren, wie ich muß, aber dann wird es nicht mehr so schlimm sein wie beim erstenmal. Jetzt weiß ich, was mich erwartet – und nächstesmal nehme ich auch mehr zu essen mit.« Sie seufzte, als habe sie das Bedürfnis, die Augen zu schließen und einzuschlafen, dann lachte sie plötzlich. »So, das bin ich jetzt losgeworden. Und jetzt setze ich die alte Hexe vor die Tür.« Und sie wies ruckartig mit dem Daumen nach unten. »Die zieht mir wieder die Straße runter, damit sie wieder mal ein bißchen *dolce vita* erlebt.« In diesem Augenblick war Ninetta beinahe wieder die alte.

Nach der Reise nach Bari sprach sie vielleicht weniger, aber sie brütete auch nicht in sich hinein und ließ sich noch immer durch einen besonders kitzligen Brocken Klatsch verführen. An einem hellen Sonntagmorgen fanden sich vier Frauen nach der Messe auf ihrem Balkon ein, ehe sie nach Hause gingen, um das Mittagessen zu kochen, und ich hörte Ninetta die Geschichte der Operation mit einigen künstlerischen Übertreibungen und heroischen Interpretationen ihrer Gespräche mit dem Spezialisten erzählen. Ich konnte mir die dramatischen Gesten vorstellen, die ihre Rede unterstrichen. Dem Gemurmel der Frauen war zu entnehmen, daß sie beeindruckt waren. Ninetta ist eine geschickte Erzählerin, ein Naturtalent, und viel zu raffiniert, als daß sie durch ständige Wiederholungen ihre Wirkung verminderte oder es riskierte, ihre Zuhörer zu langweilen. Ich glaube, sie gab ein, zwei Vorstellungen und ließ dann die Geschichte allein weiterwandern. Zweierlei war allerdings gewiß: man behandelte sie mit einem neuen Respekt, und sie war die unbestrittene Autorität, die alle konsultieren mußten, die ein krankes Kind nach Bari zu bringen hatten.

Sie schlüpfte wieder in ihr normales Leben zurück, nur daß nun Giuseppe sie überall hin begleitete. An jedem Morgen sorgte sie dafür, daß die anderen Kinder aufstanden und sich für die Schule fertigmachten, ehe sie zu den jeweiligen Arbeitsstellen ging, die sie aufgetan hatte. Giuseppe hatte bereits gefrühstückt und war angezogen, eigentlich eher ausgepolstert mit jedem Wollpullover, den er besaß, steckte in zwei paar Hosen, Gummistiefeln und trug darüber einen flickenbesetzten Mantel, der ihm fast bis zu den Füßen reichte und der verhinderte, daß seine Arme seinen Körper erreichen konnten: sie standen steif wie Uhrzeiger in der Position zwanzig vor fünf von ihm ab. Auf dem Kopf saß ein für ihn zu großer Lederhelm mit einem Schirm, der von einem Hund zerkaut zu sein schien. Wenn Ninetta ihm den Riemen unter dem Kinn festzurrte und die Ohrklappen richtete, was sie jedesmal tat, bevor sie auf die Straße gingen, verschwand sein kleines schmales Gesicht mit den nun noch größeren Augen fast vollständig. Er sah wie eine traurige Miniaturvogelscheuche aus. Wenn er müde wurde, und noch immer ermüdete er sehr rasch, legte sie ihn im Fahrerhaus eines Lastwagens oder auf einem Stuhl in der Poststelle oder im Hinterzimmer des Tabakladens schlafen. Ninetta ging kein Risiko ein. Er könnte beim Spielen mit anderen Kindern verletzt werden, oder schlimmer noch, sie könnten ihn mit jener unfehlbaren Grausamkeit quälen, die Kinder für die Schwächen von ihresgleichen entwickeln.

Solange der Winter anhielt, funktionierte ihre Verzögerungstaktik recht gut, Giuseppe kam zu Kräften und konnte besser für sich selbst sorgen, doch mit dem Sommer war der Zeitpunkt gekommen, da er erwartungsgemäß mehr Freiheit wollte, draußen sein und nicht an ihren Schürzenzipfel gebunden sein wollte. So begann, was zu einem täglichen Drama werden sollte. Wenigstens einmal, oft aber zwei-, dreimal, wenn Ninetta nicht zur Arbeit gehen mußte, kam Giuseppe halb schluchzend, halb kreischend die Treppen herauf, wie in einem Krampf, der jeden Muskel seines

Körpers gepackt zu haben schien. Auf ihrem Treppenabsatz angekommen, drückte er den Kopf gegen die Tür und begann schreiend mit den Fäusten dagegen zu hämmern.
»Ma! Ma! Mach auf, Ma!«, und weitere Schluchzer, bis Ninetta öffnete, ihn aufhob und in ihren Armen wiegte. Ich habe das dutzende Male beobachtet. Die Kinder hatten ihn von einem Spiel ausgeschlossen oder ihn weggeschickt, mit den Mädchen zu spielen, oder sie hatten ihn herausgefordert, vor ihnen zu pinkeln, oder ihn wegen seiner ›Windeln‹ gehänselt. Selten hatte er sich dabei verletzt, außer er war hingefallen, wie das allen Kindern passiert. Zwar waren seine Furcht, seine Wut und seine verletzten Gefühle sehr schlimm und hörten sich noch schlimmer an, als sie wirklich waren, was mir aber stets ein Frösteln über den Rücken jagte, war die Reaktion Ninettas. Sobald sie sich vergewissert hatte, daß er nicht verletzt sei, stürmte sie die Treppen hinunter und kreischte dabei, wie ich mir das bei den Furien des Todes vorstelle.
Mo ta'ccide aayiii! Mo ta'ccide aayiii!« Und man konnte es ihr leicht glauben, daß sie jemanden umbringen würde. Mehrmals schlug sie Kinder sehr heftig, bevor man ihr Einhalt gebieten konnte: eins der Kinder hatte überhaupt nichts mit dem Vorfall zu tun. Sobald sie ihre Stimme hörten, hatten die Kinder begriffen, daß es besser sei, sich in Sicherheit zu bringen, und die Mütter stürzten an die Fenster zum Hof, um sich zu vergewissern, daß nicht etwa eins von den ihren gerade umgebracht wurde. Oft hatten Erwachsene im Hof bereits den Missetäter gepackt und ihm ein paar Kopfnüsse gegeben, ehe Ninetta sich in die Schlacht stürzen konnte. Ihr Gesicht lief dabei rot an und war haßerfüllt. Die Leute versuchten vernünftig mit ihr zu reden, und sie soweit zu beruhigen, bis sie schließlich, immer noch wutschnaubend, wieder zu Giuseppe hinaufstieg. Er vergaß das ganze meist bald, wenn er aufhörte zu weinen, doch für Ninetta was dies nicht so leicht. Während er dahockte und an einem Brotkanten mit zerdrückter Pfefferschote darauf knabberte, fragte sie ihn aus, wer was gesagt habe, ob ihn jemand geschlagen oder mit etwas nach ihm geworfen habe. Für den Rest des Tages schürte sie ihren Zorn durch die stumme Wiederholung all dieser Grausamkeiten, polierte alte Fehden auf und pickte die Keime zu neuen heraus, bis sie schließlich in einem Zustand nervöser Erschöpfung zusammenbrach; und am nächsten Morgen und mit der ersten Krise des neuen Tages wiederholte sich das gleiche.

Für sie gab es keinen Ausweg, und allmählich wirkte sich ihre Gespanntheit auch auf die Kinder aus. Die Älteste, ein hübsches Kind mit blonden Locken und hellgrünen Augen, fing bei der geringsten Andeutung von Ärger an zu weinen. Wenn sie etwas falsch gemacht oder vielleicht gar nicht wirklich falsch gemacht hatte, etwas, das ihre Mutter aufregte, flüchtete sie sich in einen derartigen Wutausbruch, daß man ihn schon fast einen Anfall nennen mußte. Ninettas Erziehung (sie konnte lesen und schreiben) hatte psychologische Erkenntnisse nicht eingeschlossen: sie konnte das Geschrei nicht aushalten und erschreckte sich über die versteiften Muskeln des Kindes. Ihr Heilmittel war, das Kind vor die Tür ins Treppenhaus zu sperren, wobei sie darauf spekulierte, daß das Mädchen wieder in die Wohnung kommen möchte und begreifen würde, daß es dazu aufhören müsse zu kreischen. Eine solche Theorie wäre vielleicht für ein anderes Kind richtig gewesen, doch in der Praxis wurde dadurch unser sowieso schon von lauten Mißtönen erfülltes Treppenhaus noch um eine durchdringende Stimme bereichert. Ninetta sah dies nicht als lieblos an. Sie glaubte, das Mädchen, sowieso ein nervöses Kind, mache sich Sorgen wegen der fünften Klasse, die letzte und wichtigste Stufe in der Grundschule, die mit einer staatlichen Prüfung endet. Sehr viele Kinder mußten die fünfte Klasse wiederholen, aber das war nicht gänzlich ihre eigene Schuld: aus Trägheit oder vielleicht Unaufmerksamkeit oder aus dem Wunsch, gefällig zu sein (oder zumindest nicht ungefällig), ließen die Lehrer die Kinder in den unteren Klassen nicht durchfallen und warnten sie auch nicht, wenn ihre Leistungen unter dem Durchschnitt lagen. Bei der Prüfung wurde dann gesiebt, und so bekamen zahlreiche Kinder angesichts des drohenden Versagens und der Schande schwere nervöse Spannungen. Aber dieses Mädchen gehörte nicht zu ihnen; für dieses Kind war die Schule der einzige friedliche Ort in seinem Leben. Einer der Jungen, ein Jahr jünger als sie, versuchte den Szenen aus dem Weg zu gehen, indem er nie zu Hause war, und das war bei seinem Appetit schwer für ihn. Bald wurde er erwischt, wie er auf dem Markt Käse stibitzte, dann brach er in ein verlassenes Haus ein, und Ninetta war außer sich. Wenn sie ihm eine Gardinenpredigt hielt oder ihn verprügelte, gab er sich fügsam und wartete, bis sie fertig war, dann holte er sich etwas Brot aus dem Schrank und verschwand bis spät in der Nacht. Das jüngere Mädchen bereitete Ninetta nicht soviel Kummer. Sie war erst fünf oder sechs Jahre alt und konnte sich dem Willen der

Mutter noch nicht so recht entziehen, aber sie versuchte es immerhin. Wenn keiner sie sah, war sie gemein zu Giuseppe. Sie verletzte ihn zwar nie ernsthaft, aber sie genoß es, ihn mit Kleinigkeiten zu quälen: sie verdrehte ihm den Arm, zerrte ihn an den Haaren oder zwickte ihn ins Bein, bis er schrie, und das natürlich immer nur, wenn die Mutter anderweitig beschäftigt war. Sie brauchte und verlangte Beachtung, zu der Ninetta nur selten Zeit genug hatte.

Sie machte sich Sorgen um all ihre Kinder, und wenn sie auch nicht genau wußte, *was* da faul war, so wußte sie doch, *daß* etwas nicht stimmte. Sie kam oft zu mir herauf und redete über die Kinder; ohne Zweifel sprach sie auch mit anderen darüber. Schließlich gelang es ihr nach manchen mißglückten Versuchen einen Plan auszuarbeiten, der die schlimmsten Symptome milderte und für einen relativen, wenn auch nur zeitweiligen Frieden sorgte. Wenn sie den ganzen Tag über auf den Feldern arbeitete, nahm sie das kleinere Mädchen mit. Die Ältere mit den Wutausbrüchen kümmerte sich um Giuseppe, stürzte sich für ihn in den Kampf, wenn nötig, und seltsamerweise geschah dies immer seltener. Von dem älteren Jungen verlangte sie nur eins: daß er jeden Abend zum Abendessen erscheine. Ninetta kam nach Hause zurück, bereitete eine Mahlzeit (manchmal nichts weiter als einen *pasticcio*, einen Mischmasch aus altem Brot, aber wenigstens warm), genauso als wäre es Sonntag. Die Familie aß nicht mehr schubweise, je nachdem wie man heimkam oder Hunger hatte, sondern gemeinsam und um den Tisch geschart.

Der Sommer ging vorüber. Pietro kehrte für drei Wochen zurück, und wieder begannen die Szenen, ganz nach dem alten Schema von Eifersüchteleien und eingebildeter Untreue. Die Großmutter nebst Drum und Dran und den Familiengöttern war zeitweilig wieder zurücktransportiert worden, um dann aus der Kulisse zu sticheln und überhaupt soviel Ärger wie möglich heraufzubeschwören. Über die Arbeit gab es keine Auseinandersetzungen. Pietro wollte zurückkehren und war, wie es schien, recht stolz. Als er wieder abfuhr, wurde die Großmutter diesmal nicht aus der Wohnung expediert, und ich fragte mich, welches neue Projekt Ninetta wohl planen mochte. Drei Wochen später war sie verschwunden und überließ die schulpflichtigen Kinder der Fürsorge ihrer klagenden, aber körperlich kräftigen Großmutter. Giuseppe nahm sie mit, wohin, das wußte keiner.

Als sie schließlich zu Weihnachten zurückkam, erzählte sie uns,

sie sei nach Deutschland gefahren, allerdings nicht zu Pietro. Die deutsche Medizin genießt in Süditalien einen geradezu legendären Ruf, und so hatte Ninetta sich entschlossen, Giuseppe von einem deutschen Spezialisten untersuchen zu lassen, der entweder die in Bari gestellte Diagnose bestätigen oder andernfalls die richtige Behandlung durchführen sollte. Sie wollte keinen ›Krankenschein-Doktor‹ haben, darum konnte Pietro ihr gar nichts nützen. Nur sie weiß, nach wie vielen Nächten voll Sorge und Pläneschmieden sie zu dem Entschluß kam, daß ihre beste Chance ein Frauenkloster sein würde. Die Nonnen konnten ihr Arbeit geben, sie würden erlauben, daß Giuseppe bei ihr blieb, und ihr vielleicht helfen, den richtigen Arzt zu finden. Sie konnte ohne die schriftliche Einwilligung Pietros keinen Paß für sich und Giuseppe beantragen. Personalausweise waren zweifelhafte Reisedokumente und in den EG-Ländern zu der Zeit noch nicht völlig akzeptiert. Aber sie hatte nur ihre Kennkarte, und die benutzte sie auf ihrer ersten Reise, die über Neapel hinausging. Irgendwie überschritt sie je vier Grenzen bei der Hin- und Rückreise. Wenigstens in einem Fall erklärte sich ein Mann in ihrem Abteil bereit zu sagen, er sei ihr Mann und sie hätten keine Zeit mehr gehabt, einen Paß zu besorgen. Eine Nacht, vielleicht auch mehrere, verbrachte sie in einem Güterwaggon. In Mailand hielt sie die Bahnhofspolizei wegen Stadtstreicherei und Bettelei an, aber sie konnte ihre Fahrkarte nach Basel vorzeigen, ihr Geld und ihr leichtes Gepäck und erklärte, daß sie nur nach dem richtigen Bahnsteig für ihren Zug gefragt habe. Man ließ sie frei. Eine Grenze wenigstens überquerte sie heimlich in der Nacht. Sie hatte anscheinend keine Furcht davor, was geschehen könnte, wenn man sie erwischt hätte.
»Eh, im schlimmsten Fall hätten sie mich nach Hause geschickt, und das hätte bedeutet, daß ich vergessen hätte, wie man redet. Ich wußte, ich könnte mich aus allem rausreden – ich würde sie überzeugen können.«
Es kam ihr nicht in den Sinn, daß sie vielleicht gar nicht nach Deutschland kommen könnte. Wer würde schon eine Mutter daran hindern, für ihr Kind zu sorgen? Deutsch war ein Schock für sie. Sie hatte mit einer Sprache ähnlich etwa einem unvertrauten italienischen Dialekt gerechnet. Sobald ihr klar geworden war, wie unverständlich die Sprache ihr bleiben mußte, fragte sie die Mitreisenden nach den Namen von Städten aus, in denen jemand italienisch sprach. Die Leute schienen sich auf eine Stadt zu einigen, deren Namen Ninetta niemals gut genug aussprechen

konnte, als daß ich sie auf einer Karte hätte finden können, aber sie verbrachte dort etwas über zwei Monate. Tatsächlich fand sie ein Kloster, überredete die Nonnen, sie in der Küche für Unterkunft und Verpflegung arbeiten zu lassen, und flehte sie an, ihr bei der Suche nach dem richtigen Arzt für Giuseppe zu helfen. Offenbar sprach eine der Nonnen etwas italienisch, und alle waren sie ausnahmslos freundlich zu ihr. Ninetta erzählte mit Erstaunen, wie gütig sie zu jedem gewesen seien, der an ihre Tür klopfte, von der Kleidung, der Nahrung und den Nachtlagern, die sie den Menschen gaben, von ihrer Hilfe und ihrem Zuspruch. Ich vermute, sie waren gar nicht so außergewöhnlich, nur erschienen sie Ninetta so, denn sie war in die für sie unwahrscheinlichste Sache hineingestolpert: in einen protestantischen Schwesternorden.
Sie kam zurück, weil der deutsche Arzt die Diagnose seines Kollegen in Bari bestätigte und sie ermutigte, die weiteren Operationen durchführen zu lassen. Irgendwie beschwatzte sie erneut vier verschiedene Grenztrupps oder wich ihnen aus, und kehrte müde, aber zufrieden nach Hause zurück. Was einem routinierteren Reisenden als ein tollkühnes Unterfangen erschienen wäre, das logischerweise bereits an der ersten Grenze sein Ende hätte finden müssen, und wenn nicht dies, so doch als kaum aussichtsreiches, war statt dessen für Ninetta ein voller Erfolg. Für eine so unerfahrene Frau bewies sie eine *bravura*, einen unerschütterlichen Mut, der schwer seinesgleichen finden dürfte. Außerdem gewann sie Sicherheit bezüglich der Operationen Giuseppes, die in regelmäßigen Abständen in Bari vorgenommen wurden.
Pietro kam zu Ostern nach Hause und verkündete, er denke nicht daran, weiter in Deutschland zu bleiben, er habe sogar schon Arbeit in Mailand für das ganze nächste Jahr gefunden, *mit* Versicherung, *si*, aber ohne Arbeitsvertrag. Sein Urlaub erwies sich für die gesamte Nachbarschaft als sehr aufregend angesichts seiner Beschuldigungen wegen Ninettas ›Ferien‹ in Deutschland, wie er das hartnäckig nannte, und seiner ›Abenteuerlust‹, wie Ninetta seine Arbeit ohne Sicherheit bezeichnete. Die Schwiegermutter, einschließlich all ihrer Habe wieder eingezogen, leistete ihr Äußerstes, den Unwillen zu schüren, und wieder endeten unsere Abende mit Geschrei und den schrecklichen Schlägen. Es war für alle eine Erlösung, als Pietro abfuhr und seine Mutter erneut die Straße hinunterbefördert werden konnte.
Und so schaukelte alles hin und zurück, bis zu jenem Junimorgen, an dem Ninetta mir den platten Reifen wechseln ›half‹ und am

Ende ihre Schlacht gegen Giulia, die Schwägerin, ausfocht. Sie hatte gefragt, ob sie mich am Abend besuchen kommen dürfe, doch sie kam nicht, und ich wußte nur zu gut, warum sie nicht kam.
An diesem Abend kam in der Dämmerung keine Brise, die uns kühlte. Die Luft war staubig, und die giftigen Ausdünstungen des heißen Asphalts, der Autoabgase, brennender Spreu, der Küchendünste und der stehenden Abflüsse erstickten uns fast. Es gab keine andere Möglichkeit, wir mußten uns auf unsere Balkone retten, bis wir wie Zuschauer in einem grotesken langen und engen Theater drei Reihen von Logen zu beiden Seiten der Straße füllten, während wir darauf warteten, daß die Lichter ausgingen. Man hörte Stimmen murmeln, doch vorwiegend waren die Leute zufrieden, nur dazusitzen und sich mit den Fächern Luft zuzuwedeln. Plötzlich begann gegenüber links von mir eine Frauenstimme im Dialekt zu kreischen. Es war so schrill und aufgeregt, daß es schwer fiel, etwas außer den eindeutigen Obszönitäten zu verstehen. Als die Stimme abbrach, herrschte totale Stille, nicht dieses negative Nichtvorhandensein von Lauten, sondern eine positive beinahe greifbare Stille. Immer noch nichts. Sie fing erneut an: »Hure, Tochter einer Hure, Mutter von Huren – das bist du. Das seid ihr alle! Ich hab' es immer gesagt, und ich sag' es jetzt wieder. Hure! Hure! Hure! Also Pietro ist jetzt fort, und dich juckt's, was? Gleich wirst du wieder auf Reisen gehen! Wohin geht's denn diesmal, du Hure, HURE?!«
»Aayii, dich brauche ich dazu als Lehrerin, dich stinkende Hündin«, kam in fast dem gleichen Ton ein antwortendes Kreischen, doch die Stimme klang voller und kam direkt unter meinem Balkon hervor: Ninetta. »Betrügen und lügen und stehlen, das kannst du! Keine Angst, wir wissen's alle, und eines Tages ...«, sie ließ den Satz in der Stille hängen.
»Eines Tages, was?«
Keine Antwort.
»Eines Tages, was?«
»Wird die Polizei kommen«, schrillte Ninetta. »Und ich werd mich drüber freuen! Freuen werd ich mich! Ehhh, zu viele Jahre ist das schon her? Du denkst, jetzt bist du sicher! Sie können dich jetzt nicht mehr kriegen – ha, können sie nicht? Du wirst es schon sehen. Wir alle wissen, was du gestohlen hast und wie du's verkauft hast. Glaub ja nicht, daß wir uns nicht daran erinnern! Erinnerst du dich noch an einen gewissen Antonio? Dreckstück!

Dreck! DRECK, das bist du!« Dem Klang der Stimme war zu entnehmen, daß Ninetta wütend genug war, sich über die Balkonbrüstung zu beugen und in die Straße hinunterzuschreien, aber so sehr sie raste, sie hatte einen Vorteil erkämpft: Giulia folgte jetzt ihren Stichworten und führte nicht mehr.
»Was glaubst du denn, wovon du quatschst...«
All das zu übersetzen, was da hin und zurück an Geheule von den zwei Frauen während der nächsten zwei Stunden – und der Wortkampf dauerte volle zwei Stunden – losgelassen wurde, würde nur bedeuten, daß man Schrecken gegen die Banalität obszöner Wörter eintauschte. Hier handelte es sich nicht nur um wieder einen gemeinen Streit. Die Entblößung der Gefühle, ihre Brutalität und die Spannung, die das erzeugte, mögen Bestandteile der klassischen Tragödie sein, aber nirgendwo sonst hätten sie so bis zum äußersten ausgespielt werden können, nirgendwo sonst wären Außenstehende so von Worten bedrängt worden, die sie nichts angingen. Wie *Medea* war es eine absolut mediterrane Tragödie, die in den Fjorden Norwegens, zum Beispiel, nicht hätte stattfinden können und auch nicht überzeugend hätte inszeniert werden können. Dies hier war kein Spiel – für keine der beiden. Jede Breitseite war beladen mit den verletzten Gefühlen der Vergangenheit, der Einsamkeit und Verzweiflung, die keine Antwort gefunden hatten. Die beiden schimpften nicht etwa: sie schrien zuletzt all das Mißtrauen und den Abscheu hinaus, die sich hinter dem Blattwerk von Sticheleien verborgen hatten.

»Du bist ja nicht mal eine Christin. Als meine Mutter gestorben ist, warst du ja noch nicht mal bereit, die Kinder für eine Stunde zu nehmen.«
»Eh, also du bist eine Christin, nach allem, was du der Mutter von Pietro angetan hast?«
»Wir hätten uns zu Tode hungern können, und du hättest dich einen Dreck drum geschert.«
»Du bist so groß und mächtig, daß du alle andern, sogar deine eigene Familie, wie Ziegendreck auf der Straße behandeln möchtest.«
Dann herrschte plötzlich wieder Stille. Wir im Dunkel auf unsern Balkonen sagten kein Wort. Wir verhielten uns absolut still. Kein Fuß scharrte, kein Stuhlbein kratzte. Ich zündete mir nicht einmal eine Zigarette an: es wäre mir wie eine Einmischung erschienen. Wir saßen unbeweglich und kämpften gegen eine knirschende,

fast hysterische innere Angespanntheit an, die zu explodieren drohte. Es gab kein erkennbares Muster in der Abfolge von Schweigen und Ausbruch, es gab keinen Sieg. Giulia hatte vielleicht gerade das letzte Wort gehabt und begann zehn Minuten später erneut auf einem völlig neuen Kurs, wie Ninetta das ebensogut getan haben könnte, und sie kreischten mit der gleichen Giftigkeit, bis es schien, als müßten ihre Stimmbänder, ihre Adern, ihre Köpfe bersten und ihr Blut und Leben auf die Straße vor uns verströmen. Einmal zog die Schwiegermutter Giulia unter heftigem Gläserklirren und Türenschmettern vom Balkon, aber Sekunden später war sie wieder da und brüllte wieder in die Dunkelheit.

»Du sagst, daß du nicht verdorben bist. DU SAGST DAS! DU SAGST DAS! Aber der Herrgott weiß es besser. Denk doch dran, wie er dich bestraft hat. Schau dir doch Giuseppe an! Wieso ist denn der ohne sein ›Ding‹ geboren? Das sag mir mal, *wenn du so unschuldig bist!*«

Alles hätte wohl früher ein Ende gehabt, wenn Giulia nicht jedesmal auf Giuseppe zurückgefallen wäre, wenn ihr nichts anderes mehr einfiel und sie nur noch voll schwarzer Wut war. Und jedesmal stürzte sich Ninetta in den Kampf, um der Gorgo den Kopf abzuschlagen. Dann sagte sie plötzlich und unerwartet nach einer Tirade und nach einer kleinen Pause, in der sie sich räusperte, mit lauter, aber vollkommen normaler Stimme:

»Signore, Signori, andate a letto. Lo spettacolo è finito!« – »Meine Damen und Herren, gehen Sie schlafen. Das Schauspiel ist zu Ende!« Wir hörten, wie sie ihre Balkontüren schloß. Und kurz darauf wurde das Licht angeknipst und strahlte in einem langen Kegel nach draußen, wie ein Scheinwerfer, der die Dunkelheit zerteilte. Giulia versuchte erneut, sie durch kreischende Obszönitäten aufzuscheuchen, aber Ninetta ließ sich nicht mehr blicken. Wenn man überhaupt sagen kann, daß jemand in einem solchen Kampf Sieger blieb, dann wohl Ninetta durch die Würde, mit der sie den Rückzug antrat.

Langsam, mit schweren erschöpften Bewegungen erhoben sich die Leute, schoben Stühle hin und her, schlossen die Jalousien, und aus den lauten Tropfgeräuschen ließ sich schließen, daß ein paar von ihnen sogar ihre verstaubten Topfpflanzen gossen. Wir gingen ins Bett: ich zu einem unruhigen Schlaf, vielleicht wegen der Hitze, oder vielleicht wegen der leisen bekümmerten Wehklagen, die durch die Nacht summten und um mein Bett zu schwim-

men und in meinem Zimmer widerzuhallen schienen. Endlich gegen Morgengrauen schlief Ninetta ebenfalls ein.
In den folgenden zehn Tagen verhielt sich Ninetta ziemlich verschlossen, sie ging früh zur Arbeit und kam spät abends zurück und schloß sich in ihrer Wohnung ein. Die Nachbarn unternahmen keinen Versuch, ihr aufzulauern, auch verschwendeten sie kaum Zeit damit, die makabre Szene durchzuhecheln, aber viele von ihnen drückten ihre Gefühle in einfachen Gesten aus, die anonym bleiben sollten, aber über die die Kinder immer irgendwie Bescheid wußten, und sie berichteten Ninetta zweifellos davon. Plötzlich lagen da zwei Eier in einem Nest von Blättern vor ihrer Tür, oder eine Handvoll der ersten Feigen oder eine Weintraube. Die Kinder im Hof waren netter zu Giuseppe, und einige Mütter boten ihm so unverdrossen Leckerbissen an, daß es schon beinahe auf Zwangsfütterung hinauslief. Er lief mit einem beständigen Lächeln im Gesicht herum und fing schon bald an zu watscheln, als hätte das neuerworbene Gewicht seines Bäuchleins irgendwie seinen Schwerpunkt verändert.
Ninetta hatte sich mit allen gekabbelt. Kein Vorfall, keine Bemerkung, die sie nicht mit ihren höhnischen Sticheleien kommentiert hätte. Sie war keine angenehme Person, da sie die Fehltritte und kleinen Erbärmlichkeiten des täglichen Lebens so genau beobachtete, aber sie war nicht übelwollend, und das wußten sie alle, genau wie sie wußten, daß sie nicht unmoralisch war. Hätte Giulia Ninetta nur beschuldigt, einen ständigen Liebhaber zu halten, sie hätten jede Bewegung Ninettas unter die Lupe genommen und sich erinnert, daß es da ungeklärte Schritte auf der Treppe gegeben hatte, sich erinnert, daß sie an manchen Abenden gesagt hatte, sie gehe eine Freundin auf der andern Straßenseite besuchen, und – und – und ... bis ihr Spiel nicht mehr gelautet hätte »*Gibt* es da einen Liebhaber?«, sondern »Wie heißt er?« Die begeisterten Schilderungen Giulias über Ninettas Ausschweifungen zu Hause, unterwegs, in Bari, in Deutschland, führten nicht zu den von ihr erhofften Reaktionen, da Ninetta automatisch entlastet und sie, Giulia, verdächtigt wurde. Wer eine solche Liste vorbringen kann, der muß Erfahrung haben, sagte man. Darum mußte nun Giulia die Schande des Ausgestoßenseins in einer Wohnung mit geschlossenen Fensterläden und fest verriegelter Tür erdulden.

Eine Woche etwa nach dem Kampf regnete es endlich, die Hitze hörte auf. In der Dämmerung erhob sich ein starker Wind, ratterte an den Fenstern, ließ Türen krachend zuschlagen. Der Windfang meines Ofens, direkt über mir auf dem Dach, wirbelte und knatterte so wütend, daß ich das Klopfen an der Tür nicht hörte, bis schließlich in einem Augenblick der Windstille das Pochen wie Donnern klang. Als ich öffnete, stand Ninetta vor mir. Sie sah ziemlich niedergeschlagen aus. In der Hand trug sie einen Teller mit Feigen.

»Das hab' ich Ihnen gebracht. Wir haben soviel davon, daß uns schon übel wird«, und sie brach ab, schüttelte den Kopf und lachte. »Eine schöne Art, Ihnen was zu schenken, wie? Aber es ist die Wahrheit und – ach, Sie wissen schon, was ich meine.« Sie schloß die Tür hinter sich und setzte sich auf einen Stuhl daneben. »Außerdem erinnere ich mich, daß ich gesagt hab', daß ich gern mit Ihnen reden würde. – Das kommt mir jetzt wie vor langer Zeit vor... Damals als Sie den Platten hatten – und – und – ich...« Sie beendete den Satz nicht. Tränen liefen ihr über die Wangen, große, schwere, ehrliche Tränen.

Ich nahm ihr den Teller aus der Hand und ging in die Küche, um uns Kaffee zu bereiten. Kaffee leistete sie sich selten, aber sie liebte ihn. Ehe der Kessel zu zischen und schnaufen begann, hörte ich sie im Nebenzimmer sehr leise vor sich hinschluchzen. Als ich mit den Tassen eintrat, wischte sie sich mit einem ziemlich schmuddeligen Taschentuch das Gesicht ab, und ihre Augen waren sehr gerötet. Sie redete nicht viel, sondern saß nur da, hatte die Hände im Schoß gefaltet und schüttelte sehr langsam den Kopf. In all den Jahren, in denen ich Ninetta kannte, hatte ich zum erstenmal das Gefühl, sie sei nicht zum Kampf bereit und keine wie immer geartete Herausforderung oder Beleidigung könne genug Energie für eine Schlacht in ihr freisetzen. Aber sie war nicht geschlagen, das machte sie ganz deutlich.

»Signora, ich bin bloß gekommen, um Ihnen zu sagen, daß ich damit fertig bin, daß ich mir nicht noch mehr gefallen lasse, ganz egal, was Pietro oder sonstwer sagt. Ich mag nicht mehr.« Wieder rollten ihr Tränen über die Wangen, aber sie achtete nicht darauf. »Ich hab' mich abgerackert und gekämpft – und weiß Gott nicht bloß für mich selber –, nein für Giuseppe und die andern in diesem gottverlassenen Nest, und ich werde mich weiter abschinden und weiterkämpfen – irgendwo, aber bestimmt nicht hier. Die nennen sich ›Christen‹, aber ich sage, die sind schlimmer als Tiere, nach allem, was die mir angetan haben.« Sie hob die Hand, um mich von einer Unterbrechung abzuhalten. »Ja, ich weiß. Nicht *alle* von denen. Nicht, daß die helfen würden, aber sie würden mir auch nicht absichtlich wehtun. Nein, nicht alle von ihnen. Aber das Allerschlimmste ist – es sind meine eigenen Verwandten. Was habe ich ihnen jemals Böses getan? Was? Was? Wissen Sie es? Ach, ich weiß, ich finde Arbeit, und sie nicht. Und Pietro kriegt Arbeit, und sie nicht. – Und, jawohl, ich weiß, ich habe eine scharfe Zunge, aber nur wenn man mir in die Quere kommt – wirklich –, also jedenfalls meistens.« Sie versuchte zu lächeln, aber es gelang ihr nur ein leichtes Zucken der Mundwinkel.

»Ich hab eine Menge Zeit gehabt nachzudenken, seit, seitdem – und jetzt habe ich mich entschlossen. Ich kann in Mailand genausogut arbeiten wie hier. Nicht auf den Feldern – ich glaube in der Nähe einer so großen Stadt gibt es keine –, aber ich kann im Haushalt arbeiten oder als Wäscherin, oder ich kann in einer Schule kochen oder Matratzen auffüllen, das ganze Zeug, also all das, was andere Frauen anscheinend nicht gern tun wollen. Und wenn wir mehr fürs Leben ausgeben müssen, Pietro verdient jetzt doch gutes Geld, und dann braucht er nicht für seine Unterkunft und sein Essen zu bezahlen. Manchmal schickt er 60000 Lire, manchmal 70000 Lire (etwa 500 bis 530 DM) im Monat nach Haus. Und wir werden das haben und das, was ich verdiene, und die Kinder können in bessere Schulen gehen, und Giuseppe kann dort genausogut seine Operationen haben. Den Doktor in Bari hab ich schon gefragt. Er hat mir einen Namen genannt. Wenn also Pietro im August heimkommt, dann werd ich ihm sagen, daß ich mit ihm nach Mailand gehen werde, um für uns alle einen Platz zum Leben zu finden und eine Arbeit für mich selber. Dann komme ich wieder her und hole die Kinder.« Sie schwieg, aber noch immer rollten ihr die Tränen über die Wangen. Mir fiel nichts ein, was ich hätte sagen können, also saßen wir schweigend so da.

»Wenn er nicht will, daß ich mitkomme«, fuhr sie schließlich fort, »dann gehe ich woanders hin und arbeite für uns alle. Ich bin hier fertig. Ich halte es nicht länger aus, und ich *lasse* es mir nicht länger gefallen. Können Sie begreifen, was ich meine? Verstehen Sie, *warum* ich nicht noch weiter alles schlucken kann? Können Sie's? Keinem wird es je wieder gelingen, mich dazu zu bringen, daß ich mich schäme, weil ich lebe. Ich werde *nie* diese Straße hinunterkriechen – *niemals wieder*. Nie, nie, nie, solange ich lebe. Können Sie verstehen, was ich fühle?«

Ich konnte es. Sie und Pietro stritten in diesem August in jeder

Nacht, aber ich hätte ihm sagen können, daß diesmal ihr Entschluß durch nichts in der Welt erschüttert werden könnte. Und wirklich fuhr sie, wie sie es mir verkündet hatte, mit Pietro weg. Als sie zehn Tage später zurückkehrte, packte sie ihre Habseligkeiten und die Kinder zusammen und verschwand, ohne mit irgend jemandem ein Wort zu wechseln.
Ich habe sie seitdem nicht wiedergesehen, obwohl man mir berichtete, daß sie zurückgekommen wäre im vergangenen Sommer, gut gekleidet und ziemlich herablassend, und ein paar Tage blieb. Die ersten paar Jahre arbeitete sie sehr schwer und übernahm alle die Arbeiten, von denen sie gesprochen hatte, und die andere Frauen ablehnten. Die Kinder beendeten die Schule und fanden Anstellungen. Giuseppe machte alle seine Operationen durch, ist anscheinend ein physisch normaler Mann, hat einen Job und ein Mädchen, mit dem er ›halb verlobt‹ ist, allerdings sagen seine Mutter und sein Vater, er sei noch zu jung, um ans Heiraten zu denken. In den letzten zehn Jahren hat Pietro in einer riesigen Nahrungsmittelfabrik gearbeitet, ist jetzt Aufseher und schon so lange in der Firma angestellt, daß ihm die Wirtschaftsrezession kaum etwas anhaben dürfte. Ninetta arbeitet nicht mehr; sie bleibt zu Hause, in der kleinen Wohnung, die ihnen nun schon fast ganz gehört, und spielt so recht die Signora.
Zum ersten Fest nach ihrer Abreise schickte sie mir eine Weihnachtskarte, auf die sie nur einen Satz geschrieben hatte: *»Solo i fessi stanno laggiù!* – Bloß die Narren bleiben dort unten!«

»Manchmal frage ich mich, was geschieht, wenn ich nicht mehr jung bin. Ich vertreibe solche Gedanken immer, aber in manchen Nächten tut mir der Rücken so weh, daß ich nicht im Bett bleiben kann, dann stehe ich auf und setze mich an die Tür, wo es kühl ist. Dann geht es mir im Kopf herum: Was wird mit mir werden? Früher habe ich als Hilfsarbeiterin auf dem Bau gearbeitet, wenn es auf den Feldern nicht genug Arbeit gab. Das geht ganz gut, solange man jung ist, aber für eine Frau ist das doch recht schwer. Ich arbeite von morgens acht bis abends sechs für einen Tageslohn von 3500 Lire (etwa 28 DM) und ohne Versicherung. Wann immer ich Arbeit für einen Tag finde, nehme ich sie. Verstehen Sie, ich habe fünf Kinder, und mein Mann ist in Deutschland. Er war schon früher mal dort – dreimal schon. Er bleibt ein Jahr, dann kommt er heim und versucht hier Arbeit zu finden. Die da oben – die Regierung, die Politiker, wissen Sie –, die versprechen immer, daß jeder Arbeit bekommt, aber es ist immer gelogen. Als ich ein Mädchen war, bevor ich heiratete, sogar damals schon sagten die, in fünf Jahren, in zehn Jahren... und schauen Sie mich jetzt an. Also, mein Mann bleibt hier, bis das Geld alle ist, dann geht er wieder zurück. Diesmal ist er zwei Monate dort gewesen, und noch immer keine Arbeit, nicht mal dort. Er wird wohl ziemlich bald wieder heimkommen müssen. Meine Schwiegermutter hat ihm einen Brief schreiben lassen, in dem steht, ich hätte ihn entehrt, daß ich schamlos bin, sonst würde ich ja nicht so hinaus zur Arbeit gehen, aber vielleicht versteht er's ja. Wenn ich uns hier selber durchbringen kann, braucht er uns kein Geld zu schicken und kann länger dort bleiben und sich nach Arbeit umsehen. Eine Weile halte ich das schon noch durch. Aber alles, was ich mir erhoffe, ist, daß meine Kinder nicht auch so enden wie ich, aber ich glaube nicht so recht, daß sich da irgendwas ändern wird.«

ALATA
RESA

TERESA

Zeitweise fühlte ich mich ebenso als Gefangene der kleinen Stadt wie ein echter italienischer *confinato*, der auf Ersuchen der Polizeipräfektur in ein abgelegenes Dorf, nach Möglichkeit in den Bergen, verbannt wird, und zwar für ›Verbrechen‹, die nach dem Gesetz formal nicht strafverfolgt werden, wie etwa Anwesenheit *in der Nähe* eines Tumults oder einer Demonstration oder Freundschaft zu Leuten, von denen man glaubt, daß sie irgendeine heimtückische Tat *planten.* Dieses ›Gesetz‹, ein zweckdienliches Überbleibsel der faschistischen Verordnungen zur öffentlichen Sicherheit, erfordert keine Beweise, der Verdacht und ein wortreiches Plädoyer des Subpräfekten vor Gericht reichen aus: *»Quest 'uomo mi da fastidio!«* – »Dieser Mann ärgert mich oder bereitet mir Schwierigkeiten.« Ein Jahr oder zwei oder sogar länger muß dann der *confinato* sich innerhalb eines Kilometers von den Ortsgrenzen des ihm angewiesenen Dorfes aufhalten. Mir waren keine derartigen Auflagen erteilt, aber ich litt auch so unter den klosterhaften Frustrationen des Dorflebens. Flucht war für mich das einzige Mittel dagegen, so etwa, als könne ich mir durch mein Weggehen beweisen, daß ich noch nicht Gefangene war. Es war immer dasselbe: Ich packte meine Kameras zusammen und fuhr einfach durch die Gegend. Später fand ich dann heraus, daß jedermann von meinem angeblichen Rendezvous mit einem Vertreter wußte, einem Herrn, der ›in Seife‹ reiste, wenn ich mich recht erinnere.

Was sie aber nie erfuhren, war, wieviel ich lernte, indem ich einfach dasaß und mir einen Hügel ansah oder ein enges, kleines, abgelegenes Tal oder eines der abschüssigen Plateaus, die sich so unerwartet vor einem auftun und die, trügerisch wie das Meer, geheimnislos zu sein scheinen. Ich hielt an, wann immer ein besonderer Lichteffekt oder irgendwelche wuchtige Felsformationen mir gefielen. Es war niemals jemand in der Nähe, und so weiß ich bis heute nicht, ob die Leute einzeln die Szene betraten, auf ein zufälliges Stichwort hin, oder ob sie wie Tiere im Busch den Eindringling gewittert hatten und unbeweglich warteten, bis sie die Gefahr abschätzen konnten. Die Landschaft um mich herum war verlassen. Dann ließ mich ein dünnes Klicken von Metall gegen Stein ein Weinfeld genauer ansehen. Dort, mitten zwischen

den knorrigen Weinstöcken, war eine Frau in schwarzer Kleidung, hob eine Haue hoch über den Kopf, hielt für den Bruchteil einer Sekunde inne, sammelte dann ihre ganze Energie und hackte mit vorgebeugtem Körper die Haue in den Grund. Als sie sich wieder aufrichtete, wuchtete sie einen Klumpen Erde frei, schlug ihn mit der Rückseite der Hacke auseinander und hob dann langsam das Werkzeug erneut hoch. Näher bei mir sah ich auf einmal, als der Weizen unter einer leichten Brise zitterte, eine vornübergebeugte Frau, die längs einer Furche Unkraut jätete. Dann einen Mann, der einen Esel trieb, an dessen Packsattel Wasserfässer hingen, er trottete langsam durch meine Landschaft und verschwand rechts von mir. Ich brauchte nur zu warten, und er würde irgendwann wieder auftauchen, genauso langsam, so blind wie vorher dahintrotten wie ein Spielzeugautomat, der auf einer unsichtbaren Spur vorwärts ruckt. Und so werden die beiden Frauen, jede in ihrem eigenen Rhythmus, bis in die Abenddämmerung ihre Hacke in den harten Boden schlagen oder reihauf, reihab Unkraut jäten, während der Mann mit seinem Esel hin und her zieht und Wasser bringt.
An einem heißen Sommermorgen fuhr ich in verzweifelter Flucht über den Kamm hinter dem Dorf bis dorthin, wo er sich in ein Tal senkt und dann wieder zu einer öden Höhe aufschwingt. Ich hatte dort noch nie angehalten, weil es nur ein weites, baumloses Plateau voller Stoppeln war, durch das sich in der Mitte die Straße wie ein Rückgrat zog. An diesem Morgen sah ich weit zu meiner Linken ein Mädchen mit einer Hacke über den Schulter wandern. Sie zog zwei Ziegen und drei Kinder an Stricken hinter sich her. Ehe sie den Rand des Plateaus erreichten und langsam verschwanden, wie mir schien, in dem üppigen Gras untertauchten, hatte ich ein paar Fotos von ihnen gemacht, und da ich schon angehalten hatte, war ich neugierig, was hinter den stumpfen Rändern der Höhe liegen mochte. Ich kämpfte mich durch Disteln, über grasbewachsene Flecken Erde, durch Furchen, die kaum mehr als Mulden waren und sich unter einem üppigen Bestand von Brennesseln versteckten, bis ich schließlich auf einen schmalen Pfad traf, der sich parallel zur Straße dahinwand und dann scharf nach rechts und hangabwärts abbog. Unter mir, schon fast an der Kante des Plateaus, erstreckte sich eine lange Landzunge mit Flecken von Weizenfeldern. Manche waren bereits abgeerntet, andere standen noch auf dem Halm wie stolze vereinzelte Hecken. Obwohl es keine Steinbegrenzungen gab, bestand doch kein Zweifel, wo das

eine Feldstück aufhörte und das andere anfing; der Boden, die Pflanzen selbst hatten die Persönlichkeit der Menschen angenommen, die hier arbeiteten. Auf manchen Feldstücken lag die Erde in Klumpen, als sei sie nie geeggt worden, als habe der Besitzer bestenfalls mit einer Hacke das Land bearbeitet. Dort stand der Weizen spärlich. Auf anderen Feldstücken standen die Halme fest und dicht, ebenso das Unkraut. Wieder auf einem anderen war eine krumme Schneise geschlagen, der Weizen war zu einem toten Ocker verbrannt, die Ähren rasselten im Wind. Niemand war zu sehen. Über den Feldern dicht unter dem Rand der Höhe kauerte ein niedriges Haus aus rohen Steinen, das dort als Opfer der zerstörerischen Witterung seit zehn Jahren oder seit Jahrhunderten liegen mochte. Der Kamin, zusammengebrochen, war nur noch eine zackige Öffnung, und die Sonne hatte tiefe Risse in die ausgebleichten Fensterrahmen gekerbt, in denen Eidechsenfamilien jetzt Verstecken spielten. Der einzige Hinweis auf die Anwesenheit von Menschen, die dort lebten, waren ein paar dürre verzagte Hühner, die auf die harte Erde pickten, und der Stamm eines Baumes, dem man alle Äste und Blätter abgeschnitten hatte, um Töpfe an die Aststümpfe zu hängen.
Ich schaute durch mein Teleobjektiv. Auf dem Feld mit der Schneise standen vereinzelt Garben, aber man hatte sie noch nicht aufgeschichtet. Noch immer sah ich keinen Menschen. Nichts bewegte sich um das Haus, nichts auf den Feldern, kein Laut war zu hören, außer dem sägenden Singen der Zikaden und dem schwachen Sausen des Windes.
»Was wollen Sie?« fragte eine Stimme unwirsch.
Ein kurzgewachsener, sehr muskulöser junger Mann in einem verwaschenen blauen Hemd und geflickten Hosen war hinter dem Felsblock hervorgekommen, auf dem ich mich inmitten meiner Fotoausrüstung niedergelassen hatte. Sein Gesicht war so unfreundlich wie seine Stimme, und hatte die tiefe Farbe von Nußbaumholz. Es war sehr flach und breit, hatte ein langes Kinn, hohe Wangenknochen und eine kleine gebogene Nase. Er hätte ein Indianer sein können, wären nicht die sehr kleinen, scharfen blauen Augen und das lockige Haargestrüpp gewesen, das fast wie eine Krause wirkte.
»Ich hab gefragt, was Sie hier wollen«, wiederholte er ungeduldig.
»Nichts. Ich wollte bloß ... also ...« Meine Stimme verschwamm in Schuldbewußtsein und Verwirrung.

»Sie spionieren doch mit dem Ding da...« Er deutete auf meine Kamera. »Für wen? Für die Polizei? Für die Bodenreform?«
Fast mußte ich lachen, aber er meinte es ernst, und er war ärgerlich. Ich erklärte ihm, wer ich sei, daß ich in der Stadt lebte, dort ein Kinderheim betreibe, oben auf dem Hügel, daß mich nur die Landschaft interessiere, die Felder und ihr Anbau. Wie steht denn die Ernte dieses Jahr? Aber er ließ sich nicht ablenken.
»Wieso wollen Sie das wissen?«
»Wer ist es denn, Paoli?« Eine magere junge Frau mit sanften braunen Augen und einem Kopftuch, das fast wie eine Haube Stirn und Wangen verdeckte, war hinter der Schulter des Mannes aufgetaucht.
»Die sagt...«, er wiederholte meine Erklärung. Sie blickte von ihm zu mir und lächelte. Man sah keine Schneidezähne!
»Carlo geht in den Kindergarten«, sagte sie und fügte für mich hinzu: »Das ist der Kleine von meiner Kusine.« Sie wendete sich wieder Paolino zu. »Sie sagt, die Signora ist *tanto brava.*« Wenn dies als Empfehlung gemeint war, so genügte es offenbar.
»Wenn sie wirklich die ist, also dann geht das schon in Ordnung. Aber man kann nie wissen«, brummte er. Dann drehte er sich um und ging davon, als wären wir für ihn nicht weiter interessant.
»Teresa Petruselli«, sagte sie, nahm die Sichel in die andere Hand, um mir ihre schlaffe, schwielige Rechte zu geben. »Er ist mein Mann, der Paolino, und dort hinter dem Ginsterstrauch ist unser kleines Mädchen. Wir haben gerade essen wollen, als wir Sie gesehen haben. Ich nehme an, es ist noch früh, aber wir arbeiten schon seit Sonnenaufgang. Ein langer Morgen. Sie sind herzlich eingeladen, mit uns zu essen, nur...« Sie zögerte. »Nur, wir haben Ihnen nicht viel anzubieten, nur ein bißchen *salame*, ein aufgebakkenes Omelett, aber wir haben genug Wein.« Sie machte sich nicht die Mühe, ihr Hauptnahrungsmittel zu erwähnen: Brot. Ich bedankte mich, sagte, ich würde gern eine Weile bei ihnen sitzenbleiben, auch wenn ich nicht mitessen würde: schließlich hätte ich ja nicht seit dem Morgengrauen gearbeitet. Sie akzeptierte dies als angemessene Erklärung. Mit der Zeit fand ich heraus, daß sie eine sehr praktische offenherzige Frau ist, die scheu in eine nervöse Stummheit verfallen kann, aber nie Zeit mit unterwürfigen Bemerkungen verschwendet wie: »Dieses Brot ist zu grob für Sie«, oder »*So etwas* würden Sie nie essen«, oder »Unsere Hütte ist es nicht wert, daß Sie sie betreten...« Solche unechten Worte fallen

vielen Bauersfrauen automatisch ein, allzu automatisch; Teresa überhaupt nicht.

Als ich meine Fotoausrüstung verpackt hatte, nahm sie meine Kameratasche und ging vor mir her in jenem typischen Schritt der mageren Bäuerinnen: das Becken vorgestreckt, die Knie gebogen, als sei sie wie eine Bandfeder von einer zu schweren Last verbogen. Hinter ihr hergehend, sah ich, wie seltsam ihre Kleidung zusammengestellt war: ein knalliges Hemd in violett und orange, das man hier *camicia all'americana* nennt, einen staubigen dunkelgrünen Rock, der, nach den neuen und ausgelassenen Säumen zu schließen, sein Dasein in irgendeiner anderen Funktion begonnen hatte, bräunliche Kniestrümpfe und Filzschuhe, die aussahen wie Schlafzimmerpantoffel. Im Gegensatz dazu stellte ihr Töchterchen Angela, als wir bei ihr ankamen, sommerliche Eleganz in Miniaturformat dar: ein blauweißes Kleid mit Matrosenkragen, blaue Sandalen mit Gummisohlen und roten Schleifen am Ende ihrer langen dunklen Zöpfe. Später erzählte mir Teresa, daß ihre Arbeitskleidung alte abgelegte Hemden ihres Mannes und alte Kleider seien, die sie zu Röcken machte.

»Ich brauche nicht viele Kleider, wissen Sie, und bei Kindern machen neue Sachen so viel aus.« Sie bemitleidete sich keineswegs. Paolino hatte sich beklagt, daß sie aussehe wie eine Lumpensammlerin, und dies war die praktische Erklärung dafür. Sie hoffte, ich würde das verstehen.

Der Ginster bot uns ein schmales Schattendreieck zum Sitzen. Das Essen, ein großer runder Laib Brot und ein einziges Messer wurden auf ein makellos sauberes Geschirrtuch gesetzt, dessen umgeschlagene Ecken als Servietten dienten. Mir zu Ehren wurde Angela ausgeschickt, um ein zweites Glas zu holen, und man trug ihr auf, es auch zu waschen. In den Zweigen des Busches versteckt lagen eine Zweiliterflasche Wein mit Porzellanverschluß und ein großer Wasserkrug aus Ton mit langem Hals und zwei Henkeln, die ihm das Aussehen eines zänkischen, aber kopflosen Weibes mit in die Hüften gestemmten Armen gaben. Wir saßen vielleicht zwei- oder dreihundert Fuß unterhalb des Randes der Höhe, und wenn da oben eine Brise wehte, uns erreichte sie jedenfalls nicht. Wir hätten in einem riesigen Feuerofen mit blauer Kuppel sitzen können, umgeben von Weizenhalmen, die in der Hitze knisterten.

Die Unterhaltung war nicht einfach. Sobald Paolino seine Jacke hingebreitet hatte, und er bestand hartnäckig darauf, daß ich mich daraufsetzte, konzentrierte er sich mit fast priesterlicher Andacht darauf, das Essen vorzulegen. Es war nur ein Rest der *frittata* übrig, aber es gab eine ganze zigarrenförmige *salame*, ein Eckchen einer zweiten und ein paar Pfefferschoten in Öl. Ich erkundigte mich nach den Kindern, ein Thema, das ziemlich unverfänglich ist.

Teresa redete zwar bereitwillig, aber sie sah mich dabei nicht an. Statt dessen faltete und glättete sie eine Ecke des Tischtuchs, wedelte gelegentlich in abwehrenden kleinen Gesten mit den Händen, entweder zurückweisend oder mädchenhaft scheu, das war schwer zu sagen. Es gab drei Kinder: zwei Mädchen und einen Jungen. Die älteste war Angela, die mich ganz im Gegensatz zu ihrer Mutter mit riesigen, erstaunten und ungläubigen Augen anstarrte. Sie hatte gerade die zweite Grundschulklasse beendet, der kleine Junge sollte im nächsten Jahr eingeschult werden, obwohl er kränklich war und immer wieder unter hartnäckigen Anfällen von Bronchitis litt. Die Kleinste sollte in den Kindergarten kommen.

»Jetzt, wo es Schulen gibt, müssen sie solange hingehen, wie es nur geht. Ich selber bin ja nie richtig in die Schule gegangen, na ja...«, und eine Handbewegung. »Also, ein bißchen bin ich gegangen, und dann kam der Krieg, und außerdem hat sowieso niemand damals ein Mädchen länger als ein, zwei Jahre in die Schule geschickt. Mein Vater schickte mich zum Arbeiten. Wir waren zu Hause zwölf, und er hat gesagt, wenn wir essen wollten, dann müßten wir gefälligst auch arbeiten. Aber Paolino war auf der Schule; er hat alle fünf Klassen gemacht. Der kann lesen.«

»Dann kann er doch sicher auch schreiben«, bemerkte ich, nur um meine Aufmerksamkeit zu beweisen.

Wieder eine jener Handbewegungen und ein Kopfschütteln. »Er weiß nur noch, wie er seinen Namen schreiben muß. Die Schulen damals waren anders, nicht wie die heute, und wenn man die in der Stadt hinter sich hatte, gab es keine für Leute wie uns. Und deshalb müssen die Kinder hingehen. Sie können alles werden, wenn sie nur das richtige Papier haben.« Mehrere Minuten lang sagte sie nichts, und ich dachte schon, sie werde nicht weitersprechen, aber wahrscheinlich träumte sie nur von einer Laufbahn als Arzt, Rechtsanwalt und Professor für ihre Kinder. »Bis nach dem Krieg hat's ja auch keine Kindergärten gegeben. Dann haben sie angefangen und gesagt, es ist nicht gut, wenn die Kinder den ganzen

Tag ausgesperrt sind und auf der Straße. Keine Ahnung, was die sich erhofft haben...« Eine wegwerfende Geste, die Falte im Tischtuch fiel auseinander. »Was würden Sie machen, wenn Sie auf dem Feld arbeiten müssen und keine Mutter oder Schwiegermutter oder sonstwen haben, der die Kinder übernimmt? Also, sie« – sie nickte zu Angela hin – »sie ist zu den Schwestern gegangen, und wissen Sie, was die den ganzen Tag gemacht haben? Gesungen. Doch mir scheint, je früher sie lesen und schreiben lernen, desto besser wär das. Aber nein, nicht bei den Nonnen. Und jedesmal, wenn ich sie abholen gekommen bin, haben sie gesagt: ›*Fate figli, fate figli!*‹ (›Habt Kinder, habt Kinder‹), bis ich einfach nicht mehr hingegangen bin. Die Partei sagt, es gibt zu viele Kinder, die Nonnen sagen, nicht genug. Was soll man glauben? Den kleinen Nicola, den hab ich nicht zu denen geschickt. Um ehrlich zu sein, die haben zu mir gesagt, ich *könnte* ihn nicht schicken, wegen der Politik, aber die Anna würde ich in die Schule schicken, wenn ich eine fände, wie ich mir das wünsche, eine, wo sie den Kindern Lesen und Schreiben beibringen. Ich weiß nicht, vielleicht könnte sie ja in Ihren Kindergarten gehen. Sie würde das dann schon lernen, und alle Leute sagen, daß das Essen bei euch da oben gut ist und man braucht den Kindern keins mitzugeben.«

Paolino, der den Brotlaib gegen die Brust gedrückt und Scheiben abgeschnitten hatte, hörte auf damit und senkte das Kinn auf die dicke Kruste. Dies war die Prüfung. Sein Schweigen unterstrich die Herausforderung nur noch mehr, doch mir blieb keine Wahl. Solange ich Leiterin eines Kinderheims sein würde, würde kein Kind lesen und schreiben lernen, besonders nicht diese Kinder, deren verbale und manuelle Fähigkeiten derartig unterentwickelt waren. Ich erklärte Teresa, es sei wichtiger, daß die Kinder sich in der Schulsprache – einer für sie geheimnisvollen Sprache, nämlich italienisch – ausdrücken lernten, und erst einmal etwas von der Größe eines Malpinsels oder eines Bleistifts handhaben lernten, bevor sie den ganzen Tag lang mit einer Feder krampfhaft AAAA, aaaa, AAAA, aaaa, BBBB, bbbb, BBBB, bbbb krakelten.

Auf die soziale Entwicklung eines Kindes im Kindergarten, die gleichfalls wichtig ist, ging ich gar nicht ein. Für Teresa und Paolino hat ein Kind, das gelernt hat, sich allein gegen die ganze Welt zu sehen, das fundamentale Gesetz des Überlebens begriffen. Sie würden die Kompromisse als nutzlos abtun, die ein Kind lernt oder zu denen es gezwungen wird, wenn es die langen Jahre

der Erziehung durchhalten soll, die seine Eltern so voller Hoffnung für es geplant haben.
Teresa war nicht so recht einverstanden, das Lesen- und Schreibenlernen aufzuschieben. Für sie waren es magische Fähigkeiten, das Sesam-öffne-dich zu einer fernen, aber absolut erstrebenswerten Welt. Später, als ich sie besser kannte, fragte ich sie, warum sie denn nicht die kostenlosen Abendkurse besuche, in denen Lesen, Schreiben und alle übrigen Fächer der Grundschule Männern und Frauen gelehrt würden, die wie sie keine Schule besucht hatten. Sie schien zunächst über den Gedanken erstaunt, dann amüsiert.
»Warum sollte ich das denn machen? *Mir* nützt das doch nichts. Ich kann meinen Namen schreiben, und das reicht. Mir bloß den Kopf mit Unsinn vollstopfen. Mein Leben ist geregelt. Und so wie es ist, ist es auch gut. Denken Sie doch bloß mal, wie ich da sitze und lerne, was ein *bambino* lernt, sobald er gelernt hat, einem zu sagen, wenn er auf den Topf will, statt in die Hosen zu machen.«
Doch an diesem Morgen unserer ersten Begegnung war ihre Überzeugung so stark, daß sie nur langsam die Vorteile in jedem Satz baumeln sah wie die Früchte vor den Augen des Tantalus. Ich mochte sie wegen ihrer Hartnäckigkeit eigentlich noch mehr und konnte nur stumm, amüsiert und voll Sympathie zusehen, wie sie, nachdem die Frucht deutlich in ihr Gesichtsfeld gerückt war, taktische Manöver anstellte, um sie zu erhaschen. Paolino hatte sich wieder dem Brot zugewendet, genügend Scheiben geschnitten und legte nun das Messer weg. Er beobachtete uns mit zusammengekniffenen Augen, während Teresa damit beschäftigt war, ihre Wunschträume einen nach dem andern zu begraben, bis sie schließlich mit leidlich guter Miene sagen konnte:
»Also, es ist wirklich noch Zeit genug, um was zu lernen, denke ich, aber die ganzen anderen Sachen, die Sie gesagt haben – Italienisch und so –, das lernt man doch nicht, wenn man den ganzen Tag herumsitzt und Lieder singt.« Sie zögerte. »Aber für die Anna ist es noch nicht zu spät. Nächstes Jahr würden Sie sie nehmen, nicht wahr?« Sie war wieder da, wo sie hinwollte, und wieder konnte ich ihr nur eine Antwort geben.
»Ich kann jetzt überhaupt nichts versprechen...« Was ich vielleicht sonst noch hätte sagen wollen – über bedürftigere Kinder oder solche, um die sich zu Hause kein Mensch kümmerte – ging in Paolinos zornigem Wortgesprudel unter.
»Siehst du's!? Genau das hab ich dir gestern nacht gesagt, und du hast nicht einsehen wollen, daß ich recht hab. Begreifst du's jetzt?

Es ist die Po-li-tik, die alles beherrscht. Ich sag's dir noch mal deutlich: Po-li-tik! Die gibt dir keinen Platz in ihrem Kindergarten, sie macht es nicht, ich sag es dir! Wir wählen nicht die richtige Partei. Die da«, fuhr er fort und deutete auf das kleine Mädchen, das mich noch immer beobachtete, allerdings nun mit furchtsamem Augenblinzeln, »warum haben die Nonnen sie fortgeschickt? Warum? Wieder aus dem gleichen Grund! Wie wir denken, das paßt ihr nicht. Und warum? Politik, Po-li-tik! Dieses verfluchte Land! Wieso bin ich so dran und wieso hab ich so wenig, während andere …? Ich sag's dir noch mal: Po-li-tik. Und bei der da ist es genau das gleiche – die gibt dir keinen Platz für das Kind. Die hat doch schon gerochen, daß wir Kommunisten sind. Und ich sage euch beiden, ich bin und bleibe Kommunist, und zwar so lang, wie die Politiker das Land danach verteilen, wie einer wählt, und nicht, wieviel er nötig braucht, so lang, wie ich keine Arbeit kriege, wenn ich nicht richtig wähle, und genau so lang, wie diese Nonnen sagen: ›*Fate le brave, fate figli, fate figli!*‹ Er brach ab, wandte sich mir zu und sagte: »Und ich sag es direkt vor Ihnen. Sie sind schuld, Sie und die andern Leute wie Sie, wenn meine Kinder hungern. ›*Fate figli, fate figli!*‹ – und wer füttert sie? ICH. Sie nicht! Ich hab die Wahl. Ich bin noch ein junger Mann, aber ich hab die Wahl: ich kann zuschauen, wie meine Kinder verhungern, wenn wir noch welche kriegen, oder zu den Huren gehen. Was soll ich Ihrer Meinung nach wählen? Und diese zwei Möglichkeiten habe ich bloß, weil Ihre Kirche nicht erlaubt, daß empfängnisverhütende Mittel zu kaufen sind. Sie, Sie spielen Gott, aber Sie spielen es mit MEINEM Leben. Ihr laßt mich zu keiner Arbeit, ihr gebt mir ein paar Brocken Erde, die man grad noch bearbeiten kann, und ihr schickt mich auch zu den Huren. Danke, vielen Dank! Denk nicht mehr daran, Teresa. Die da nimmt unsere Anna bestimmt nicht auf. Hier, eßt, was ihr mögt. Ich geh ins Haus.« Er stand auf, würdigte uns keines Blickes mehr und bedeutete dem kleinen Mädchen, mit ihm zu kommen.

Teresa und ich saßen eine Weile schweigend da. Sie faltete noch immer die Ecke des Tuchs. Die Augen gesenkt. Dann, immer noch ohne aufzublicken, sagte sie sehr leise:

»Seien Sie ihm nicht böse. Er ist nervös und hat Sorgen, und er explodiert manchmal so, aber er ist ein guter Mann. Manchmal sieht es ja wirklich so aus, als wenn die Po-li-tik, wie er sagt, alles beherrscht.« Sie schwieg und wartete und ließ diese halbherzige Entschuldigung wie zur Erkundung der Stimmung wirken. Ich war nicht wütend. Ich hatte gar keinen Grund, da ich weder Katholikin noch Politikerin bin. Teresa hätte meine wirkliche Reaktion wohl kaum verstehen können: meine Erleichterung darüber, daß endlich einmal einer dieser enttäuschten Männer das ausgesprochen hatte, was er dachte, anstatt zu winseln und zu kriechen.

Während wir weitersprachen, begannen wir zu essen – nicht aus wirklichem Hunger – eine Scheibe *salame*, einen Streifen Pfefferschote, einfach unbewußt dem Befehl Paolinos folgend. Teresa sagte, er werde nach einer Weile zurückkommen und seine Wut werde ihm leid tun, vielleicht würde er es sogar über sich bringen, sich zu entschuldigen. Dann erklärte sie mir, warum er so verbittert sei. Bei Kriegsende war er noch ein Junge, aber er hörte, was sein Vater und dessen Freunde redeten. Er verstand nur soviel davon, daß jedem Bauern eigenes Land gegeben werden sollte. Das würde unweigerlich geschehen, erklärte er Teresa, weil die Kommunistische Partei versprochen hatte, daß die großen Latifundienbesitzer, der gemeinsame Feind, enteignet werden würden und ihr Boden den Bauern gegeben würde, die ausnahmsweise einmal den Nutzen hätten. Die Partei der Katholiken, die *Democrazia Cristiana*, die herrschende Regierungspartei, stand vor der Entscheidung: ein Volksaufstand oder in abgewandelter Form ein ähnliches Programm. Schließlich heirateten sie, Teresa und Paolino, bevor sich irgend etwas getan hatte. Das Reformgesetz wurde verabschiedet, und Paolino, der selbst kein Land besaß und als Landarbeiter für die großen Grundbesitzer arbeitete, wußte, daß man *ihm* Boden zuteilen würde. Aber er hatte dabei das Haus im Dorf außer acht gelassen, das Teresas Mitgift gewesen war. Er konnte nun zweierlei tun: er konnte es verkaufen und sich ein Haus und fünf Hektar noch nicht vergebenen Bodens zuweisen lassen, sich auf einen dreißig Jahre laufenden Abzahlungsvertrag einlassen und zusätzlich einen bestimmten Prozentsatz der Unkosten für die Urbarmachung zurückzahlen und die Gebühren für landwirtschaftliche Geräte aufbringen, die man normalerweise beim Pflügen, Säen und Ernten braucht; oder er konnte darauf bestehen, Teresas Haus zu behalten, aber dann würde man ihm nur zwei Hektar Land ›schenken‹, wieder an Ratenabzahlung gebunden, die er bebauen konnte.* Es war nur ein Beschwichti-

*»Gemäß den Bestimmungen des Gesetzes über die Bodenreform findet die Zuweisung von Land mittels eines Kaufvertrages über Rückzahlungen statt, die in Raten über den Zeitraum von dreißig Jahren erfolgen. Der Grund und

gungstrick, habe Paolino gesagt, um ihn gefügig zu machen. Wenn er nicht überhaupt ganz ausgeschlossen werden wollte, mußte er auf ihre Bedingungen eingehen; und das tat er, nur um später zu sehen, wie andere Männer, deren politische Überzeugungen ihnen fertigverpackt aus der Sakristei geliefert wurden, plötzlich ihre Häuser, kleine Flecken Land und sogar Geräte behalten durften und dennoch auf den Listen der Besitzer neuer Häuser und des von der Behörde urbar gemachten Bodens erschienen. Politik, habe Paolino gesagt, genau das gleiche, wie daß ihr Kind den Nonnen nicht passe. Warum? Weil er nicht einen Schwarm von Kindern haben wollte, die er dann nicht ernähren könnte, weil seine politischen Ansichten andere als ihre sind. Und ›die‹, worunter Paolino jeden Priester, jede Nonne, Bischof wie Papst verstand, trugen die Hauptschuld an der Überbevölkerung des Südens, an der Armut, an dieser Welt, in der es keine Arbeit gab und in der die Männer gezwungen waren, aus ihrem Land fortzugehen, wenn sie überleben wollten. Die vorverpackten Meinungen, die er in den politischen Ansichten der anderen erkannte, fielen ihm bei sich selbst nicht auf: persönliche Meinung oder Parteilinie, wichtig war für ihn nur, daß er einen Sinn darin entdeckte. Und Teresa, fragte ich mich? Stimmte sie ihm zu? Ich fragte sie,

Boden bleibt Besitz der Behörde, bis die Abzahlungen voll geleistet sind. Der Verkaufspreis darf nicht höher liegen als zwei Drittel der Gesamtkosten der Meliorationsarbeiten, die die Behörde durchführt, im Sinne des Gesetzes von 1933 zur Bodenenteignung zum Zweck der Agraramelioration von Boden, der von staatlichen Abgaben befreit ist, zusätzlich dazu zwei Drittel der Enteignungsentschädigung, die dem Ersteigentümer gezahlt wurde. Die Abzahlungsverzinsung liegt bei 3,5 Prozent. Der Abzahlungsmodus ist so angelegt, daß die ersten zwei Jahresraten zinslos erfolgen[...]
Der Verkaufsvertrag lautet im allgemeinen auf den Namen des Familienoberhauptes der das Land übernehmenden Familie, und das Gesetz schließt vor der völligen Abzahlung des Kaufpreises alle wie immer gearteten Übereinkünfte über die totale Veräußerung oder Übertragung oder die Teilnutzung des Grundbesitzes aus, der weder hypothekarisch belastet noch sequestriert werden kann, außer von der Behörde oder in ihrem Auftrag[...]
Der Kaufvertrag verpflichtet den Empfänger außerdem laut Gesetz dazu, sich während eines Zeitraumes von zwanzig Jahren nach Vertragsabschluß an den kooperativen Gesellschaften oder Verbänden zu beteiligen, die zu fördern oder zu schaffen die Behörde unternommen hat, um technische, wirtschaftliche und finanzielle Unterstützung für die neuen Landbesitzer zu sichern.« *Bodenreform in Apulien, Lucanien und Molise*
Es soll aber auch vermerkt werden, daß, falls es einer Familie durch irgendeinen wunderbaren Zufall gelingen sollte, die Gesamtverschuldung abzutragen, ehe die angesetzten dreißig Jahre um sein würden, dies nicht erlaubt war. (Die Autorin)

und einen Augenblick lang glaubte ich schon, sie würde sich mit der gewöhnlichen Ausflucht der süditalienischen Frauen aus der Affäre ziehen: daß Politik Männersache sei.
»Bah, manchmal denke ich, daß er zu weit geht, aber dann wieder kommen die Sachen genauso, wie er gesagt hat, und drum glaube ich, daß ich ihm wirklich recht gebe. Ich wähle sowieso immer so wie er. Wir sprechen darüber und machen dann das gleiche, denn wenn ich das nicht tun würde und für die feindliche Seite stimmen würde, dann wäre das doch, als würden wir beide überhaupt nicht wählen, und das ist doch falsch. Aber ich gehe noch immer in die Kirche. Nein, das gebe ich nicht auf, daß weiß er auch. Und *er* ist es, der will, daß die Kinder getauft werden. Es ist ja komisch, aber es ist wahr. Für ihn ist das sehr wichtig. Da ist er nämlich abergläubisch.«
Wir kamen auf die Empfängnisverhütung zu sprechen. Sie wußte nicht, daß – obwohl es die staatlich kontrollierten Bordelle nicht mehr gab – in allen Drogerien und Apotheken Kondome verkauft wurden. Sie dachte eine Minute lang darüber nach und kam dann zu dem Schluß, daß Paolino damit nicht einverstanden sein würde: das war was für die Huren. Teresa wußte, es gab da so eine Methode, die die Kirche billigte, aber kein Mensch hatte ihr jemals erklärt, wie sie funktionierte. Wenn man einmal alle Fragwürdigkeiten der Zuverlässigkeit und Variationsbreite des weiblichen Menstruationszyklus beiseite läßt, dann ist die Methode Knaus-Ogino relativ einfach anzuwenden, wenn – und wirklich nur *wenn* – irgendwo im Hintergrund gewisse Grundkenntnisse in Elementarbiologie vorhanden sind. Es hatte mir wenig genützt, daß ich versuchte, Chichella das Sonnensystem zu erklären, und wenn ich auch diesmal nicht bei den Äpfeln, Orangen, Zitronen und sämtlichen Tomaten aus der Vorratskammer landete, die sich über den Küchentisch verbreiteten und meinem Sermon zufolge auf unterschiedlichen, sinnvollen Bahnen liefen, so zeigte doch meine neue Schülerin den gleichen verwirrten Gesichtsausdruck angesichts eines imaginären Blattes Papier mit unverständlichen Zeichnungen voller Pfeile, Kreise und Zahlen. Mir schien es das beste zu sein, einfach einen Sprung zu machen und mich hinter einer olympischen Immunität zu verstecken: »Also, die Sache ist kompliziert, aber genauso funktioniert sie. Und die Pillen basieren auf demselben Zyklus, bloß etwas anders.« Wieder konnte ich mich aus der Affäre ziehen. Allerdings sagte ich Teresa, daß diese Pillen in Italien gekauft werden könnten und daß sie ziemlich sicher

seien. Vor kurzem hatte ein überregionales Magazin enorme Fotos der Verpackung sämtlicher Marken auf dem Markt veröffentlicht, und das schien fast eine Einladung, sich seine Rezepturen selbst zu schreiben. Wohin unser Gespräch noch geführt haben könnte, weiß ich nicht, weil Paolino uns gerade etwas zurief.

»Habt ihr mir was zu essen übriggelassen?« Er kam den Hang herunter. Angela hielt er an der Hand.

Er murmelte etwas wie, es tue ihm leid, daß ihm der Gaul durchgegangen sei, und begann Brot zu essen, während Teresa ihm alles, oder fast alles, worüber wir gesprochen hatten, berichtete. Er nickte geistesabwesend und stopfte sich *salame* in den Mund, nahm einen großen Schluck Wein, aß wieder Brot, und dabei nickte er die ganze Zeit. Als er sich mit dem Tuch den Mund abwischte, das Teresa, geduldig abwartend, dann zum Einwickeln des Brotlaibes benutzte, sagte er endlich:

»Also, Sie gehören nicht zu den ›*fate figli*‹-Damen. Gut! Als Angela und ich da oben im Haus waren, hab ich mich erinnert, daß jemand sich beschwert hat, weil Sie sich geweigert haben, den Leuten zu helfen, Wohnungen zu kriegen und Sie die ganzen Empfehlungen einfach vom Tisch gewischt haben. Ich wäre auch wütend geworden, wenn ich eine Wohnung gesucht hätte, aber wenn Empfehlungen nicht recht sind für die Arbeitsvergabe, dann, denk ich, sind sie auch nicht richtig bei der Wohnungszuweisung – oder bei einem Platz im Kinderheim.« Seine Stimme klang so ruhig und beiläufig, als setzte er einfach ein Gespräch fort.

»Und jetzt müssen wir wieder an die Arbeit«, verkündete er schließlich.

Er holte hinter dem Ginsterbusch eine Lederschürze hervor, die er da vor dem Essen abgelegt haben mußte; er streifte sich den Latz über den Kopf, hakte den Gürtel hinten zu und holte dann aus einer Tasche vier ›Fingerhüte‹ aus Bambus und einen ledernen Daumenschutz, die er auf die Finger der linken Hand steckte, um sie vor der Schneide der Sichel in seiner Rechten zu schützen. Da die Lederschürze steif war und er durch sie leicht stolperte, schritt er mit steifen, gestreckten Beinen über das Feld und hielt die Finger mit den schützenden Fingerhüten nach oben, um sie nicht zu verlieren, während er die rechte Hand mit der Sichel sorgsam von seinem Körper forthielt, damit die Schneide nicht die Schürze verletze. Er sah wie ein Maschinenungeheuer aus einem der frühen Horrorfilme aus, aber sobald er sich niederbeugte, um die Weizenhalme abzumähen und sie dann in der Armbeuge seines linken Arms zu sammeln, bekamen seine Bewegungen eine überraschende Grazie. Teresa arbeitete hinter ihm, sie übernahm das Halmbündel genau in dem Augenblick aus seinem linken Arm, in dem weniger zu wenig und mehr zuviel gewesen wäre. Sie teilte die Halme, bog sie zusammen und band sie schließlich mit einer raschen Bewegung mit ein paar Halmen zu einer Garbe, ließ sie fallen und griff nach dem nächsten Armvoll Weizen. Die Hitze war erstickend. Ich konnte sie durch die Sohlen meiner Schuhe brennen spüren, und sie verbrannte mir fast die Lungen beim Atmen. Es war fast, als würden mir Nadeln in die Ohren gestochen, und dabei tat ich ja nichts anderes, als neben den beiden herzugehen und hin und wieder zu fotografieren. Sie schienen das überhaupt nicht zur Kenntnis zu nehmen. Teresa war sehr rot im Gesicht und zog das Kopftuch immer weiter über ihr Gesicht, um eine Spur von Schatten zu bekommen. Aber sie arbeiteten immer einfach so weiter: er mähte, mähte, mähte, das Bündel wanderte in den andern Arm, wurde weitergereicht, wieder Sichelschnitt, Sichelschnitt, Sichelschnitt, weiterreichen, und jeder Schnitt war ein Schritt vorwärts, Aufnahme von Ernte, jedes Bündel war ein Gewinn, der geteilt wurde, umgedreht und zur Garbe gedreht, Bündel um Bündel, und immer so weiter.

Ich blieb fast eine Stunde bei ihnen, weil ich nicht eingestehen mochte, daß es in meinem Kopf donnerte und um mich herum die Welt zu schwanken begann. Teresa bemerkte zuerst, daß meine Beine von den rasierklingenscharfen Stoppeln des Weizens zerkratzt waren und bluteten. Ich jedenfalls machte nicht die geringste Bemerkung darüber, daß sie mir wehtaten und pochten.

»Wir hätten nicht zulassen sollen, daß Sie mit uns hier runterkommen. Sie haben ja gar keine Strümpfe an. Wissen Sie denn nicht, daß Sie nicht ohne Strümpfe in ein Weizenfeld gehen können? Schau'n Sie sich meine an. Kommen Sie, ich bring Sie rauf zum Brunnen.« Sie deutete auf Paolino. »Er kommt schon eine Weile ohne mich zurecht. Es geht eben ein bißchen langsamer.« Aber bevor sie ihm sagen konnte, wohin wir gehen wollten, hatte Angela ihren Platz eingenommen und das nächste Getreidebündel übernommen. Teresa sagte lächelnd: »Sie kann es gut, aber sie hält es nicht lang durch. Kommen Sie.«

Oben im Haus ließ sie mich die Schuhe ausziehen und goß ein paar Eimer kaltes Wasser über meine Beine. Dabei redete sie die ganze

Zeit darüber, wie sie, als sie ›jünger‹ war, für vier Mäher gleichzeitig zu binden pflegte.

»Und ich hab auch den gleichen Lohn wie ein Mann dafür gekriegt. Aber es hat mich fast umgebracht... So, das hilft eine Zeitlang. Zuhause machen Sie das noch mal. Und jetzt kommen Sie bitte eine Weile in unser Zimmer. Da sind wir weg von der Hitze.«

›Unser Zimmer‹ war ein Anbau hinter dem Haus mit Lehmfußboden und ohne Fenster. Die einzigen Möbel waren eine kaputte Bettstelle, die an einer Seite von Steinen gestützt wurde, und ein dreibeiniger Hocker. Sensen und Äxte, Hacken, Hauen und Schaufeln lehnten kreuz und quer gegen die Wand. Geschirrteile hingen an Nägeln über Futtersäcken, auf denen zwei Hennen hockten, die uns nun mit aufgeschreckten gelben Augen beobachteten. In diesem Raum haben wir beide im Verlauf der Jahre so ziemlich über alles geredet. Nur einmal besuchte ich sie in dem Haus im Dorf. Es lag drei Stufen unterhalb der Straße und war sauber, kahl und feucht, eine Höhle, in die kein Licht dringen konnte, es sei denn, die Tür war geöffnet. Teresa schickte zu den Nachbarn, um einen Stuhl für mich auszuborgen, dann bereitete sie Kaffee, den sie aus einer zusammengefalteten braunen Papiertüte nahm. Ihr ›Herd‹ waren zwei Gasringe, die sie aus zweiter Hand billig gekauft hatte, ein gutes Geschäft. Sie fühlte sich dort nicht frei und unbefangen, wie sie dies in dem Schuppen über ihren Feldern war. Es fehlte nichts, was man gewöhnlich brauchte, während sie sich in dem Haus im Dorf vermutlich arm und kümmerlich vorkam.

Hier in diesem Schuppen stopfte sie Säcke, las Bohnen aus oder flocht der kleinen Anna die Zöpfe (denn sie sprach selten, ohne zugleich etwas mit den Händen zu tun und die Augen von mir abzuwenden), hier berichtete sie mir von ihrem Leben. Im Unterschied zu Paolino glaubte sie nicht, daß sich die Welt gegen einen von ihnen beiden verschworen hätte. Prüfungen und Enttäuschungen gehörten zu ihrem Leben, und wenn sie sie mit stoischer Resignation annahm, dann deshalb, weil sie sicher war, daß sie und Paolino eines Tages das Glück erleben würden. So war eben die Welt eingerichtet. Sie gestand sich ihre eigene Umschreibung der ›göttlichen Fügung‹ nicht ein, auch nicht die Prüfungen, die man erdulden müsse, um in den Stand der Gnade versetzt zu werden. Hier handelte es sich nicht um das altbekannte Schema katholischer Orthodoxie. Teresas Überzeugung entstammte einer bitte-

ren Lebenserfahrung: das Leben kann kaum noch härter werden, also muß es besser werden. Aber bis dahin wechselten sich Hoffnungen und Fehlschläge regelmäßig ab.
Sie hatte mimisches Talent, aber sie zögerte, es einzusetzen. Ich machte die Erfahrung, daß, solange sie etwas dem italienischen Ähnliches, wenn auch sehr verstümmelt, zu sprechen versuchte, unsere Gespräche gänzlich formelhaft blieben. Aber wenn sie sich dann entspannte und, ohne es zu merken, in ihren Dialekt verfiel, befreite sich auch ihre Phantasie. Es war nur natürlich, daß sie ihre Talente für Leute aufbewahrte, die sie nicht mochte. Die sanfte dunkle Stimme wurde dann hart, die Wörter, die sie brauchte, waren plötzlich die ihrer Opfer, doch angefüllt mit dem ganzen Sarkasmus ihrer Verachtung, um sie lächerlich zu machen. Sie hatte sich eine bestimmte Behandlung für die Lehrer reserviert, für den Gemeindepfarrer, der ihrer Meinung nach Angela gegenüber eine unfreundliche Geste gemacht hatte, und für die meisten Politiker. Sie äffte ihr vornehmes Getue nach, spottete über ihre Heuchelei und ihre Zweizüngigkeit, aber den salbungsvollen Nonnen galt ihr schärfstes Gift. Sie reckte dann den Bauch vor, watschelte durch den Raum, rang die Hände und litaneite mit langsamer Stimme vor sich hin.
»Ach, meine Kinder, ihr meine armen Kinder. Mein Herz fühlt mit euch. Habt keine Angst, Gott wird sich um euch kümmern. *ER* wird euch alles geben. Fragt mich nicht, ich bin nur Seine demütige Dienerin. Ah, meine armen Kinder, meine armen Kinder!« Dann pflegte Teresa abzubrechen, stemmte die Hände auf die Hüften und sagte trocken: »Sicher, ›meine armen Kinder‹, aber sorgt bloß dafür, daß eure Eltern richtig wählen!«
Sie verabscheute die Frau des Landarztes, die ganz die ›Gnädige‹ spielte, enggeschnürte Korsetts, noch engere Kleider und sehr hochhackige Schuhe trug, auf denen sie über die Piazza stelzte, dem einzigen öffentlichen Ort, wo man sie jemals sah. »Ach, mein geheiligter Gemahl, denn er ist wirklich ein Heiliger...«, und Teresa hatte all den Sirup in der Stimme, wie jene Frau und die flatternden Handbewegungen, die den ununterbrochenen Redefluß ihrer tiefsten Gefühle unterstrichen. »Er opfert sich auf, er opfert sich re-gel-recht für seine geliebten Armen auf. Manchmal frage ich mich ›Und was wird aus mir?‹ Ja, was ist mit mir? Für ihn ist es eine Sendung. Aber er bringt sich um dabei. Ja, er ist wie ein Heiliger. So gut, so selbstlos, so ganz seiner Mission hingegeben. Jawohl, seiner Mission. Er opfert sich auf!« Teresa brach plötzlich

ab: »Uff, mir wird schlecht davon, *mi fa nausea*! Sicher, er opferte sich auf, bis er die Villa am Meer hatte, ein neues Stadthaus, das er zur Hälfte an den Steuereinnehmer vermietet hat, vier Hypothekenfarmen hat er in diesem Jahr eingetrieben, und die Leute leihen sich immer noch Geld von ihm. – Es gibt nämlich sonst keinen. Der opfert sich wirklich auf! Er schläft in den Stunden, in denen man ihn kostenlos auf Krankenschein besuchen kann, aber seine Privatstunden in der Praxis versäumt er nie, so daß wir am Ende alle zahlen müssen – und *ihr* zuhören müssen, während wir im Wartezimmer sitzen. Das ist ein Opfer, oder nicht?«

Am meisten von allen erboste Teresa die Lehrerin Angelas. Oft übernimmt ein Lehrer eine erste Klasse und begleitet die Kinder dann weiter bis zum Schulabschluß in der fünften. Das kann sich erfreulich auswirken oder auch sehr schlimm sein, je nach dem Lehrer: in Angelas Fall war es schlimm. Die Lehrerin war sehr jung, zog die Knaben vor, nach Möglichkeit auch noch aus guten Familien, redete im Unterricht sehr schnell und erlaubte keine Fragen, weil die, wie sie sagte, ihren Gedankenfluß störten. Außerdem hatte sie offensichtlich eine Abneigung gegen Angela entwickelt. Ob Teresa es merkte oder nicht, jedesmal, wenn sie sich nach Angelas Leistungen erkundigte, fand die gleiche Szene statt. Vielleicht hörte ich nicht auf jedes Wort von Teresas parodistischem Nachvollzug, wurde jedoch immer daran erinnert, daß von den Eltern erwartet wurde, ihre Kinder vier Stunden täglich der Schule zu überlassen, ohne das Recht auf Fragen oder Beratung zu haben.

»Sehen Sie, diesmal«, sagte Teresa dann wohl, »ich hatte mir fest vorgenommen, eine nützliche Antwort aus ihr rauszukriegen. Ich wollte wenigstens rausfinden, warum sie Angela so gar nicht mag. Ich packte ein paar Bohnen« (oder Äpfel oder Eßkastanien, was eben gerade reif war) »in einen Korb, und wie beim letzten Mal reichte es schon, als sie mich bloß sah. Sie fing an, mich anzuschreien: ›Ich hab keine Zeit. Sie können doch nicht von mir verlangen, daß ich alles liegen und stehen lasse und mich nur noch um Ihre kostbare Angela kümmere. Nein, nein, Signora. Ich habe *sie* während der Schulstunden auszustehen, aber nicht noch *Sie*. Außerdem, was verstehen Sie schon von Unterricht? Sie können ja nicht einmal lesen.‹« Teresas Stimme hatte den hohen scharfen Ton der Lehrerin angenommen, auch den Sprachrhythmus, aber die dann folgenden hochfliegenden Wörter waren immer zu viel für sie. »›Es ist pädalogisch sinnlos, mit Ihnen über sie zu sprechen. Was könnten Sie schon von ihrer Verständnisration begreifen‹« – (Was ich mir als ›Lernerfolge‹ interpretiere) – » ›Sie wissen gar nichts, Signora. Sie können doch keine Wunder erwarten. Wir werden das Beste mit Ihrer kleinen Tochter versuchen, aber Sie dürfen nicht zu viel erwarten. Nun, geben Sie mir schon den Korb.‹ Und wissen Sie was, jedesmal nimmt sie mir den Korb ab und gibt ihn nie zurück. Knallt mir die Tür vor der Nase zu und läßt mich da stehen, und die Leute auf der Straße gaffen mich an.«

Manchmal entsprach ihre Verbitterung so gar nicht der Wichtigkeit ihrer Gegner für ihr Leben, stand in solchem Gegensatz zu ihrer in der Öffentlichkeit gezeigten, offenbar natürlichen Zurückhaltung, daß ich mich manchmal fragte, ob sie nicht vielleicht eine unerhört geschickte Schauspielerin, ja eigentlich insgeheim ein Zankteufel sei. Die Spezies Mensch ist selten konsequent, aber keiner kann dauernd etwas vorspiegeln, was er nicht ist. Teresa kenne ich nun beinahe fünfzehn Jahre. Ich habe ihre Kinder immer wieder mit irgendwelchen Neuigkeiten zu ihr laufen sehen, ob das ein Wurm war, den sie gefunden hatten, oder ein Klaps, den ihnen jemand gegeben hatte – und das hätten sie sicher nicht getan, wenn Teresa normalerweise reizbar oder grausam zu ihnen gewesen wäre. Als ich sie einmal im Ort besuchen wollte, sagten mir die Nachbarn, sie werde erst spät vom Feld zurückkommen. Eine Frau erklärte mir unaufgefordert:

»Sie arbeitet für zehn. Kommt nach Hause *zitta, zitta* (ganz still) und geht *zitta, zitta*, und das Haus und die Kinder sind immer sauber. Manchmal sehen wir sie tagelang nicht, aber wenn, dann lächelt sie immer und hat immer ein freundliches Wort für jeden. Wenn wir eine Nachricht hinterlassen wollen, dann geben wir sie ihr, nur kann man nicht sagen, wie bald es geht.«

In Süditalien ist das eine seltene Lobeshymne! Ich habe Teresa beim Handeln auf dem Markt erlebt, sie im Krankenhaus warten sehen, bis sie an der Reihe war, ich habe sie kummervoll, hoffnungsvoll und entmutigt gesehen. Ich bin überzeugt, sie ist eine maßvolle, schicksalsergebene Frau, von Natur aus freundlich, und sie ist naiv genug, die Außenwelt gutgläubig als gut zu akzeptieren, aber ist schlau und mißtrauisch, wenn es um ihre eigenen Belange geht, besonders wo jene betroffen sind, die sie die ›Herrschenden‹ nennt. Sie parodiert immer nur die.

Sie heiratete Paolino, sobald er seinen Militärdienst hinter sich hatte.

»Schon von der Zeit an, als wir noch junge Dinger waren, wußte jeder, daß wir heiraten würden«, sagte sie stolz. »Und das haben wir auch. Mir wär nie der Gedanke gekommen, einen andern zu heiraten – ist mir einfach nie eingefallen.« Genau wie es ihr niemals in den Sinn gekommen wäre, überhaupt nicht zu heiraten. Es gibt hier bei den süditalienischen Bauern keine alten Jungfern. Man kann sich solche Launen nicht leisten, und die Nonnenklöster, die die einzige Zuflucht vor Verehrern sind, die ihnen zuwider, aber ihren Familien annehmbar sind, verlieren mehr und mehr an Attraktion. Ehemänner sind für Frauen hier ebenso obligatorisch, wie Frauen für Männer nötig sind. Körperliche Vorzüge ziehen vielleicht einen jungen Mann an, sagen wir, einen, der ein Maultier besitzt, statt eines vergammelten Fahrrads, oder der als Hilfsarbeiter in Deutschland arbeitet statt auf die nächste Bausaison im Frühjahr zu warten, doch die Stärke der Jugend ist ein Wert in sich und stärker als Schönheit, und so ist es ein zufälliger Reiz. Hier ist die Emanzipation der Frau eine bedeutungslose Phrase: Ehe bleibt eine Pflicht, so heilig wie die Zehn Gebote.
Teresa war eines von zwölf Kindern, das einzige Mädchen, das überlebte, und so wurde ihr das Haus der Großmutter mütterlicherseits als Mitgift gegeben. Paolino war eines von sechs Kindern. Beide Familien besaßen weit verstreute Landstücke, die, hätte man sie zusammengefügt, nicht einmal so groß wie die Piazza des Ortes gewesen wären. Jedes Kind mußte seinen eigenen Weg machen, und sie taten es, als Hilfsarbeiter beim Bauboom, der nach dem Krieg kam, oder als Pachtbauern. Ein paar gingen nach Mailand oder Deutschland, aber ohne nennenswerten Erfolg. Sie kamen schnell zurück.
Ehe Angela 1952 zur Welt kam, war Paolino zuversichtlich, von der Bodenreform ein neues Haus und Grund zu bekommen, und zwar, so paradox es klingen mag, weil er aktives Mitglied der kommunistischen Partei war. »Einer von den Entschlossenen, weil das die sind, die respektiert werden«, sagte Teresa und spielte damit das Echo für die tägliche Angeberei Paolinos, der sie nie viel Glauben geschenkt hatte. »Einer von den Kämpfern, weil man die nicht fortschieben kann.« Und stillschweigend hieß das, daß es diese Leute sein würden, deren Wohlverhalten der christdemokratischen Partei am wertvollsten sein müßte. Erpressung war kein Geheimnis. In der Maske der demokratischen Unparteilichkeit wurden Bestechungen mit gierigem Enthusiasmus angeboten und entgegengeNommen. Dieselben Männer, die in der Öffent-

lichkeit auftrumpften und drohten und so aussahen, als könnten sie sich zu Führern entwickeln, denen die Bauern folgen würden, ließen sich durch die eigensüchtige Schlauheit entmannen. Die Bodenreform hatte ihre Mitwirkung erkauft und dafür bezahlt: sollte also ein unkluger Neulandbesitzer Schwierigkeiten machen, dann war es nur allzu einfach, ihn zu erinnern, daß er nicht bloß eine moralische Verpflichtung gegenüber der *Ente Riforma* habe, sondern auch sehr handfeste Schulden nach seinem Abzahlungskaufvertrag, für seine Düngemittel, das Saatgut, die Schädlingsbekämpfung, den Traktor und andere Geräte, die er für eine bestimmte Tagessumme benutzt hatte. Bei aller Schlauheit hatte sich der Bauer in eine fragwürdige Position hineinmanövriert: er war vertraglich gebundener Landbesitzer, und, schlimmer, sein Herr war nun nicht ein Individuum, sondern diese Hydra der modernen Zivilisation, eine Regierungsbehörde.

Irgendeine angeborene Vorsicht bewegte Teresa und Paolino dazu, niemals ihr kleines Haus aufzugeben, in dem die Fußböden nie trockneten und in dem weder genügend Sonnenlicht noch Luft den vordringenden Moder bekämpfen konnte. Paolino sagte, sogar ohne Wasserleitung oder Toilette besitze doch ein ›Stadthaus‹ immer noch einen gewissen Wert. Teresa mochte zum Haus selbst nichts sagen, aber sie war überzeugt, daß sie keinen guten Tausch machen würde, wenn sie ein anderes Haus, und sei es ein neues, auf dem Land akzeptierte, fernab von allen andern Menschen, ohne Licht und Wasser, wie man es ihr ›sofort‹ versprochen hatte. Sie kannte sich zu gut aus, um derartigen Versprechungen zu trauen.

(Und sie hatte recht. Zehn Jahre später hatten genau die gleichen Häuser noch immer kein Licht und das Wasser mußte von der nächsten Quelle geholt werden, manchmal kilometerweit weg. Was sie nicht gedacht hätte: diese Originalhäuser, die aus vorfabrizierten Gipsplatten errichtet wurden, wiesen schon bald gefährliche Risse auf. Man verstrebte die Mauern mit dicken Eisenstangen, die überkreuz von einer Ecke zur andern liefen und ein ›X‹ bildeten, das einem über dem Kopf drohte wie eine üble Prophezeiung von Unheil. In vielen Fällen mußten die Häuser völlig abgerissen und ersetzt werden. Schließlich kam es dann so weit, daß der neue ›Assignat‹ die Summen, die er auf das erste Haus angezahlt hatte, als Teilbegleichung seiner Schuld für das neue Haus anrechnen durfte, das allerdings sehr viel teurer kam und ihn so nur um so gewisser in die Arme der ›Bodenreform‹ trieb.)

Teresa und Paolino gaben ihr Haus nicht her und übernahmen ein Stück Land, das ursprünglich dazu gedacht war, ein kleines Stück Land in eine sich selbst tragende Landwirtschaft einzugliedern. Man wies ihnen auf dem langgestreckten schmalen Plateau zwei Hektar Boden zu. Zwei weitere Männer erhielten jeder einen Hektar. Obwohl das Haus keinem von ihnen gehörte und von Rechts wegen wohl Besitz der *Ente Riforma* gewesen sein muß, umfaßte es glücklicherweise drei Räume von etwa gleicher Größe und Verwahrlosung, die sie als Vorratsräume benutzten. Teresa hielt dort ihre Hühner und mußte schon darum regelmäßig vom Ort herkommen. In den Zeiten, die am meisten Arbeit auf dem Feld verlangen, schlief sie oft hier mit dem Esel und einem oder zwei Kindern, um sich den langen Weg zurück zum Ort und am nächsten Morgen wieder hinaus zu ersparen.
Es wurde den beiden sehr bald klar, daß der Boden zwar genügend hergab, sie gerade so zu ernähren, daß ihm aber kaum etwas abzuringen war, was sich verkaufen ließ, selbst wenn sie bereit wären zu hungern. Das Angebot, die Stromrechnung durch eine entsprechende Zahl von Arbeitstagen abzudienen, würde ja vielleicht die Schreibtischbeamten im Regionalbüro der Elektrizitätswerke amüsieren, aber der Strom würde trotzdem abgeschaltet. Und der Kleiderverkäufer, der Schulbuchladen und der Krämer hatten ebenfalls für den Vorschlag eines Tauschgeschäftes nur Verachtung übrig. Jede Familie brauchte ein paar Scheine richtiges, gedrucktes Geld. Im Herbst nach ihrer ersten Ernte fuhr Paolino nach Deutschland. Er habe eigentlich bleiben wollen, sagte Teresa, bis das Land gepflügt sei, aber in diesem Jahr nahm der Sommer überhaupt kein Ende. Es gab keinen Regen und damit keine Hoffnung, säen zu können. Teresa pflügte den Boden mit einem ausgeborgten Maultier und einem Holzpflug: die Pflugschar war aus einem kräftigen Baumstamm geschnitzt, den man zugespitzt und durch eine eiserne Spitze verstärkt hatte.
»Ja«, gestand Teresa ein, »die Bodenreform hätte tiefer pflügen können, aber wir haben denen schon so viel geschuldet, was wir nicht mehr bezahlen konnten, und außerdem ist unser Land so was wie eine kleine Insel, ganz abseits von den großen Feldern, also kommen sie erst immer ganz zuletzt zu uns, und manchmal erst, wenn es bereits zu spät ist. Das ist ja richtig so, wo es so viele Felder gibt, die zusammen bearbeitet werden können, aber wir bezahlen genau die gleiche Summe, müssen Sie wissen. Und so schlimm war es ja auch gar nicht. Ich hab eben langsam gearbei-

tet.« Sie schwieg und lächelte wehmütig, als denke sie an jenes Jahr zurück. »Damals war ich jünger«, fuhr sie schließlich fort. »Das war nämlich das Jahr – nein, vielleicht war es auch erst im Jahr darauf. Ich weiß nicht mehr, bloß daß ich in beiden Jahren gepflügt hab. Aber egal, was das für ein Jahr war, kurz bevor ich den Weizen mähen wollte, also ich meine so am Tag zuvor, kam Hagel und hat den ganzen Weizen niedergeschlagen und ruiniert. Und Sie wissen ja, wie nach solchen Stürmen alle rausgehen, die nicht schon sowieso auf den Feldern sind, um zu sehen, ob ihrer Ernte was passiert ist. Die ganze Straße ist voller Leute, und sie reden alle, als wären sie ganz heiter, aber ich weiß, wie *mir* zumute ist. Mir hämmert das Herz und ich denke die ganze Zeit, gleich wird mir schlecht. Damals fand ich alles am Boden liegen, und es sah wie zerfetzt aus. Ich bin dann hier reingegangen, ich hab mich hingesetzt und stundenlang geheult. Und jedesmal, wenn es mir ein bißchen besser ging und ich was tun wollte – ich weiß nicht, Hühnerfutter mischen oder so was –, schaute ich zur Tür raus, sah wieder die Felder, und ich konnte einfach nicht anders – ich heulte.«

Paolino hatte es in Deutschland versucht, hatte jedoch keine regelmäßige Arbeit finden können. Er hielt sich mit zwei Tagen Arbeit pro Woche, oder dreien in der nächsten, wenn er Arbeit bekam, über Wasser, und Ende November schließlich, als er das Geld, das er mitgebracht hatte, und einen Großteil seines Verdienstes verbraucht hatte, kaufte er sich eine Fahrkarte und kam nach Hause zurück. Das nächste Frühjahr und den Sommer über arbeitete er oben im Norden für Prämienlohn in einem Tunnel. Teresa sagte, als er heimkehrte, habe er ausgesehen wie ein alter Mann.

»Jeden Morgen, wenn er da reinmußte zur Arbeit, machte er sich fast die Hosen naß, so große Angst hatte er. Er hat geschworen, daß er lieber verhungert, bevor er da wieder hingeht. Ein Jahr lang versuchte er's in Turin, aber das klappte nur so-so. Er schickte ein bißchen was heim. Alles half uns. Dann war da so ein Ort in der Nähe von Florenz, aber ich hab den Namen vergessen. Er hatte Verwandte, die gesagt haben, sie könnten ihm eine Arbeit verschaffen. Das haben sie auch, aber er merkte, daß er nicht richtig bezahlt wurde und daß die dabei ihren Schnitt machten. Er hätte eine Arbeit bei der Eisenbahn haben können. Zwei Winter lang machte er das, bis sie ihm eine richtige Stellung mit Versicherung und Rente und allem anboten, aber er hat gesagt, wenn er Nacht-

schicht hat, und das war die Hälfte der Zeit, und im Winter, dann ist es so kalt und man kann nichts sehen, man weiß nicht, was da direkt vor einem ist, vielleicht ein Kabel mit Strom oder ein Erdrutsch. Außerdem gab's da Wölfe, wenn es sehr kalt war, und da mußten die Männer die Strecke abgehen, oder wenn sie Feierschicht hatten, auf ihren Feldbetten in dem Waggon auf dem Rangiergleis liegen. Ich hab ihm gesagt, er soll sich das Kissen über den Kopf legen, damit er die Wölfe nicht hört, aber er hat gesagt, das nützt nichts. Vielleicht hat er es ja versucht, aber da bin ich nicht so sicher, weil er gesagt hat, daß da immer ein Licht im Wagen gebrannt hat, und er hat vielleicht nicht gewollt, daß die andern ihn so sehen.
Vielleicht hätte ich mitgehen sollen, aber die hätten ihn nicht viel nach Hause gelassen, und ich hätte Miete zahlen müssen, und keiner kannte mich dort. Ich hab das alles anders gesehen, und das tu ich noch immer. Für mich ist meine Arbeit, diesen Boden zu bebauen, die Kinder aufzuziehen, sie in die Schule zu schicken, ihnen beizubringen, was recht ist, und daß sie Arbeit finden, und daß ich soviel Arbeit wie möglich auf den Feldern finde, solang ich noch jung bin, weil ich sonst nichts kann. Hier kann ich das machen, wo die Leute wissen, daß ich gut arbeite, wo ich mich auskenne und keine Miete zahlen muß. Keiner kann sagen, der Paolino ist nicht vorangekommen, weil er eine faule Frau hat! Manchmal wünsche ich mir, ich könnte das zusammenrechnen. Ich wette, wenn Sie zusammenzählen, was ich mit dem Land und den Hühnern und in den Jahren, wo ich ein Schwein hielt, und mit meiner ganzen Lohnarbeit verdient habe, daß ich da in den letzten zehn Jahren mehr eingebracht habe als Paolino, ich meine an Geld fürs Essen oder an Essen selber. In guten Jahres hat er es verdient, aber er hat es auch ausgeben müssen.«
Und so kommt und geht Paolino. Manche Jahre sind gut, andere schlecht, aber er kommt ›nicht voran‹, wie Teresa es ausdrückt. Sein dunkles Gesicht wirkt jetzt verbissen. Alles darin scheint nach unten zu weisen, und zwischen den Augenbrauen haben sich tiefe Falten eingegraben. Derzeit interessiert Politik ihn nicht mehr. Alle Politiker sind Diebe: was Italien braucht, um Ordnung zu machen, ist die Atombombe. Und die, die übrigbleiben, können von vorn anfangen und was draus machen – vielleicht.
Teresa ist dünner und geht gebückter. Die Krähenfüße in den Augenwinkeln vergehen nun weder im Winter noch im Sommer, sie zeichnen sich tief und hell gegen die ständig gebräunten

Wangen ab. Es gibt jetzt fünf Kinder. Angela hat einen Postbeamten ›auf Zeit‹ geheiratet, der vielleicht irgendwann einmal fest angestellt wird. Anna, das kleine Mädchen, das beinahe in mein Kinderheim gekommen wäre, hat nicht einen einzigen Tag auf dem Acker gearbeitet und wird dies auch niemals tun, wenn es nach ihrer Mutter geht. Dafür verhöhnt Anna die Mutter, weil sie dumm sei, eine *cafona*, wie sie sie nennt, nicht mehr als ein Tier. Vielleicht wird Nicola seine Prüfung als Buchhalter bestehen; wahrscheinlich nicht, aber ich spreche mit Teresa nicht darüber, denn es würde sowieso keinen Unterschied machen. Es gibt Hunderttausende arbeitslose Buchhalter in Italien. Und es ist noch zu früh zu sagen, was die kleineren Kinder tun werden, außer daß auch sie Teresa verhöhnen und sich ihrer schämen werden. Für sie ist sie eine gehirnlose Drohne. Sie mißbilligt durchsichtige Blusen, Rock 'n' Roll und daß Mädchen mit Jungs ins Kino gehen.

Ich bin sicher, sie wissen nicht, was Teresa mir bei unserer letzten Begegnung sagte. Das war kurz vor dem Volksentscheid über die Scheidung. Paolino war zu Hause und war es fast den ganzen Winter über gewesen. Als ich ihm eines Morgens zufällig auf der Straße begegnete, erteilte er mir eine Lektion über die Zerstörung der christlichen Familie:

»Wenn es nach den Politikern geht, dann kann eine Frau eines Morgens aufwachen, sich ihren Mann anschauen und sich entschließen, wegzugehen und ihn zu verlassen. Einfach so – und vielleicht sogar noch zu einem andern Mann. *Figurati!* Stell dir das vor! Nichts Heiliges bleibt mehr. Aber ich werde Ihnen ein Geheimnis verraten, Signora, diese Frauen sind dafür zu schlau. Die *wissen*, wann es ihnen gut geht: wenn sie verheiratet sind. Da beißt die Maus keinen Faden ab!«

An dem gleichen Morgen unterbrach ich meine Wanderung bei dem kleinen Steinhaus und ging den gewundenen Pfad hinunter. Teresa war zu Hause. Sie führte mich in das einzige Zimmer, das noch immer Lehmfußboden hat, und noch immer standen die Säcke mit den vor sich hindösenden Hühnern da. Vor die Tür hatte sie einen alten Spitzenvorhang gehängt, der in diesem Augenblick mit einem Strick zur Seite gebunden war und wie eine tiefhängende Girlande zwischen uns und den Äckern hing. Die durch den Vorhang gefilterte Sonne ließ die Felder fern erscheinen, als gehörten sie zu einem imaginären Land, weit weg. Wir saßen nebeneinander auf dem alten Bett, schauten durch den Vorhang hinaus und redeten eine Weile miteinander, aber ich wußte, daß kühle sonnige Tage eine seltene Kostbarkeit sind, und wollte darum nicht zu lange bleiben. Bei meiner ersten Aufbruchsbewegung sprang Teresa auf, um mir, wie jedesmal, zwei Hühnereier zu holen. Nie nahm ich mehr, aber sie war nicht zu bewegen, mir weniger zu geben. Während sie mir die Eier überreichte, legte sie mir die Hand auf den Arm und sagte:

»Wissen Sie, was ich machen werde? Ich werde für die Scheidung stimmen. Nicht, daß ich glaube, daß meine Stimme da eine große Rolle spielen wird, aber sie macht die von Paolino wett. Das sag ich ihm aber nicht. Ganz egal, was der Papst sagt, ich glaub einfach nicht, daß eine Frau ihr Lebtag lang mit einem Irrtum leben muß. Für einen Mann ist das anders. Der läßt seine Frau und die Kinder sitzen und sucht sich einfach eine Neue – aber für uns ist das gar nicht so leicht. Wir haben die Kinder und all das. Und wenn wir einen Mann finden, der zu uns gut ist, schimpft uns jeder Hure. – Bloß für die Männer, da ist das was ganz anderes, da ist es richtig. Wenn wir es schaffen könnten, daß wir verlassen werden und wenn wir mit dem Gesetz unser Recht kriegen, dann hätten wir eine viel bessere Chance für ein neues Leben. Vielleicht würden wir sogar glücklicher sein. Das stimmt doch, was ich sage, oder?«*

Unter diesen süditalienischen Frauen ist Teresa vielleicht die am wenigsten unternehmungslustige. Sie würde von sich nur behaupten, praktisch zu sein: freiwillig Plackerei auf sich zu nehmen, das erfordert aber auch einen gewissen Mut und Entschlossenheit. Ständige Arbeit versprachen die Städte im Norden. Wenn Paolino da nicht mehr Glück hätte als mit seinen anderen Unternehmungen, dann würde Teresa den größten Teil der finanziellen Bürde tragen müssen. Sie besaß keine Fähigkeiten, die in der Großstadt nützlich sind. Aber sie wußte, wie sie in dem Dorf, in dem sie geboren war, möglichst viel herausschinden konnte. Es wäre leicht, ihr mangelnde Initiative vorzuwerfen, als habe sie nicht den Wunsch ›vorwärtszukommen‹, eine Vorstellung, die den zynischen mediterranen Menschen naiv erscheint, weil sie, wenn sie Veränderung suchen, von Verzweiflung getrieben sind und nicht von Ehrgeiz. Sie hoffen nicht darauf, die Welt zu erobern: sie versuchen ihr Existenzminimum zu verbessern. Ihre Hoffnungen

* Die Provinz Lucania war eine der wenigen italienischen Regionen, in denen – trotz Teresa und vieler anderer Frauen wie sie – gegen die Scheidungsgesetze gestimmt wurde (53,6 Prozent dagegen; 46,4 Prozent dafür).

gelten auch nicht ihnen selbst, sondern ihren Kindern, und selbst dann sind es nur sehr vage. Sie erträumen sich für die Kinder Berufe wie Regierungsangestellte, Buchhalter, Kindergärtnerinnen, die untersten in der Hierarchie derer, die das Leben der Bauern tyrannisieren. Sie wären auch schon damit zufrieden, wenn sie eine Dauerarbeit in einer Fabrik fänden, mit den zusätzlichen Benefizien wie Geld, Sicherheit und dem irgendwie mysteriösen Status, daß sie moderne Sklaven sind und nicht mehr prähistorische. In der jetzigen Generation haben nur wenige Bauernkinder, Mädchen wie Jungen, je auf den Feldern gearbeitet. Sie sind bereits auf dem Weg zu jener Pseudovornehmheit der Halbgebildeten, sie tragen billige Imitationen der Mode vom vergangenen Jahr, sie lungern auf den Straßen und *piazze* herum und sind fasziniert von den neuesten Popsongs. Im Winter sitzen sie vier Stunden Unterricht täglich in der Schule ab; im Sommer vergehen dieselben vier Stunden überall anderswo als auf den Feldern, und die Eltern billigen das, selbst nachdem sie in zwanzig Jahren Hunderte von frischgebackenen Schreibtischarbeitern als Arbeitslose erlebten, die ihr Leben dahinbringen, bis ihnen eine ihren Ansprüchen angemessene Position geboten wird. Oft geschieht dies nie. Wir, als Außenseiter, statten gern eine Familie, die aus dem Süden emigriert, mit Initiative aus, auch wo logischerweise ihre Erwartungen sich darauf beschränken, in die Liste der Sozialfürsorgeempfänger der Stadt ihrer Wahl eingetragen zu werden, was im übrigen eine Kunst ist, die die Bauern Süditaliens in ihren eigenen Dörfern meisterhaft beherrschen, von der sie jedoch nur die unklarsten Vorstellungen besitzen, wie man dergleichen in einer Großstadt ›hindreht‹. (Die Norditaliener sagen, sie lernten das ziemlich schnell!) Wir hängen an unseren Motivationen, und die treffen auf die Süditaliener nicht zu. Zuweilen sind die, die nicht fortgehen, hartnäckiger und nicht davon überzeugt, daß einem die Welt bei weniger Arbeit eine angenehmere Lebensweise ermöglichen müsse. Ich glaube, sie sind weniger verzweifelt, aber nicht zwangsläufig weniger wendig.

Teresa wählte das Sichere, aber man sollte sie deswegen weder verachten noch verurteilen. Sie garantierte der Familie das Existenzminimum und die relative Sicherheit für die Kinder, was beides Paolino außerhalb seines Dorfes niemals gelungen war. Das gibt Teresa als offizielle Begründungen an. Sie sind glaubwürdig, was äußerst wichtig ist. Einmal behauptete sie sogar, Paolino habe ihr befohlen zu bleiben, und ich wußte, das war nicht wahr, ganz im Gegenteil. Später erklärte sie mir, daß es ihr als die einfachste Erklärung erschienen sei, da keiner erwarten würde, daß eine Frau ihrem Mann ungehorsam ist. Ich glaube, es gibt einen anderen, privateren Grund dafür, daß sie so hartnäckig blieb.

Teresa nannte Paolino stets mit etwas säuerlichem Humor *»un gran chiacchierone«*, was man ein wenig grob als »großen Schwätzer« übersetzen könnte. Eigenschaften, die einst Vorzüge waren – seine Offenheit in der Rede, seine Schlauheit, seine Arroganz –, verstärkten sich nach jedem Fehlschlag, bis sie schließlich zu echten Belastungen wurden. Bei Paolino ist alles immer nur kurzfristig: seine Begeisterung, kluges Taktieren, seine Stimmung, seine Loyalität und seine Arbeitsplätze. Er suchte nämlich nicht so sehr nach Arbeit wie nach einer leichten Methode, dem System ein Schnippchen zu schlagen. Er gesteht nicht ein, wahrscheinlich nicht einmal sich selber, daß er sich stets Jobs aussuchte, die seine Fähigkeiten überstiegen, und so wuchsen mit jedem Reinfall seine Erbitterung und das Gefühl der Verfolgung. Heute ist er höchst unerträglich im Zusammenleben: sein Groll macht seinen Mitmenschen das Leben sauer. Er leiert immer wieder dasselbe herunter, wie vorteilhaft es doch wäre, das Haus und die Grundstücke aufzugeben und mit der ganzen Familie in den Norden zu ziehen: aber die Vorteile betreffen fast ausschließlich seine eigene Bequemlichkeit. Teresa macht dazu immer ein ausdrucksloses Gesicht, ihre Antworten sind sanft, aber einmal sagte sie zu mir:

»Verstehen Sie, er ist davon derart blockiert, daß er mich und die Kinder und alles, was praktisch nötig ist, vergessen hat. Manchmal halte ich das einfach nicht mehr aus. Ich renne aus dem Haus, bloß um von ihm weg zu sein, und dann verkrieche ich mich im Bett, und tue in der Nacht, wie wenn er nicht da wäre. Dieser Haß, den er mit sich herumschleppt, dieser furchtbare Haß! Jeder Raum wird davon so klein, bis ich es nicht mehr aushalten kann.«

Ich glaube, Teresa hat eine Möglichkeit gefunden, sich selbst einen Lebensraum zu schaffen, den sie offiziell mit jenen akzeptablen Begründungen verteidigen kann: das Haus, der Boden, die Kinder.

Es ist seltsam, wie sehr wir an der Ansicht festhalten, daß ›einfache‹ Leute, arme Leute zu tiefen, beständigen Gefühlen nicht fähig seien. Wir gestatten ihnen tierhafte Ausbrüche von Wut oder Leidenschaft oder überschäumender Freude, und dann tun wir sie ab als zu unsensibel, als daß sie an dem subtileren Elend leiden könnten – an den psychischen Erbsen, die wir, die Prinzen und Prinzessinnen einer intellektuelleren Welt, ertragen müssen. Uns steht eine Menge Zeit zur Verfügung, in unserer Psyche umherzuschweifen. Wir erzählen einander – bis in quälende Einzelheiten – von unseren Funden, oder wir tun so, als würden wir uns nicht um alles in der Welt preisgeben, während wir uns doch nur nach der Erleichterung sehnen, einen andern langweilen zu können. Ich glaube, dies hat am Ende nichts damit zu tun, daß wir mehr oder tiefer fühlen, sondern daß wir über eine größere verbale Ausdrucksfähigkeit verfügen und mehr Zeit totschlagen können, weil wir eben weniger arbeiten müssen, um am Leben zu bleiben. Frustration ist im Leben eines Menschen eine ständige nagende Qual, die man einem andern fast gar nicht erklären kann. Sie fing nicht eigentlich irgendwo an, und sie hat auch kein absehbares Ende. Handeln bringt nicht unbedingt eine Lösung: Nichtstun läßt sie einfach im Kopf sitzen wie einen großen Teigklumpen, der sich langsam durch die Hefe der Ereignisse aufbläht, bis man nur noch dumpfe, schmerzhafte Verzweiflung spürt. Wir alle begegnen dem auf unsere verschiedene Weise. Teresa traf ihre Wahl, und dann arbeitete sie, um Frieden zu bekommen und das an Sicherheit, was sie selbst zustandebringen konnte. Daß sie es schaffte, ist wahrlich kein geringer Erfolg für eine Frau – oder einen Mann.

»Nichts ist privat in einem Haus mit einem Zimmer. Die Straße ist dein zweites Zimmer, und darum wissen die Nachbarn, wenn die Bettlaken wieder einmal gestopft werden müssen, und wie schäbig deine Unterwäsche ist, und wenn du mit deinem Mann Streit hast, und – wie heute – wann du dir die Zehennägel schneidest. Drinnen im Haus, wo keiner einen sehen würde, kann man das überhaupt nicht. Es ist zu dunkel. Nichts ist privat, aber das heißt nicht, daß man sich daran gewöhnt. Man tut es nicht!
Neun Kinder hab ich hinten in dem Zimmer bekommen, und ich glaube, ich werde dort auch sterben: Alle Männer der Familie sitzen um das Feuer und murmeln: ›Warum beeilt sie sich denn nicht damit.‹ Wenn meine Zeit kam und die Wehen einsetzten, schickte ich meinen Mann zu meiner Mutter – als sie tot war, rief er meine Schwester –, und die verständigte die Hebamme. Die standen dann bei mir am Bett und warteten, wie rasch die Wehen aufeinanderfolgten. Ich hörte das Füßescharren im Zimmer und wußte, jetzt kommen die Männer, einer nach dem andern. Mein Vater, meine Brüder, meine Schwäger, die saßen da alle am Feuer, tranken Wein und warteten. Wenn du einen Laut von dir gibst, wenn der Schmerz dich überraschend packt oder wenn das Kind nicht kommen will und du kannst es nicht aushalten und stöhnst, dann gilt das als Schande. Du hast ein Handtuch im Mund, und jedesmal, wenn es sehr wehtut, beißt du mit den Zähnen drauf und betest zu Gott, daß dir nur kein Laut entwischt. Ich hab immer einen Knoten in das Ende gebunden, damit ich wirklich fest zubeißen konnte, und meine Schwester hatte so eine Art, leise zu singen und mich zu streicheln, daß es besser wurde.
Ich nehme an, daß ich so auch sterben werde. Die Männer sagen immer: ›Die ist eine Tapfere, ja das ist sie.‹ Aber ich werde die Schmerzen nie vergessen. Ich erinnere mich an alle neun Mal, ganz genau an das Gefühl – und jedesmal war es anders, kann ich Ihnen sagen –, und du liegst da und beißt in das Handtuch und gibst keinen Laut von dir. Kein einziges Mal. Und so oft war dann doch alles umsonst. Sechs davon sind gestorben. Dann hätte ich jammern dürfen, das wäre in Ordnung gewesen, aber es gibt Wunden, die bluten nach innen. Jedesmal, wenn eins meiner Kinder geboren werden sollte, hab ich bei mir gedacht, jetzt wirst du sterben!

Dieses Mal wirst du sterben! Dann kam es. Irgendwie, ich weiß nicht, wie ich das erklären soll, aber irgendwie war das, wie wenn ich neugeboren worden wäre. Vielleicht ist es das, was einer Frau Kraft gibt, wenn sie merkt, daß sie schwanger ist. Wenigstens ein Stück von ihr wird weiterleben. Ich hab versucht, an das zu denken, wenn ich gedacht hab, ich muß schreien. Nichts ist hier privat, Geburt nicht, Tod nicht, überhaupt nichts. Da kann man sagen, was man will, man gewöhnt sich niemals daran.«

PINUCCIA

Was Eltern oder Kinder von der *scuola dell' obbligo* halten mögen ist unwichtig, denn diese ersten acht Schuljahre sind genau das, was der Name besagt: obligatorisch. Wenn man sie fragt, zucken die Kinder die Achseln. Es ist etwas, das man eben aushalten muß, über das man nicht nachdenkt – nichts, das man mögen oder verabscheuen könnte. Die Eltern sagen meist, es ist eine gute Sache, weil es heute keine Stellen für jemanden mehr gibt, der dieses Stück Papier nicht hat. Manche sagen, die Kinder müßten zu ›zivilisierten Menschen‹ erzogen werden: das Können ist weniger nützlich als das Stück Papier. Andere geben ihren Ehrgeiz zu. »Meine Kinder sollen nicht so hart arbeiten wie ich. Es gibt jetzt Schulen. Sie können Lehrer oder Buchhalter oder Inspektor werden.« Diese Eltern würden ihre Kinder lieber füttern und kleiden und jahrelang dahintreiben lassen, als daß sie sich zu der körperlichen Schwerarbeit erniedrigten, die der Fluch der Familie gewesen ist. Sie können ja immerhin stolz darauf sein, daß ihre Kinder über derartige Arbeit erhaben sind.

Landarbeiter sehen ihre Vorbilder in denen aus ihrem Umkreis, die anscheinend Erfolg haben und die die Einzelheiten der täglichen Existenz gut geordnet haben. Die allumfassende Regierungsbürokratie bietet Sicherheit und die Chance, zurechtzukommen, nicht Opfer der verwickelten Zustände zu werden. Sie bietet auch einen gewissen sozialen Status, der zwar nicht gehoben ist, einem aber doch eine höfliche Behandlung einträgt wie sie die Eltern nie erfahren haben. Und am Ende des Arbeitslebens gibt es dann eine Pension. Man strebt nach dem Möglichen, und die Schule, dieses Stück Papier, ist das Mittel dazu.

Weil die Schule so wichtig ist, haben sie ganz bestimmte Ansichten über sie, besonders die Mütter, die die Halbheiten eines jeden Schultages mit Argusaugen beobachten. Doch wer würde schon auf sie hören? Keiner – außerdem, Kritik ist gefährlich.

Vier Stunden morgens oder nachmittag gehören der Schule. Um die Kubikmeter-Menge an ›Luft‹ zu erreichen, die man pro Kind für nötig hält, haben die Klassenzimmer im allgemeinen die Dimensionen und die Akustik von Turnhallen. Das ist ein süßsaurer Anflug von Grandiosität, wenn der Mangel an Klassenräumen Schichtunterricht nötig macht. Irgendeine ministerielle Daumen-

regel besagt, daß Tische und Bänke neu sein müssen, wenn das Gebäude alt ist, und umgekehrt, und so wackeln und klappern Schulbänke aus Kunststoff und Stahlrohr auf unebenen Ziegelfußböden, während splitternde Holzbänke, deren Schreibflächen von Generationen von Schülern zerfurcht sind, brav auf grünlichweißen Kachelböden stehen. Dem Klassenzimmer wird vom Schulwart oder der Hausmeisterin eine oberflächliche Aufmerksamkeit gewidmet: sie kehren die alten Tippzettel, Einkaufslisten und Zigarettenkippen um das Lehrerpult zusammen und stellen die Tische wieder gerade, womit sie jene staubige, ordentliche Verlassenheit von Bahnhofswarteräumen erzeugen.
Die Kinder kommen hereingeschlendert in den abgelegten Sachen anderer Familienmitglieder, Kleider, die warmhalten und die von den andern nicht benötigt werden. Manchen läuft dauernd Rotz aus der Nase, ihre Köpfe sind mit Schals umwickelt. Andere schlurfen in Gummistiefeln herum, die so abgetragen sind, daß ihre Zehen herausschauen. Wenn sie sich dann schließlich hinsetzen, ist ihr zerlumptes zigeunerhaftes Aussehen unter rostschwarzen Kitteln mit weißen Spitzenkragen aus Plastik getarnt. Reformen kommen und gehen, aber die schwarzen *grembiule*, die Kittelschürzen, bleiben. Ein paar vergessen regelmäßig, sie anzuziehen, und ein paar andere warten monatelang, daß ihnen das Hilfskomitee der Schule eine gibt. Das Ganze entwickelt sich für alle zu einer Prestigefrage. Jeden Morgen brüllt der Lehrer die Vorschrift, daß die Kittel getragen werden müssen, und damit beginnt der Schultag. Die Anwesenheitsliste wird abgehakt, es folgen ein paar Bemerkungen über die Hausaufgaben, die sehr oft von Kindern nicht gemacht werden, die in Häusern leben, wo im einzigen Zimmer eine Glühbirne mitten von der Decke hängt, dann werden Aufgaben an die Tafel geschrieben.
Die Bedingungen bleiben sich in den Grundschulen süditalienischer Provinzorte bemerkenswert gleich. Sobald die Schüler mehr oder weniger beschäftigt sind, machen es sich die Lehrerinnen bequem, planen ihr Abendessen, setzen eine Einkaufsliste auf. Die männlichen Kollegen treffen sich im Flur zu einer Zigarette und schicken den Schulwart ins nächste Café, damit er ihnen Kaffee hole – nachdem der Schulleiter mit Sicherheit fort ist. Wenn er gegangen ist, können sie damit rechnen, daß er mindestens zwei Stunden wegbleibt: er hat eine Anzahl kleiner Bauernhöfe, die von Pächtern bewirtschaftet werden, und ist davon überzeugt, daß Bauern nur arbeiten, wenn man sie überrascht. Die Lehrer haben

ausgiebig Zeit, Zeitung zu lesen. Alles braucht seine Zeit. Sämtliche Aufsätze und Rechenaufgaben werden zweimal durchgenommen – in der *brutta copia*, einem Rohentwurf voller Korrekturen, und in der *bella copia*, der Reinschrift. Es ist eine doppelte Anstrengung, die das Gehirn für das ganze Leben konditioniert, aber in der Schule trägt das dazu bei, die Zeit verstreichen zu lassen. In einer Klasse wird ein kleines Mädchen mit der Einkaufsliste der Lehrerin ausgeschickt; in einer anderen verbringt ein Schüler, der, wie der Lehrer sagen würde, vom Unterricht doch nicht profitieren würde, der aber weiß, wie er sich beliebt machen kann, den Rest des Morgens damit, Zigaretten zu holen, Nachrichten zu überbringen, sogar für die Frau des Lehrers einzukaufen. Letzteres hält er für das beste: vielleicht kann er ja eine Frucht vom Stand des Obsthändlers stibitzen.
Fünf Jahre lang läppern die Tage sich so dahin, nur die lokalen religiösen Zeremonien bringen einige Abwechslung oder das zufällige Eintreffen eines Ministers, bei dem dann die Schulkinder mobilisiert werden und, immer zwei und zwei, in langen Schlangenlinien dazu beitragen sollen, die Zuschauermenge etwas zu vermehren.
Im Spätwinter 1972 bat ich acht Kinder, die ich seit ihrer Geburt kannte, mich zu besuchen und ihre Schulhefte mitzubringen. Alle waren in der ersten Klasse. Ihre Eltern hatten wenig Schulbildung, die meisten haben das Lesen und Schreiben verlernt, bis auf ihre Namen, und das ist praktisch sowieso alles, was je von ihnen erwartet wird. Die Väter dieser Kinder haben zusammengenommen sechsunddreißig Jahre in Deutschland verbracht. Die Mütter blieben zu Hause und kümmerten sich um die Kinder, die weiterhin mit alarmierender Regelmäßigkeit geboren werden.
Die acht Kinder kamen. Einige waren plötzlich schüchtern, andere wiederholten, was ihnen möglicherweise ihre Mütter gesagt hatten: »Kriegen wir ein Bonbon?« Sie kriegten es. Dann zeigten sie mir ihre Schreibhefte, die voller sauberer Seiten mit A's und B's und C's waren. Kein einziges Kind gab an, diese endlosen Reihen von Buchstaben zu mögen; eines sagte, Wörter wären besser. Weiter hinten waren sie bis zu Silben vorgedrungen, saubere Reihen von Silben, die sich nie zu Wörtern zusammenfügten. Es handelte sich um Übungen, die die Veränderungen der Konsonanten vor den verschiedenen Vokalen aufzeigen sollten. Alle Kinder lasen mir die Lektion für den nächsten Tag vor. Es wurden drei verschiedene Texte in ebenso vielen Abteilungen der ersten

Klasse verwendet. (Es steht den Lehrern frei, aus einer ›bewährten‹ Liste die Texte selbst zu wählen, und das tun sie auch, und zwar je nachdem welcher Vertreter die großzügigste ›Prämie‹ anbietet.) Die Texte hatten gewisse Gemeinsamkeiten – buntkolorierte Illustrationen von Dingen, die außerhalb des Erfahrungsbereichs von Bergkindern liegen: ein kleines Mädchen, das hinter einem Schmetterling herläuft, was Jungen wie Mädchen für gleichermaßen blödsinnig erklärten, ein Segelschiff, angesichts dessen sich ein Junge weigerte zu glauben, daß es überhaupt ein Schiff sein könne, und ein Flugzeug, von dem ein Mädchen sagte, es könne keins sein, weil es bloß ein richtiger alter Autobus mit Flügeln sei. Der Text setzte sich aus sehr langen Wörtern zusammen, die unweigerlich am Zeilenende getrennt werden mußten. Die Konzentration, die die Kinder beim Lesen aufwenden mußten, war eine echte physische Anspannung: die kleinen Körper zitterten vor Anstrengung. Die Zeigefinger drückten so fest auf das Papier unter jeder Silbe, daß die Fingernägel weiß wurden, und die kleinen Stimmchen, die schließlich die Wör-ter her-vor-brach-ten, kamen von Stimmbändern, so gespannt wie Draht. Die Wörter, die sie schließlich aussprachen, und zwar richtig aussprachen, waren erstaunlich. Da Italienisch so gesprochen wird, wie man es schreibt, erwartete ich mir Aufsätze von frühreifer Brillanz. Die kleine Carmela schaute mich mit ihren großen, traurigen Augen an; sie war fertig, und ich war anscheinend nicht zufrieden. Ich erklärte ihr, wie gut sie lese, wie gescheit sie sei, und fragte sie, wie sie das so schnell gelernt hätte. Sie legte ihren Kopf auf meinen Schoß, blickte dann auf und kicherte glücklich.
»Sag mir mal, Carmela, wovon handelt denn die Geschichte? Du weißt doch sicher auch, wie es weitergeht.«
Ihr völlig verwirrter Blick gab mir die Antwort, und meine Überzeugung bestätigte sich, als die übrigen Kinder nacheinander vorlasen. Sie konnten die Wörter aussprechen. Aber man hatte ihnen nichts über die Bedeutung gesagt, die die Wörter haben könnten. Und damit war ein weiterer Schritt des mechanischen Lernens meisterhaft getan.
Ich hätte darüber nicht erstaunt sein sollen. Am Abend zuvor war ich mit einer Landarbeiterfamilie zusammen gewesen, die ich seit fünfzehn Jahren kannte. Einer der Söhne, Salvatore, hatte gerade seinen Militärdienst abgeleistet und suchte Arbeit. Ich erinnere mich an das erste Mal, als ich ihn sah, er war damals etwa neun Jahre, ein kleiner derber Junge mit feinen Gesichtszügen, grauen

Augen und trockenem blondem Haar wie ein neuer Strohbesen, das in erstaunlich vielen unbändigen Wirbeln nach allen Seiten abstand. Er war scheu, und Menschen schienen ihn zu verwirren, denn er sah sie nie direkt an, außer um herauszufinden, ob sie es ernst meinten oder nicht. Dann, als enthielten ihre Gesichter die Antworten auf alle Rätsel, starrte er sie an. Er redete auch nicht viel. Einmal begleitete er mich auf einem Spaziergang entlang der Felder seines Vaters; er zeigte mir, daß die Feldgrenzen nach einer Linie verliefen, die man vom Kamm des Hügels abwärts verfolgen konnte, hinunter zwischen zwei Eichen hindurch, an einem Bohnenfeld entlang, bis zu einem Gehölz, in dem ein Fuchs hauste, und von unterhalb des Brunnens bis zu dem Streifen da drüben, auf den der dritte Ast eines bestimmten Feigenbaumes deutet. Er zeigte mir auch die Falle, die er aufgestellt hatte, um den Fuchs zu fangen, der ihnen die Hühner stahl. Bisher hatte sie noch nicht funktioniert. Er hatte sich eine Schleuder gebastelt, für den Fall, daß der Fuchs sich einmal bei Tageslicht zeigen sollte. Das tat er nie. Ehe ich mich verabschiedete, fütterte er die Hühner und erläuterte mir die wirtschaftlichen Vorteile der Taubenzucht. Seine Mutter neckte ihn, daß er daheim so patent und in der Schule solch ein Maulesel sei.

Er zuckte die Achseln. »Ich will draußen sein«, war alles, was er sagte.

Etwa zwei Jahre später erbot er sich, mir eine Räuberhöhle zu zeigen, die sich als schwarzer Spalt unter einem breiten Felsvorsprung entpuppte. Er sagte mir, wie ich durch den schmalen Eingang kriechen müsse, damit er mir beweisen könne, daß dahinter eine große Kammer liege, in der die Briganten sich versteckt hätten; die Schafhirten hätten ihm das erzählt. Ich tat, wie befohlen, und fand immerhin genug Schafdung, was bewies, daß zumindest die Schafhirten und ihre Herden hier vor den Winterwinden Schutz suchten. Salvatore erklärte mir, die Bande verstecke hier ihre Feuerwaffen, und ich nickte ernst.

Als er älter wurde, war er noch immer gern im Freien, arbeitete mit seinem Vater, aber die Schule war noch immer eine Strafe für ihn. Er war nicht dumm; aber niemand hatte es eben fertiggebracht, die Unterrichtsgegenstände mit der Welt in Verbindung zu bringen, die ihn interessierte. Er mußte die fünfte Klasse wiederholen und ging widerwillig zur Mittelschule, wo er erneut in der siebten Klasse sitzenblieb, aber schließlich die Abschlußprüfung schaffte. Er hatte sein Stück Papier.

Damals war er sechzehn. Die feinen Gesichtszüge hatten sich vergröbert, die Stimme hatte sich in einen kratzenden *basso profondo* verwandelt. Nur das Haar erinnerte noch an den kleinen neunjährigen Jungen mit der Schleuder und der Räuberhöhle. Den ganzen Sommer über arbeitete er für seinen Vater. Im Herbst reparierte er Schaufeln und Hacken, fällte Holz, und dann gab es keine Gelegenheitsarbeiten mehr. Sein Vater erklärte, er könne nicht den ganzen Winter herumhocken, darum tat er, was Freunde von ihm auch getan hatten: Er ging nach Deutschland. Am Abend vor seiner Abreise kam er mich besuchen; er trug ein neues weißes Hemd, das so übermäßig gestärkt war, daß man meinte, die Kragenspitzen müßten den Stoff durchstechen, und eine enge beige Wollhose, gleichfalls neu, aber ihm bereits zu eng und von zu schlechter Qualität, als daß sie länger als einen Monat hätten halten können. Das war seine Prunkausstattung für die Reise. An den Füßen trug er noch immer die verdreckten Ackerstiefel der früheren Jahre. Er sagte immer wieder:
»Ich werde zurechtkommen. Weiß noch nicht genau, was ich machen werde, aber ich werde vorwärtskommen. Machen Sie sich keine Sorgen.«
Vier Jahre lang arbeitete er als Ziegelschlepper auf dem Bau. Als er zum Militär eingezogen wurde, verließ er Deutschland und leistete seine fünfzehn Monate ab, ohne zu murren. An dem Abend, als ich ihn wiedersah, war er einer von den sechshundert jungen Männern von einundzwanzig Jahren, die für neun Stellen in einer Fabrik einige fünfzig Kilometer unten im Tal ausgewählt werden sollten. Irgend jemand in der Familie hatte einen angeblich einflußreichen Mann am Ort beschwatzt und eine Empfehlung erhalten, und der Mann hatte auch gefälligerweise eine Liste möglicher Fragen beigesteuert. Als ich eintraf, saß Salvatore am Feuer und rätselte an den Fragen herum. Silbe für Silbe murmelte er die Wörter vor sich hin, dann schüttelte er den Kopf und fing von vorn an. Er las genauso wie die kleine Carmela am Abend darauf. Der Klang der Wörter war richtig, aber sie bedeuteten nichts für ihn. Er war einundzwanzig, sie sechs. Ich versuchte die Sache ins Komische zu drehen und erbot mich, den Großinquisitor zu spielen und ihm die Fragen vorzulesen.
»Welche Regierungsform hat Italien? Italien ist...« (Eine Republik).
»Es ist in Rom. Die Leute dort in Rom...« Weiter kam er nicht.

»Wer ist Italiens Präsident?« (Das war sechzig Tage nach den Präsidentschaftswahlen: Leone.)
»Wie soll ich das wissen? DeGasperi. War das nicht der berühmte?«
»Wie wird der Präsident gewählt?« (Vom Parlament mit einer Zweidrittelmehrheit der abstimmenden Mitglieder.)
»Ich nehme an, bei den Wahlen. Im nächsten Mai haben wir Wahlen.«
»Wer ist Präsident der Vereinigten Staaten?«
»Nixon.«
»Wer ist der Papst und was ist er?« (Paul VI.)
»Papst Johannes. Er ist der Boß von den Bischöfen.«
»Wo ist sein Sitz?« (Im Vatikan.)
»In Rom.«
»Nein, die meinen nicht bloß Rom. Genauer. Wo?« Er wußte es nicht.
Aber wir strandeten endgültig bei: »Was sind Ihre gesellschaftlichen Verpflichtungen?« Die waren in Mode gekommen, seit er von der Schule abgegangen war: der Begriff bedeutete ihm überhaupt nichts. Seine jüngere Schwester fand ein Lehrbuch, in dem in einem einzigen Absatz die sozialen Pflichten definiert waren, und sie trug ihm auf, diesen auswendig zu lernen. Er zog sich ins Schlafzimmer zurück. Als er sich nach zwanzig Minuten wieder zu uns gesellte, war er rot im Gesicht und schwitzte.
»Ich kann das nicht auswendig lernen. Ich begreife die Wörter nicht.«
Er konnte auch die Antworten auf die übrigen Fragen nicht schriftlich in einer Form wiedergeben, die irgendwie ans Italienische erinnert hätte. Er ist keineswegs dumm, doch er ist – nach zehn Schuljahren, vier Jahren in Deutschland und fünfzehn Monaten Militärdienst – ein funktionsfähiger Analphabet. Als ich ihn fragte, ob er über die Landarbeit inzwischen anders denke, sagte er:
»Nein, aber Sie wissen ja, wie es ist. Mamma hat recht. Alle machen sich über die Bauern lustig. Ich hab mir gedacht, wenn ich diese Arbeit da kriegen könnte, wäre das vielleicht besser. Ich wäre dann nicht bloß ein Bauer.«
Ich glaube nicht, daß Carmela und ihre Freunde leichter mit der Technik des Lesens und Schreibens zurechtkommen werden als Salvatore, aber ich kann nicht glauben, daß es ausschließlich ihr eigener Fehler ist. Und ihre Mütter können ihnen auch nicht sehr

viel helfen. Sie wissen, daß die Lehrer sich höchst oberflächlich um den Unterricht in der Klasse kümmern. Sie sehen, wie ihre Kinder Botengänge erledigen, und sie hören die Lehrer im Dialekt schimpfen, doch wenn sie fragen, wie sie ihren Kindern helfen könnten, sagt man ihnen, sie seien ungebildet und könnten nichts tun. Sie müssen bis zum Ende des Schuljahres warten, um zu erfahren, ob ihre Kinder durchgekommen oder durchgefallen sind. Und am Ende von fünf Jahren wissen dieselben ungebildeten Mütter, daß ihre Kinder nicht richtig schreiben können, immer noch Dialekt sprechen und nur Comics ohne Schwierigkeiten lesen können. Sie haben das erste Stück Papier. Wenn man sie weiterschickt, um die *scuola dell'obbligo* zu beenden, die drei Jahre Unterstufe der Mittelschule mit Französisch und Englisch und, am allerschlimmsten, *noch* mehr Italienisch, dann erwerben sie vielleicht noch ein Stück Papier, aber die Frage läßt sich nicht umgehen: Werden sie fähig sein, irgend etwas zu tun? Werden sie gut genug Italienisch sprechen, um in Rom oder Mailand durchzukommen, wohin sie auf Arbeitssuche gehen müssen? Werden sie imstande sein, die Fragen auf dem Testbogen Salvatores zu beantworten? Werden sie eine Anstellung finden? Wahrscheinlich nicht. In jedem Frühjahr sehe ich mehr Mädchen mit den Müttern zusammen Bohnen jäten, und wenn ich frage, ob sie die Schule beendet haben, fügt die Mutter stets hinzu (gleich, ob das Mädchen ja oder nein genickt hat):

»Aber was macht das schon aus? Die Wahl bleibt doch immer die gleiche. Sie kann da oben sitzen und sticken lernen, während sie wartet, bis sie einen Mann kriegt, oder sie kann hier runterkommen und arbeiten lernen – und außerdem noch ein bißchen Geld verdienen.«

Und die jungen Männer gehen nach Deutschland.

Ein paar Tage nach meinen Mißgeschicken mit Lesen und Schreiben, traf ich per Zufall eine junge Lehrerin, die ich kenne. Vor Jahren begegneten wir einander täglich, oder doch fast täglich, wie dies für das Dorfleben normal ist, und seither trafen wir uns vier-, fünfmal im Jahr, manchmal zufällig auf dem Markt, manchmal bei offiziellen Versammlungen und zu anderen Gelegenheiten, wo wir aus keinem besonderen Grund lange miteinander sprachen. Ich weiß verschiedene merkwürdige Dinge von ihr, die ich in einer anders gearteten Gemeinschaft nicht erfahren hätte.

Pinuccia war das zweitjüngste Kind einer Familie mit drei Söhnen

und vier Töchtern. Der Vater war Schneider. Er starb vor zehn Jahren, kurz nachdem Konfektionskleidung auf dem Wochenmarkt angeboten wurde, doch sein Gewerbe hatte ihm sowieso nie einen ausreichenden Lebensunterhalt eingebracht in dieser Stadt, in der alte Anzüge öfter gewendet als neue gekauft werden. Jeden Morgen strampelte er langsam auf dem Fahrrad den Corso hinunter und ebenso langsam zu den paar Morgen Land hinaus, die ihm gehörten. Er pflügte, jätete, pflanzte oder erntete, wie es die Jahreszeit vorschrieb, und dann, am späten Nachmittag, schob er das hoch mit Feuerholz beladene Fahrrad langsam zur Stadt zurück und den Corso hinauf. Die Familie lebte vom Boden, aber seine Frau und seine Kinder behaupteten immer, er sei Gewerbetreibender, dessen Steckenpferd Feldarbeit sei, und arrangierten ihr Leben dieser Fassade entsprechend.
Signora Di Santis, Pinuccias Mutter, gilt als sehr fromm. Jeden Morgen, den schwarzen Spitzenschleier stramm unter dem Kinn gebunden, läßt sie sich auf einem bestimmten Sitz in einer bestimmten Kirchenbank nieder, um auf den Beginn der Frühmesse zu warten. Sie kommt stets zu früh, aber irgend etwas an ihrem steifen, mißbilligenden Rücken erweckt den Eindruck, daß alle anderen, sogar der Priester, zu spät kommen. Am Abend wiederholt sie ihre Vorstellung beim Rosenkranz. Sie tut dies so regelmäßig, daß Kinder allen Ernstes ihre Mütter fragen, ob die Kirche das Haus der Signora Di Santis sei. Zwischen den Gottesdiensten ist sie zu Hause, unsichtbar, und kocht, möchte man annehmen, bessert möglicherweise Kleider aus, und obgleich sie denkt, es sei ein Geheimnis, pflegte sie früher während dieser Zeit die Hosen zu nähen, wenn ihrem Mann gelegentlich ein Anzug in Auftrag gegeben wurde. Es ist deshalb nicht merkwürdig, daß ihr Spitzname *La Pantalonaia* – die Hosenmacherin – lautet, genausowenig, daß der Spitzname ihres Mannes Bartoli war, nach Gino Bartoli, einem der großen italienischen Radrennfahrer.
Der Ehrgeiz der Eltern war es, sieben *Professori‹* heranzuziehen, aber finanzielle Engpässe und die Natur, ganz besonders die Natur, arbeiteten gegen sie. Einer der Söhne ist Buchhalter, einer Fahrer bei der staatlichen Versicherungsbehörde und einer ist stellungslos, hat sich aber an jeder Kandidatenprüfung für den Verwaltungsdienst beteiligt, die während der letzten acht Jahre stattfand, und gilt daher als ›auf der Warteliste‹. Von den Mädchen ist eine Kindergärtnerin ohne Anstellung, zwei besuchten die Normalschule, wobei Pinuccia das Glück hatte, eine Stelle als

festangestellte Volksschullehrerin zu ›gewinnen‹, und die vierte und jüngste schaffte die höhere Mittelschule nicht und bleibt mit ihren Anfang dreißig Jahren *una signorina de maritare*, eine junge Dame zum Heiraten, was auf etwas taktvollere Weise ausdrückt, daß sie eine alte Jungfer ist. Sie steht ziemlich stark unter der Fuchtel ihrer Mutter. Die übrigen sechs haben geheiratet, nicht so gut, wie sie gekonnt hätten, wie ihre Mutter meint, die nun den Luxus einer kleinen Pension, die in ›Geld‹ gezahlt wird, und die Dienstleistungen zweier Ganztags-Bediensteter genießt – nämlich ihrer jüngsten Tochter und ihrer Schwiegertochter, die mit dem ›Wartelisten‹-Sohn verheiratet ist. Seine Mutter hat ihm erlaubt, die Landarbeit als Steckenpferd zu betreiben.

Vor zwölf Jahren, als Pinuccia zu unterrichten begann, war sie eine schmalknochige, kräftige junge Frau mit einem breiten Gesicht, hohen Wangenknochen und großen dunklen Augen. Sie schaut mit ihnen jedem, der mit ihr spricht, voll ins Gesicht, doch sie verraten nie, was sie dort sieht, geschweige denn, was sie denkt. Rote Wangen waren ihr einziger natürlicher Vorzug, und sie versteckte sie unter einem gelblichbleichen Make-up, weil sie wahrscheinlich glaubte, frische Farben seien ein Zeichen von niedriger Geburt. In ihrer Begeisterung trug sie es manchmal so dick auf, daß nach dem Trocknen braune Risse auftraten, wie bei Porzellan, das zu lange der Hitze ausgesetzt war. Sie war stets sauber und schlicht gekleidet, außer zu den *feste*, zu denen sie uns mit einem engen veilchenfarbenen Kleid, mit regenbogenbunten Pfingstrosen garniert, überraschen konnte. Ihr einziger äußerlicher Mangel (nicht daß sie ihn je als solchen angesehen hätte) ist eine heisere, rauhe Stimme, die durch die Zeit und die Last des Ehelebens kratzend geworden ist.

Die ortsüblichen Euphemismen der sogenannten kultivierten Sprache klingen wie Witze, wenn Pinuccia sie hinausschreit, aber es ist ihr ganz ernst, wenn sie Füße als ›Extremitäten‹ bezeichnet oder sich entschuldigt, daß sie das Wort ›Schwein‹ verwendet, wenn man über Fleisch spricht. Sie würde sich nie auf den Vordersitz eines Autos setzen, ohne zu den hinten Sitzenden zu sagen: »Verzeihen Sie, daß ich Ihnen den Rücken zuwende«, und sie ist nie etwa schwanger, sondern stets schüchtern-zimperlich *in stato interessante*. Aus der jungen Frau, die früher immer sagte: »In der Großstadt macht man das so und so« (in wissendem Ton), und die dann in stillem Flehen um Information hinzufügte: »Nicht wahr?«, hat Pinuccia sich zu einem Abklatsch dessen entwickelt, was sie dachte, sein zu müssen. Zuweilen scheint ihr das selbst nicht überzeugend, aber sozial Tieferstehende dürften nie wagen, dies zu vermuten.

Sie heiratete einen zehn Jahre älteren Büroangestellten, der im Finanzamt arbeitet und bereits eine Glatze bekommt. Er wirkt fast wie eine Karikatur dessen, was er wirklich ist, mit seinem strapazierfähigen altmodischen Anzug und den Schuhen mit den dicken Gummisohlen. Eine Untersuchung seiner Hände ergäbe tief eingegrabene Tintenflecke und lange, nicht sehr saubere Fingernägel. Er trieb früher nachmittags und abends ziellos durch die Straßen, weder zu den gehobenen Ständen noch zu den Bauern gehörend. Jetzt besitzt er einen zerbeulten Fiat 600 und einen kleinen Tweed-Hut – und *fährt* ziellos durch die Stadt. Es paßt zu ihm, daß er boshaft-klatschsüchtig ist. In fünf Jahren haben die zwei drei Kinder bekommen, aber gleichgültig, wie viele sich noch einstellen werden, Pinuccia wird ihren Beruf ebenso wenig aufgeben, wie sie Empfängnisverhütung oder Scheidung je befürworten würde.

Pinuccia ist eine Autorität bezüglich ihrer ›Rechte‹ und dreht es stets so hin, daß sie den vollen Mutterschaftsurlaub und die täglichen Freizeiten zum Stillen des Neugeborenen erhält. Außerdem spricht sie ziemlich viel über die mehr oder weniger intimen Dinge in ihrem Haushalt. Deshalb weiß ich, daß ihr Mann Unterhemden trägt, die sie für ihn strickt und die er alle zwei Wochen wechselt, wenn er badet (wenn es nicht zu kalt ist). Sie verwendet noch immer waschbare Hygienebinden und rührt an ›diesen Tagen‹ kein Wasser an. Ihr Mann liebt *baccalà* (getrockneten Stockfisch), besteht auf unraffiniertem Olivenöl und trinkt zum Mittagessen einen Liter Wein. Eines ihrer Kinder hat Leberbeschwerden. Sie wickelt ihre Babys mindestens die ersten sechs Monate lang und ist überzeugt, daß solange sie stillt, keine Gefahr für eine neue Schwangerschaft bestünde.

Ihre körperliche Adrettheit ist zu einem großen Teil verschwunden. Die Blusen sind fleckig, Knöpfe fehlen oft. Das Haar wäscht sie sich nur zu Feiertagen, und an ihrer Figur quellen seltsame Klumpen und Polster hervor. Alles an ihr ist in Lethargie abgesackt – außer ihrer Zunge. Kürzlich berichtete sie mir, daß ihre Schwiegermutter zu ihnen in die Wohnung (zwei Schlafzimmer, ein Wohnzimmer) gezogen sei.

»Also, sie ist natürlich eine Hilfe im Haushalt, aber sie befiehlt meinem Mann immer, was er tun soll, und das macht mich

wütend. Meine Mutter hat recht: eine Familie – eine Wohnung. Man kann nicht zwei Füße in einen Schuh stecken.«
Pinuccia ist weder besser noch schlimmer als andere. Sie macht ihre Arbeit so gut, wie sie das versteht, aber wenn sie die Wahrheit sagen sollte, sie müßte zugeben, daß ihr Beruf für sie eine Verdienstquelle und gesellschaftliches Prestige bedeutet, nichts sonst. Hier das Gespräch, das wir über Salvatore und die Kinder führten, die mir vorgelesen hatten.
»Natürlich unterrichte ich, weil ich meine Arbeit liebe, aber wenn Sie bloß wüßten, wie unmöglich das mit *diesen* Kindern ist. Sie kommen dreckig zur Schule, sind unausgeschlafen, haben die Hausaufgaben nicht gemacht, und außerdem sind sie noch stur. Wenn ich sie frage, warum sie die Hausaufgaben nicht gemacht haben, zucken sie nur mit den Achseln. Es ist ihnen egal. Sie sehen keinen Sinn darin, zur Schule zu gehen. Und von den Familien kann man auch keine Hilfe erwarten. Die sind alle völlig ungebildet, oder doch fast alle. Unter dreißig habe ich drei oder vier Kinder, die gut sind – *oh Dio*, nein, nicht gut, aber sie sind wenigstens zu unterrichten und geben sich Mühe, aber natürlich kommen sie auch aus anderen Familien. Die eine ist die Tochter eines Lehrerkollegen, einer ist der Sohn eines Arztes, und der dritte der Sohn eines Kollegen meines Mannes. Der Rest, also, ich versuche ja mein Bestes, aber am Ende bleibt einem nichts anderes übrig, als sie anzubrüllen – und ja, ich gebe es zu, in Dialekt. Die sind zu stumpf, um Italienisch zu verstehen, oder sie tun so. Mittags, wenn der Unterricht zu Ende ist, bin ich erschöpft. Es ist schwer, zu unterrichten und sich außerdem um das Haus und die Familie zu kümmern. Deshalb lasse ich mir immer die Morgenschicht geben. So habe ich dann alles fürs Mittagessen fertig, wenn mein Mann um zwei nach Hause kommt, und der Tag kann dann normal weiterlaufen. Aber es ist eine harte Arbeit.
Manchmal drängen sie einen, daß man Kurse besuchen soll. Das mag mein Mann dann gar nicht. Außerdem ist es sowieso meist Zeitverschwendung. *Scuola Attiva, Scuola Democratica*, diese ganzen Sozialhelfer, die da herumrennen und rausfinden wollen, ob die Kinder gesund sind, und die wollen, daß wir das auch tun. Ich sage, daß ist Sache der Ärzte, und überhaupt, Schule So-und-so und Schule So-und-so, das mag ja eine Weile in Mode sein, aber das geht vorbei, und wir müssen denen immer noch Lesen und Schreiben beibringen.
Gerade haben sie die Kindergärten in das staatliche Erziehungs-

programm aufgenommen, und alles ist noch ziemlich durcheinander, aber in ein paar Jahren werden Kinder ihre Buchstaben im Kindergarten lernen und die Arbeit der Volksschullehrer wird dann leichter sein – das heißt, wenn das Ministerium in Rom das Programm nicht ändert. Die führen Veränderungen ein, manchmal bloß, um etwas zu verändern. Ich meine, sie gehen von einer Methode, die funktioniert, zu einer andern über, die einfach nicht sein dürfte – wie zum Beispiel gemischte Klassen, Jungen und Mädchen zusammen in einer Klasse, und sie benützen noch dazu die gleichen Lehrbücher. Also, das mag ja in Amerika gutgehen. Wir machen denen immer alles nach, als ob ihre Ideen und Methoden besser wären als unsere. Ich mag diesen ganzen ausländischen Einfluß nicht. *Er* hatte nicht unrecht, als *er* sagte, Italien den Italienern! Wie gesagt, gemischte Klassen funktionieren vielleicht in Amerika, aber sie sind nicht gut für Italien. Man kann es nicht ändern – wir sind eben heißblütig. Stecken Sie die Kinder zusammen, und sie sind genau wie Tiere und sind genauso ausgelassen wie die Tiere bei sich zu Hause. Sie fangen an, häßliche Spiele zu spielen, und wo ist da dann ein Ende? Das begreifen die in Rom nicht. Heißes Blut, sage ich Ihnen. Jungen und Mädchen dürften nicht gemeinsam in einer Klasse sitzen.

Und die Schulbücher. Da ist es genauso. Ich bringe ihnen bei, was recht ist, nicht? Das ist die Arbeit eines Lehrers, nicht? Aber was ein Junge wissen muß, ist etwas anderes, als was ein Mädchen wissen muß. Sie müssen lernen, was von ihnen erwartet wird. Ich habe immer so ein gutes Buch in den Mädchenklassen verwendet – jetzt geht das nicht mehr, aber früher, ja –, daß die Madonna eine Mutter ist, genau wie die eigene, und daß wir eines Tages auch Mütter sein werden, deshalb müssen wir vor unseren Müttern Respekt haben, ihnen im Haushalt und mit den Babys helfen. Es war keine Predigt, aber es war richtig für diese Mädchen. Schließlich, wozu müssen sie lesen und schreiben können? Sie brauchen es nicht wirklich, außer – ja, doch, sie sollten schon wissen, wie es geht –, aber was sie lernen *müssen*, ist, welches Verhalten man von ihnen erwartet. Und wenn wir ihnen das nicht sagen, wer dann?

Nein, ich meine nicht, daß ich die Mädchen auf die Arbeit in einer Fabrik oder auf irgendeinen anderen Beruf vorbereiten sollte – nicht mal die Jungen. Das sind Kinder vom Land. Bauern sind keine zivilisierten Menschen, und sie unruhig zu machen, sehnsüchtig nach etwas, das sie nicht bekommen können und nicht leisten könnten, wenn sie die Chance hätten – das wäre doch

Unsinn. Schön, die Welt ändert sich, aber nicht so stark und nicht hier unten. Glauben Sie mir, ich kenne diese Leute. Diese Kinder müssen lernen, was *richtig* und was *falsch* ist, ohne daß man ihnen die Köpfe mit Ideen vollstopft, die sie nie begreifen können, und wenn Sie anderer Ansicht sind, dann tut es mir leid, aber *wir* wissen, was sie brauchen.«

»Wir haben keine von den Kupferpfannen je wiedergesehen. Mein Kleiner hat sie aus dem alten Haus weggetragen, aber er hat vergessen, wo er unterwegs halt gemacht hat. Ich weiß bloß, er ist runter ins Tal gegangen und dann wieder raufgestiegen, und wir mußten mit den Möbeln den langen Umweg machen. Es war schon schlimm genug, die schweren Sachen zu schleppen, auch ohne Kletterei. Einen Lastwagen? Nachdem wir Lampen und einen Herd gekauft haben – früher, mit dem Kamin und dem Gasbrenner, da haben wir nie einen Herd gebraucht –, da war kein Geld mehr übrig. Außerdem, der Lastwagen hätte ja gar nicht bis zu unserm alten Haus fahren können, wir hätten sowieso alles bis zur Piazza bringen müssen. Meine Schwestern und meine Mutter haben geholfen. Es hat den ganzen Tag gedauert, aber wir waren fertig, bevor es dunkel wurde. Wir haben nicht genug Möbel, und was wir haben, ist alt und schäbig, aber es macht mir nichts – einfach zwei Schlafzimmer und eine Toilette haben, die Wasserspülung hat, manchmal. Das reicht für jetzt.
Wenn ich zwei Ferkel kaufe, vielleicht zu Weihnachten, kann ich daran denken, ein richtiges Bett für die Kinder zu kaufen, das heißt, wenn mein Mann mir das Geld nicht wegnimmt. Er ist mit dem Umzug überhaupt nur wegen der Miete einverstanden gewesen. Die ist tausend Lire im Monat billiger (3,50). Im Kopf hat er die schon öfter ausgegeben, als er noch Monate zu leben hat. Er hat nicht hier rüber in das neue Haus ziehen wollen. Er sagt, wir sind zu weit von der Piazza weg, und es gibt keine Geschäfte. Wir sind Bürger zweiter Klasse, sagt er, kein Briefträger, kein Müllwagen, keine Protektion. Aber die Männer reden ja immer über unwichtige Sachen. Wir kriegen sowieso nie Post, und irgendwann wird es auch da mal eine Müllabfuhr geben. Und die Piazza, da kann er hinlaufen, genau wie ich. Männer sind eben so, immer halten sie sich an die unwichtigen Dinge. Sie verbringen nicht viel Zeit in einem Haus, und alles, was sie wirklich wollen, ist, daß ihre pasta *fertig ist, wenn sie heimkommen. Alles andere, getrennte Zimmer, Toilette und Wasser im Haus, das ist ihnen egal. Wenn sie das nicht haben, dann reden sie darüber, wohlgemerkt, aber wir müssen damit fertigwerden. Wir sind es doch, die zurechtkommen müssen – wie die Dinge auch sind.«*

CETTINA

Peppina, Ninetta und Teresa sind keine sich gänzlich aufopfernden Frauen. Wenn sie sich für ihre Familien abrackern, dann auch sich selbst zuliebe. Sie sehen ihr Leben nicht von der Familie getrennt, und sie spüren auch keinen Antrieb, für sich selbst ideale Bedingungen zu finden. Sie sind erfolgreich, wenn sie die Lage meistern, in der sie sich befinden. Cettina, die fast eine Generation jünger ist, hat die entgegengesetzte Richtung eingeschlagen: Sie läßt ihren Mann und zwei Kinder wie angehängte Beiboote in ihrem Kielwasser hinter sich hertanzen. Vielleicht ist sie typischer, als man gern denken möchte.

Sie und ihre Freundinnen wuchsen heran, indem sie ein Auge fest auf den Fernsehschirm gerichtet hielten. Sie schauten sich regelmäßig das allseits beliebte Programm von dreißig Minuten ununterbrochener Werbung an und entwickelten sich zu eifrigen Verbrauchern, wenn auch nur in der Phantasie. Sie brauchten ja nur zu warten, bis das ›italienische Wirtschaftswunder‹ über sie kommen würde wie eine goldene ansteckende Krankheit. Sie verbrachten ihre Zeit angenehm mit bunten Unterhaltungssendungen, mit Preisrätsel-Shows und alten amerikanischen Filmen. Ihre Kenntnisse hinsichtlich der Lebensgewohnheiten von Filmstars und über die Aussteuer der neuen Braut des Schahs von Persien waren enzyklopädisch; sie ließen keine Nummer eines Magazins aus, das den bezeichnenden Titel *Grand Hotel* hatte. Den murrenden Pessimismus ihrer Eltern wischten sie mit einer Verachtung vom Tisch, die ihren Müttern Prügel eingetragen hätte. »Was wißt *ihr* denn schon von der Welt? Ihr seid doch hier an diesem Ort begraben, den sogar Gott vergessen hat. Arbeit, Arbeit, Arbeit! Mehr wißt ihr nicht! Und was habt ihr dafür gekriegt? Nichts! Also heute ist das anders. *Wir* sind nicht so blöd wie ihr.« Sie waren viel zu sehr damit beschäftigt, ihre Träume und Ansprüche auszufeilen, als daß sie sich über die Schule Gedanken gemacht hätten. Über Prüfungen redeten sie salopp, noch saloppe über ihr Versagen dabei. Sie waren die gierigen Voyeure des ›wirklichen Lebens‹, und wenn dieses Leben auch weiterhin eine nicht greifbare Zukunftsattraktion blieb, so sahen sie sich doch in ihren Träumereien, wenn nicht mit einem weißen Telefon, so doch zumindest mit einem weißen Teppich auf dem Fußboden und dem dazu passenden Ehemann.

Vor fünfzehn, ja noch vor zehn Jahren wäre schwer zu sagen gewesen, wie Cettinas Leben wirklich verlaufen würde. Zunächst ignorierte Maria, Cettinas Mutter, das merkwürdige Grollen der Veränderung, tat es als absonderliches Ereignis und Geschmack jener ›anderen‹ Welt ab. Sie erwartete ebensowenig, irgendwann einmal ›Moplan-Plastik‹ zu kaufen, wie sie damit rechnete, sich an einem Weltraummanöver der Sowjets oder an der chinesischen Kolonialisierung Albaniens zu beteiligen. Laßt doch die Muttergottes von Lourdes in einem Hubschrauber herumwandern und Alberto Sordi die Vorzüge der unmöglichsten Maschinen anpreisen: der Waschmaschine und der Geschirrspülmaschine. Das ist ja ganz interessant zum Anschauen, aber kaum wichtig, wenn man mit vier Kindern aus einer Einzimmerwohnung über einem Stall gerade in eine Dreizimmer-Wohnung gezogen ist, in der es selten Wasser gibt und gerade genug Elektrizität, um das Radio laufen zu lassen, wenn man das Licht nicht andreht. Und Putzlumpen weichen gut genug in der alten Emailleschüssel. Für Maria war das Leben ausschließlich eine Frage der Praxis. Sie dachte gar nicht daran, Geld für so neumodisches Zeug auszugeben, bloß weil das neumodisch war. Dieser Fernsehapparat war dafür ein gutes Beispiel.

»Also, warum in Gottesnamen brauchen wir *das da*, wenn man manchmal abends nicht mal ein Flimmern rauskriegt? Außerdem kommt die ganze Nachbarschaft in mein Vorderzimmer, und zwei von den Kindern können nicht auf ihrem Bett schlafen. Manchmal abends, wenn das Programm zu Ende ist und ich das Licht wieder anknipse, schlafen sie alle – die Männer, die Frauen und die Kinder –, sie schlafen alle! Also, warum haben wir das gebraucht? Schlafen können die doch zu Hause.« Wenn sie erregt war, und das war sie oft, wurde ihre Stimme schrill. »Also, die Antwort ist, daß mein Mann gesagt hat, daß er nicht daran denkt, für einen gehalten zu werden, der verhungert, besonders jetzt, wo er doch *fast* eine Arbeit hat. Und darum haben wir – die Cafés nicht mitgerechnet – so ziemlich den ersten Fernseher in der Stadt, und ich hoffe bloß, alle sind beeindruckt, weil mir nämlich die Ratenzahlungen sechsunddreißig Monate lang schwer im Magen liegen werden.«

Die Träume und Wünsche, die Maria in ihrer Jugend bestürmt haben mögen, sind lange unter den Lebenstatsachen verrostet. Sie gesteht, sie habe sich vorgestellt und versucht, sich ein bestimmtes Ziel im Leben zu setzen: sie wollte keinen Bauern heiraten. Ihr gutes Aussehen war ihr einziges Kapital gewesen. Als Mädchen war sie groß und schlank, hatte ein feingeschnittenes ebenmäßiges Gesicht und tiefblaue Augen, die strahlten, als ob alles, was sie wahrnahmen, sie amüsierte. Sie hatte mehr Verehrer, als ihr lieb war, und alle waren sie kleiner als sie, aber was machte das schon aus? Kleine Männer mögen große Frauen, sagte sie oft und lachte dabei. Da fühlen sie sich groß und männlich. Mit zwölf Jahren begann sie auf dem Feld zu arbeiten, zunächst mit ihrer Familie, um es zu lernen, dann als Arbeiterin. Sie war gefragt, und nicht ausschließlich wegen ihrer jugendlichen Kraft, aber sooft sie die *padroni* auch wechselte, sie begegnete nur Bauernjungen.

Dann, in einem Winter in der Stadt, kam abends häufig ein junger Mann namens Pancrazio und saß mit ihnen am Kaminfeuer. Sein Vater war ein Bauer gewesen, der jung gestorben war, und seine Mutter besaß nichts außer einem Zimmer über einem Stall. Sie hatte eine Tochter und einen Sohn mit dem Lohn aufgezogen, den sie als Dienstbotin im Haus des *padrone* ihres Mannes erhielt, und mit der Vermietung des Stalles, wenn sie tatsächlich einmal jemanden fand, der ihn brauchen konnte. Schließlich verkaufte sie den Stall, um eine Mitgift für ihre Tochter aufzubringen. Pancrazio war damit nicht einverstanden. Nicht nur, daß er dabei um seinen Anteil betrogen wurde, der Stall wäre auch ein höchst wertvolles Objekt für eine Tankstelle gewesen, da er so nahe bei der Piazza lag – irgendwann einmal, wenn die Stadt mehr als stolze zwei Autos besitzen würde, die alle beide Mietwagen waren und Tag und Nacht am Brunnen parkten. Und obwohl man in dem Stall nur zwei oder bestenfalls drei ›Topolinos‹ hätte unterbringen können, malte sich Pancrazio aus, wie er eine Autowerkstatt für die Honoratioren der Stadt betreiben würde. Er hatte schon früh erkannt, daß weder Feldarbeit noch handwerkliche Arbeit eine respektable Zukunft bieten würde. Den Lebensunterhalt, das ja, aber kein Ansehen. Er war ein wachsamer junger Mann, und er hatte genug Zeit gehabt, sich das Gehabe der feineren Leute anzusehen und sich darüber Gedanken zu machen. Er tat sein Bestes, das zu kopieren, was ihm das Wesentlichste ihrer Überlegenheit schien. Die Fingernägel an seinen kleinen Fingern sind lange, verhornte Krallen. Und wenn auch seine Kinder zuweilen hungrig ins Bett gehen mußten, er trug stets Kammgarnhosen, eine Jacke, ein Hemd mit den Resten eines Kragens und eine gestreifte, ziemlich fettige Krawatte; wenn sie nicht gerade als Abzeichen seiner Würde zu dienen hat, hängt sie geknotet und griffbereit am inneren Knauf seiner Wohnungstür, falls der Notfall eintreten sollte und man sie braucht. Ehe er genug Geld gespart hatte, sich einen Mantel aus zweiter Hand zu kaufen, sah ich ihn mitten im Winter auf der Piazza herumlungern: er zitterte vor Kälte, aber er trug nur einen Wollschal über dem gewohnten Prunkstaat. Der schwarze Radmantel seines Vaters hing an einem Nagel in der Tenne, aber Pancrazio wäre lieber erfroren, als daß er ihn übergezogen hätte, denn so wäre er als Bauer erkennbar gewesen. Als das Kleingeld in seiner Tasche noch von seiner Mutter kam, wenn sie es auch kaum entbehren konnte, rauchte er teure Zigaretten und lud jeden zu einem Kaffee ein, der zufällig an der Theke stand, während er seinen trank. Eine überschwengliche Geste, und Männer, die zwar auch nicht reich, aber besser dran waren als er, machten davon gern Gebrauch, ohne sich mit mehr als einem Nicken zu bedanken.

Die Jahre vergingen, und sie brachten Pancrazio eine gewisse Sicherheit, wenn auch keinen Wohlstand; aber er versucht noch so hartnäckig wie früher, den Schein der Wohlhabenheit zu bewahren. Heute trinkt er Französischen Cognac beim nachmittäglichen Kartenspiel und fährt in einem uralten Fiat 500 zur Piazza, der unter Krachen und Stottern Bolzen, Dichtungsringe und Metallteile verliert, und der ausgeweidet zu sein droht, ehe Pancrazio die letzte Rate bezahlen kann. Bis vor kurzem arbeitete Maria auf dem Feld, wann immer es ihre Gesundheit und die Abtreibungen und Geburten erlaubten – immerhin sechs Kinder kamen zustande. Dann verbot ihr Pancrazio die Feldarbeit, weil es ›nicht gut aussieht‹, obwohl sie das Geld immer noch nötig hatten.

Zu keiner Zeit kann Pancrazio eine romantische Figur gewesen sein. Er ist nicht groß, und sein Körper erinnert an ein Skelett: nur Ellbogen, Schulterblätter und Knie. Aber Maria sieht ihn anders, nicht dürr, sondern ›feinknochig‹, und da dies keine bäuerliche Eigenart ist, ist es zu bewundern. Er hat das wissende, schon in der Jugend alt wirkende Gesicht eines halbverhungerten Kindes, vorstehende Augen, einen verkniffenen Mund und eine lange dürre Nase. Zum Ausgleich für seine mangelnde körperliche Attraktivität wollte er kein Bauer werden und ein eigenes Haus besitzen, oder er würde es besitzen, wenn seine Mutter tot war. Wenn das erstere Maria genügte, das zweite Argument überzeugte ihre Familie. Bald waren die beiden verheiratet und zogen in diesen einen Raum zu seiner Mutter. Dort lebten sie zwölf Jahre, und dort wurden vier ihrer Kinder geboren.

Pancrazio hatte keine regelmäßige Arbeit. Er trug für die Poststelle Telegramme aus und Eilbriefe, für einen Lohn von zehn *lire* das Stück. Wenn es an einem Tag zehn gab, eine ungewöhnliche Flut, dann war in der Stadt etwas Wichtiges geschehen. Pancrazio trug Einladungen zu Hochzeiten aus, Taufankündigungen, und alles zum gleichen Preis, wobei er das Postministerium um zehn *lire* unterbot. Kein Botengang war ihm zu gering. Wenn genügend Leute Bescheinigungen oder Formulare einreichen wollten, dann nahm er um sechs Uhr morgens den Bus in die Provinzhauptstadt und kehrte um vier Uhr nachmittags zurück: für eine Pauschalsumme von 300 *lire* pro Person (etwas über eine DM). Er kaufte Waschmittel, das zur Zeit neue Wundermittel, en gros ein, füllte es in Fünfkilopakete ab (abzüglich einiger hundert Gramm oder so, die er für seine legitime Kommission hielt) und verkaufte zu einem Preis, der vom Standpunkt des Verbrauchers niedrig, aber höchst profitabel für ihn war. Es gab eine Zeit, da fuhr er regelmäßig nach Neapel und kehrte mit einem Sack voll Taschenradios zurück, die damals gerade so populär waren. Meist verfügte er über ein paar Kartons geschmuggelter amerikanischer Zigaretten, und eine Zeitlang dachte er daran, einen Schwarzhandel mit Fernsehgeräten aufzuziehen, wurde aber von der Unhandlichkeit der Ware und der infolgedessen größeren Gefahr davon abgehalten. Außerdem baute er sich einen ruhigen Nebenerwerb auf: er vermittelte willige Frauen an Regierungsangestellte, die ihre öden Wochentage in Mietzimmern vertrauerten, bis sie zum Wochenende nach Hause fahren konnten.

›Geschäfte‹ und angeborene Neigung hielten Pancrazio auf der Piazza fest. In gewisser Weise hing sein Lebensunterhalt davon ab, ständig verfügbar zu sein und alles zu wissen, was geschehen war oder vielleicht passieren würde. Er hatte mehrere Informationsquellen, aber der *Comune*, die Gemeindebehörde, war zweifellos die beste. Der Hauptraum war eine Art allgemeiner Warteraum, der ihn ursprünglich angezogen hatte, weil er im Winter trocken und warm, im Sommer kühl war. Mehrere Monate saß er da mit all den anderen herum, als warte auch er, aber auf dem Sprung, beim Anblick des Sekretärs oder des Bürgermeisters sogleich auf die Treppe hinauszuschleichen. Dann – vorsichtig zunächst – half er den Leuten, ihre Formulare auszufüllen (wobei er gelegentlich weitere Kandidaten für seine Fahrten zum Regierungssitz anwarb): niemand hatte etwas dagegen. Man brachte ihm sogar aus einem Büro einen kleinen Tisch und stellte ihn direkt hinter die Eingangstür. Er begann so etwas wie ›Bürostunden‹ einzuhalten. Schon bald verließen sich die Beamten darauf, daß er ihnen den Morgenkaffee brachte, und überließen ihm vertrauensvoll ihre Telefonate, wenn sie in Privatangelegenheiten mal rasch auf die Piazza hinaus verschwinden wollten.

Seine inoffizielle Anwesenheit war fest etabliert, als der Gemeindesekretär versetzt wurde. Der Nachfolger hatte als Schreiber in größeren Gemeinden gearbeitet, war soeben befördert worden und war wie die meisten frisch gesalbten Potentaten mehr mit seinen Vorrechten als mit seinen Pflichten beschäftigt. Als er am ersten Tag genau um ein Uhr, also eine Stunde vor dem offiziellen Dienstschluß, das Bürgermeisteramt verließ, reichte er Pancrazio einen Stapel Briefumschläge, wünschte ihm ›guten Appetit‹ und ging davon in Richtung Piazza. Nun ist Pancrazio, wie er sagt, nicht der Mann, einer so bedeutenden Person wie dem Stadtschreiber einen Gefallen zu verweigern, doch am Tag darauf wiederholte sich die gleiche Szene, ohne einen anderen Kommentar als ›guten Appetit‹. Und so auch am nächsten und übernächsten Tag. Am fünften Tag blieb Pancrazio seinem kleinen Tisch im Gang fern. Am sechsten Tag rief ihn der Sekretär kurz vor neun Uhr in sein Büro, schimpfte ihn aus, weil er tags zuvor nicht erschienen sei, und entließ ihn dann mit einem Packen Rechnungen, die, wie er sagte, sofort vom Stadtkämmerer erledigt werden müßten. Pancrazio war zwar bereit, jemandem einen Gefallen zu tun, aber er ließ sich nichts *befehlen*, wofür er nicht bezahlt wurde – und das sagte er.

»Insubordination«, schnaubte der Stadtschreiber. »Ich lasse mir von keinem Angestellten Insubordination bieten. Und jetzt verschwinden Sie!«

»Sie können mich nicht so beleidigen!« rief Pancrazio.

Beide Männer waren so sehr damit beschäftigt, ihre Würde zu schützen, daß sie das Mißverständnis gar nicht bemerkten, bis zwei Angestellte aus der Registratur herbeistürzten, um den Streit zu schlichten. Sie versicherten dem einen, Pancrazio sei kein Regierungsangestellter, der für ein höheres Gehalt in Streik getreten sei, und dem anderen, der Sekretär habe geglaubt, er sei rechtmäßig angestellt und habe ihn darum für nachlässig in der Erfüllung seiner Pflichten gehalten. Pancrazio war tief gekränkt.

Seine persönliche Ehre war in Frage gestellt worden: nur eine öffentliche Entschuldigung würde den Schaden wiedergutmachen können, den seine Reputation erlitten hatte. Der Sekretär gebot Stillschweigen. Er müsse nachdenken, sagte er. Dann wendete er sich ab, wühlte in einem Stapel Akten, bis er mehrere zusammengeheftete Bogen fand, setzte sich und begann die Ziffern mit der Feder abzuhaken. In den darauffolgenden Jahren erfuhren wir alle, daß er das Innenministerium verdächtigte, eine systematische Kampagne gegen ihn zu führen, um ihn zu demütigen. Er bemaß Macht nach der Anzahl der Untergebenen, und in seiner derzeitigen Position hatte er das *Recht*, einen Botengänger und einen Türhüter zu haben: daß er beides nicht hatte, war eine bewußte Beleidigung. Pancrazio verstand nie genau, wieso und warum, aber als er an diesem Morgen aus dem Büro des Stadtsekretärs kam, war er der neue ›provisorische‹ Rathausbote mit einem Monatsgehalt von 12000 lire (knapp 40 DM), das aus dem Hilfsfonds für Flutopfer abgezweigt wurde, und dem Recht, sich von allen im *Comune* vorstellig werdenden Leuten bestechen zu lassen.

Er hatte diese Quasi-Stellung bis vor sechs Jahren inne, als man die *Comune* eines ›Portiers‹ für würdig befand. Dieses allgemeine Faktotum, Türsteher und Aufseher im Wartesaal, sollte unter invaliden Kriegsveteranen, Kriegswaisen oder zivilen Unfallopfern ausgewählt werden. Pancrazio erfüllte keine dieser Voraussetzungen, war aber zugleich der stärkste Kandidat, eine Situation, die in süditalienischen Lokalaffären an der Tagesordnung ist. Das offizielle Rom mochte ja wohl den *modus operandi* festlegen, doch in der Praxis wendete der Stadtrat pragmatischere Methoden an. Schon ein flüchtiges Erwägen der Geheimnisse, die Pancrazio kannte, bestätigten ihn als wünschenswerten Kandidaten. Seine versteckten Winke bewirkten das ihre. Auf der Piazza sprach er von seinen jahrelangen selbstlosen und loyalen Diensten, von dem Versprechen, das ihm der Stadtschreiber bei der Einstellung gegeben habe, daß es auf automatische Anstellung hinauslaufe, auch wenn es nur eine Bestallung unter der Hand sei. Hintenherum arbeitete er mit ›freundlichen Kollegen‹, wie er sie nannte, zusammen, um eine eindrucksvolle Sammlung von Beglaubigungsschreiben (alle gefälscht) zu fabrizieren: das eine bestätigte seine Armut, ein anderes, daß er in einer Wohnung hause, die als baufällig und unhygienisch bezeichnet wurde, das dritte und wichtigste gab an, er sei ›irgendwie‹ ein wenig an der Lunge geschädigt, durch Vernarbungen, infolge einer nun abgeheilten akuten Tuberkulose, die er sich jedoch *während* des Krieges zugezogen habe. Und so wurde Pancrazio durch bürokratische Gnade und allwissende Nachsicht ein verarmtes Zivilopfer eines Krieges, der ihn in keiner Weise je berührt hatte, und *ipso facto* Angestellter der Gemeinde mit einem winzigen Salär, staatlicher Krankenversicherung und Pensionsberechtigung.

Seltsamerweise brachte sein neuer Status wenig Veränderungen mit sich. Er gab seine lukrative Tätigkeit als ›Vermittler‹ auf (außer für einige wenige prominente Kunden, denen er es nicht abschlagen konnte), da dies einem Mann in seiner Position nicht anstehe, und er machte eine Anzahlung auf den alten Fiat, den er nicht brauchte, sich nicht leisten konnte, der aber ebenfalls eine Prestigesache war. Die Abende hatte er sowieso nie zu Hause verbracht. Jetzt stand er nicht mehr wie früher auf der Piazza herum, sondern er und seine ›Kollegen‹ machten es sich im Hinterzimmer eines Weinladens bequem, wo sie Karten spielten, aßen, was die Frau des Weinhändlers für sie kochte, und natürlich den dunklen Rotwein literweise tranken. Wenn Pancrazio nach Hause kam, war er ärgerlich und halb betrunken. Die Kinder begriffen rasch, daß es dann besser war zu schlafen.

Für Maria hatte sich wenig oder gar nichts geändert. Arbeit und Sorgen, sechs Kinder und mehr als nur eine geringe Unzufriedenheit hatten ihren Tribut gefordert. Es war ihr nicht entgangen, daß ihr Plan irgendwie fehlgeschlagen war, daß sie zwar nicht mit einem Bauern verheiratet war, aber selbst eine Bäuerin geblieben war und darum die Plackerei und das geringe Ansehen von ihresgleichen auf sich nehmen mußte. Sie war noch immer eine eindrucksvolle Gestalt, groß und ziemlich kräftig, und hatte wie viele andere Frauen auch einen vorstehenden Unterleib. Während ihr Körper zunahm, verschrumpelte ihr Gesicht zu einem Netz feiner Runzeln, und das Ausfallen beinahe aller Zähne ließ die Lippen und die Haut um den Mund einfallen, so daß sie wie eine jener alten Frauen aussah, die sich weigern, ihr Gebiß zu tragen. Sie war fünfundvierzig Jahre alt. Sie litt häufig unter ›Leberanfällen‹, die wir als Gallenblasenkoliken bezeichnen würden, und wenn sie schwere Sachen auch nur kurz schleppte, neigte sie zu Blutungen, doch sie arbeitete noch immer weiter auf den Feldern, wenn es ging, und sie kochte und machte den Haushalt für einen Lehrer. Sie arbeitete, weil es notwendig war, nicht aus freiem Entschluß. Pancrazio war immer alles andere als großzügig mit dem Haushaltsgeld gewesen, denn er sah Brot und Pasta als ausreichende Nahrung und jede Art Bedeckung als ausreichende Bekleidung für seine Familie an. An Markttagen war Maria ständige und einfallsreiche Kundin vor dem Altkleiderstand, und in der Küche brachte sie aus den einfachsten Dingen Wunder zustande, aber wenn sie nicht arbeitete, war eben nicht genug Geld da, um die Kinder zu ernähren und zu kleiden. Ein Großteil der täglichen Verantwortung für sie lag bei Cettina, von der als dem ältesten Mädchen erwartet wurde, daß sie die Mutter vertrete.

Mit zehn Jahren war Cettina ein kurzgewachsenes, zartknochiges Kind mit langem dunklem Haar, Schlehenaugen und einer Nase, die rascher gewachsen zu sein schien als das übrige an ihr. Diese lange Nase verlieh ihrem Gesicht etwas seltsam Gealtertes und Weises, was durch ihr entschiedenes Betragen noch unterstrichen wurde. Es fiel einem immer schwer, sie als ein Kind zu sehen. Die Macht, die sie über ihre Brüder und Schwestern hatte, behagte ihr mehr als die beschwerliche Sorge für sie, und so glaubte sie, wenn sie die Geschwister zu Hause einsperrte, wären sie in Sicherheit und sie könnte Besuche machen gehen.

Wieder und wieder hatte Maria sie verwarnt, die Kleineren nicht allein zu lassen, und war mehrmals, von Ahnung getrieben, unerwartet zu Hause erschienen, um sich zu vergewissern, daß sie nicht allein und ihren zerstörerischen Vergnügungen überlassen waren. (Ihre Sorge war berechtigt. Einmal setzte der kleine Bruno mit den Kerzen auf seinem ›Spiel‹-Altar einen Vorhang in Brand.) Dreimal fand Maria die Kinder eingesperrt und suchte dann Cettina, der sie sofort in Gegenwart aller Anwesenden eine Abreibung erteilte. Marias Begründung war immer dieselbe: »Man kann mit ihr nicht vernünftig reden, aber man *kann* sie dazu bringen, daß sie sich schämt.« Anscheinend machte keine andere Bestrafung den geringsten Eindruck auf Cettina. Einmal, als sie etwa vierzehn war, hörte ich, wie ihre Mutter ihr befahl, bei Einbruch der Dunkelheit zu Hause zu sein.

»Mach ich nicht«, sagte Cettina. »Keiner sonst braucht so früh heimzukommen. Sieh zu, ob du mich dazu kriegst.«

»Versuch es nur, wenn du dich traust«, war Marias Antwort. Cettina tat es. Als es längst völlig dunkel war, ging Maria die Straße entlang, bis sie Cettina in einem Kreise kichernder Freundinnen vor einem Laden entdeckte.

»Also hier treibst du dich rum. Es ist dunkel, oder ist dir das vielleicht entgangen? Du wirst heimkommen, wann ich sage, oder du verschwindest aus meinem Haus. Ich dulde kein Flittchen! Und jetzt los, marsch!« Sie gab ihr eine Ohrfeige. Cettina stand halbbenommen da und schaute ihre Mutter an. Als Maria ihr eine zweite Ohrfeige versetzte, fing sie an zu laufen. Maria war dicht hinter ihr, schlug sie auf den Kopf oder trat ihr gegen die Beine, wann immer sie sie erwischen konnte. Nach diesem Vorfall konnte man Cettina stets in der Abenddämmerung mit gesenktem Kopf nach Hause gehen sehen. Das gleiche ereignete sich in bezug auf Miniröcke und auf Hosen; beide Gefechte verlor Maria schließlich durch die allgemeine Vorliebe für diese Moden, aber erst nachdem sie Cettina vor ihren Freunden verprügelt und beschuldigt hatte, sie sei unmoralisch, schamlos und eine Geldverschwenderin. Als Antwort erhielt sie: »Die Zeiten haben sich geändert. Wir brauchen nicht mehr zu tun, was du uns sagst, und wir brauchen auch nicht mehr in diesem Loch zu hausen.« Aber natürlich blieb sie und gehorchte weiterhin ihrer Mutter, gleichgültig welche neuen Moden und Manieren das Fernsehen offenbarte.

Sobald Cettina sich damit abgefunden hatte, daß sie die Geschwister nicht im Haus einsperren konnte, hatte sie die Wahl: entweder sie blieb zu Haus, oder sie nahm sie mit auf ihre seltsame mittägliche Besuchsrunde. Sie kümmerte sich nicht um gleichaltrige Freunde, ich sah sie auch niemals spielen. Statt dessen erkundete sie die Nachbarschaft, bis sie auf eine Gruppe von Frauen stieß, die nähten oder strickten und dabei schwatzten. Manche waren jünger als ihre Mutter, andere älter: aber das spielte für Cettina keine Rolle, sie wollte ihnen zuhören. Zuerst blieb sie an der Küchentür stehen, dann schob sie sich herein und lehnte sich an den Tisch. Ihre Bewegungen waren langsam und verstohlen. Wenn das Gespräch wieder fortgesetzt wurde, schlüpfte sie in einen Winkel und kauerte sich dort auf den Fersen hin. So saß sie oft stundenlang und lauschte. Ohne Zweifel schnappte sie dabei ungeeignete Informationen auf, denn die Frauen, die an sie gewöhnt waren und sie gern hatten (sie war stets bereit, ein Baby zu wickeln oder einen Botengang zu machen), vergaßen bald, daß sie da in ihrem Winkel hockte. Gelegentlich überraschte Cettina sie mit einem Laut erstaunter Ungläubigkeit.

»Na-aa!« entschlüpfte es ihr dann, gefolgt von einer hastigen Entschuldigung: »*Scusate, scusate*! Ich bin ganz still, wirklich!« Und wie um es zu beweisen, preßte sie dann beide Hände auf den Mund und kicherte. Sie wußte, nun war die Warnung zu erwarten, ja niemandem zu sagen, was sie gehört hatte, und außerdem würden die Frauen nun etwas vorsichtiger sein mit dem, was sie sagten, wenigstens für eine Weile.

Als sie ihren Anhang bei den Besuchen mitnehmen mußte, denn so hatte sie entschieden, fiel es ihr schwerer, unbemerkt zu bleiben. Einen Bruder konnte sie draußen spielen lassen, aber ein Baby hatte sie immer im Arm und ein, zwei, schließlich drei Kleine hatte sie still und bei Laune zu halten. Sie entwickelte eine besondere Technik. Sie gab jedem Kind einen Brotkanten zum Kauen, ein Spielzeug zum Spielen und befahl ihnen, still zu sein, oder sie würde sie verdreschen. Die Kleinen hatten allen Grund, ihr zu glauben, und wenn sie ungeduldig wurden, genügte es, daß Cettina zischelte: »Seid still!«, und sie erinnerten sich wieder an ihre Drohung. Mit den Säuglingen war es schwieriger, aber sie ließ sie hüpfen, schaukelte sie und überschüttete sie mit Küssen, bis sie entweder glucksten oder einschliefen. Die Frauen, ohnehin gewohnt, immer Horden von Kindern um sich herum zu haben, hoben sie auf, wenn sie hinfielen oder weinten, und nahmen sie auf den Schoß. Und in der Verwirrung vergaß man Cettina, und das Gespräch, das sie so faszinierte, wurde fortgesetzt. Was sie eigentlich von diesen Frauen dachte und warum sie so begierig lauschte, wußte niemand. Ich fragte mich später manchmal, ob sie schon damals entschied, was sie vom Leben akzeptieren würde und was nicht.

Cettina beendete die fünfte Klasse genau zu dem Zeitpunkt, als die Regierung in süditalienischen Städten die untere Mittelschule einführte, die schon seit mehr als dreißig Jahren existieren sollte und die durch Gesetz die Schulpflicht bis zum vierzehnten Lebensjahr ausdehnte. Und die magische Kraft der Erziehung ist so stark in Süditalien, daß viele glaubten, ein Abgangszeugnis von der Mittelschule sei Garantie für eine Stellung. Die spätere Verbitterung war begreiflich. Hoffnung und Illusion blühten erneut auf, als das *Liceo* eingeführt wurde, und auch das wird wahrscheinlich zu einer Enttäuschung innerhalb des Erziehungssystems führen, das heute ganze Armeen von jungen Leuten ausbildet, für die es keine Stellungen gibt.

Cettina hatte dieses Problem nicht. Ihre schulische Laufbahn vollzog sich schleppend. Sie mußte eine Klasse der Mittelschule wiederholen, schaffte schließlich das achte Schuljahr, fiel in zwei Prüfungen durch und gab auf. Mit fünfzehn Jahren war sie noch immer ein kleines schlankes Mädchen mit den gleichen schim-

mernden Haaren, aber nun hatten sich die Hüften unter der schlanken Taille gerundet. Die jungen Burschen, die jeden Abend die Straße auf und ab flanierten, um die Mädchen zu begaffen, versäumten nie, sich nach ihr umzudrehen und diese Hüften zu bewundern, doch es war klar, daß sie wie Simse vorspringen würden, wenn Cettina Gewicht ansetzte. Das Gesicht war länger und breiter geworden und paßte nun zur Nase, und wenn es irgendwie unausgewogen wirkte, dann nur wegen des Ausdrucks. Sie hatte einen mürrischen, strengen Blick, wie eine verhungernde streunende Katze, die nach einer ahnungslosen Beute auf der Lauer liegt.
Mit fünfzehn war sie mit der Schule dann ein für allemal fertig, hatte keine Fertigkeiten und brauchte eine Arbeit. Sie weigerte sich, Feldarbeit zu leisten. Ihre Mutter, durch Überarbeitung und Krankheit inzwischen verbittert, höhnte: »Dich würde sowieso keiner, der nur ein bißchen Verstand hat, für die Feldarbeit wollen.« Aber Cettina wollte auch keine Hausarbeit: »Für jemanden das Dienstmädchen spielen, der nicht besser ist als ich? Nein!«
Es gab nur wenig andere Möglichkeiten. Sie ging für ein paar Pfennig Tageslohn zu einer Schneiderin am Ort in die Lehre. Einen Monat später gab sie auf, weil sie es satt hatte, Stoffe zu heften. Danach war sie Hilfsköchin in einer Anstalt am Ort, doch die Monotonie des Kartoffelschälens und Salatwaschens brachte sie zu der Entdeckung, daß sie nicht ohne Versicherung zu arbeiten gedenke. Wieder war sie auf der Suche nach einem Job. Dann erlitt Maria einen Blutsturz (diesmal, nachdem sie eine Woche lang Weizengarben in die Dreschmaschine geladen hatte), und Cettina konnte, ohne das Gesicht zu verlieren, sagen, sie werde zu Hause gebraucht, um einzukaufen und für die restliche Familie zu kochen und zu putzen.
Wir sahen sie jeden Tag auf der Hauptstraße, zwischen ihrem Haus und der Stadt hin- und herwandern, zum Markt gehen, zum Bäcker, zum Tabakladen. Sie schien sich dauernd auf der Straße aufzuhalten, und dies zu den unwahrscheinlichsten Stunden. Sie erklärte jedem, den sie traf, sie habe vergessen, Salz zu kaufen oder ein Ei oder eine Zwirnspule, oder sie müsse ein Päckchen aufgeben. Die stets paraten Begründungen klangen vernünftig genug, doch kamen sie, ehe jemand daran gedacht hatte, zu fragen, und das machte sie verdächtig. Die Frauen beobachteten sie genauer und begannen Vermutungen anzustellen. Wenn sie einen be-

stimmten Jungen suchte, konnte sie doch kaum damit rechnen, ihn um drei Uhr an einem glühendheißen Augustnachmittag zu finden? Wer hielt sich schon zu allen Tagesstunden im Freien auf? Eine der wenigen logischen Erklärungen: ein *Carabiniere*!

Unter normalen Umständen trifft ein junges Mädchen in Süditalien keine jungen Männer, mit denen sie nicht aufgewachsen ist, es sei denn ein Bruder stellt einen Freund vor, und man ist in solchen Unternehmungen äußerst vorsichtig. Es gibt keine Tanzveranstaltungen, keine Cafés, in denen sich die jungen Leute treffen können, nicht einmal Familienfeste, bei denen Außenseiter zugelassen wären. Was immer passiert, es geschieht auf der Straße, zwischen ein, zwei Blicken aus den Augenwinkeln, zwischen Spötteleien und Sticheleien, die zwischen einem Schwarm von Mädchen und einer Gruppe von Jungen ausgetauscht werden. Die kürzeste Unterredung wird von mindestens einem anderen Mädchen, wahrscheinlich aber von einem Dutzend anderer mitgehört. Die normale Werbung ist keine Privatangelegenheit: aber mit einem *Carabiniere* zu flirten, das ist unendlich viel komplizierter. Sie werden niemals in eine Stadt beordert, in der sie zuvor als Zivilisten gelebt haben. Unverheiratete Männer werden im Polizeiquartier untergebracht und von Frauen bekocht, die wegen ihres fortgeschrittenen Alters und völligen Mangels an körperlicher Anziehungskraft ausgewählt werden, nicht wegen ihrer kulinarischen Fähigkeiten. Den Männern wird nahegelegt, sich am Ort keine Freunde zu suchen, sie dürfen erst nach dem sechsundzwanzigsten Lebensjahr heiraten und werden sofort versetzt, wenn sie sich verloben. In kleinen Dorfgemeinden ist alles, was der *Carabiniere* tut, von seinen offiziellen Pflichten bis zur beiläufigsten Tasse Kaffee, der Öffentlichkeit bekannt. Trotzdem machen ihn seine lebenslange Anstellung, die Pension und der Respekt, den man ihm, wenn auch unwillig, zollt, zu einem guten Fang. Cettina hatte ihre Beute gesichtet. Sie lauerte ihm auf den Straßen auf, da sich ihre Pirschgänge nach Vittorios Aufträgen richteten.

Junge *Carabinieri* sind so anonym wie Plastiklöffel. Alles ist gegen sie – das Polizeireglement, die Uniform selbst, die unbedarften Gesichter von Zwanzigjährigen –, Vittorio war keine Ausnahme. Ich habe ihn als einen Schatten in blauer Uniform in Erinnerung, als einen ruhigen Jungen mit rosigen Wangen und nicht gerade überreichlich mit Intelligenz belastet – alles, was man von jedem *Carabiniere* sagen könnte. Er war ebenso wehrlos, wie

Cettina entschlossen war. Sie hatte entschieden: es war kein leichter Flirt. Sie unternahm ihre Manöver mit großer Umsicht und tat nur gelegentlich einen falschen Schritt auf jenes Niemandsland zwischen den starren süditalienischen Vorstellungen von Anstand und Liederlichkeit. Wenn sie an einem Tag auf der Straße freundlich zu ihm gewesen war, mit ihm gescherzt und gelacht hatte, dann huschte sie am nächsten Tag mit gesenkten Augen an ihm vorbei. An einem Abend war sie zu intensiv damit beschäftigt, eine Gruppe junger Männer zu beobachten, als daß sie Vittorio zu bemerken schien; am nächsten Abend neigte sie in verhaltenem Erkennen den Kopf. Vittorio war verwirrt von einem so unberechenbaren Kurs, doch er war entschlossen, sein Ziel nicht aus den Augen zu verlieren. Und wenn er Cettinas Sprödigkeit als beabsichtigt erkannte, so vermutete er doch nie, wie raffiniert ihre sonstigen Manipulationen waren.
Cettina ging methodisch vor. Es blieb ihr keine andere Wahl, sie mußte ihren Vater dazu bringen, Vittorio anzuerkennen. Er würde ihn nie mit nach Hause bringen – das wäre zuviel erwartet –, aber wenn er ihm begegnete und, sei es stillschweigend, akzeptierte, daß der junge Mann Cettina kannte, dann war eine Hürde genommen. Vittorio, der als Außenseiter und besonders als *Carabiniere* keinen Fürsprecher am Ort hatte, konnte später, wenn es an der Zeit war, Pancrazio um eine formelle Aussprache bitten. Bis dahin würde ihr Vater alles über ihn herausgefunden haben, was er wissen wollte, und Cettina würde Zeit gefunden haben, alle Widerstände beiseitezuräumen.
Es gab eine weitere Komplikation. Ihr ›offizieller‹ Verehrer, ein schlanker junger Mann mit dichten buschigen Augenbrauen und gewelltem Haar, namens Antonio, mußte in der üblichen Weise am Gängelband geführt werden, damit er sich sicher glaubte, daß seine Sache Fortschritte machte. Ihre Seitenblicke versprachen ihm weiter ein besonderes Einverständnis, ihre Neckereien galten deutlich ihm unter seinen allzeit gegenwärtigen Freunden. Aus dem Blitzen seiner Augen konnte man erkennen, wie leicht Antonio sich täuschen ließ und daß er glücklich war. Diese direkte Verbindung zwischen seinen Gedanken und seinem Gesichtsausdruck war ein besonderer Reiz an ihm. Erzählte man ihm eine traurige Geschichte, dann senkten sich die Mundwinkel und die Augen weiteten sich vor Mitgefühl. In mancher Hinsicht war er ein sehr unschuldsvoller, vertrauensbereiter junger Mann. Auf der Straße mochte sich Cettina so

verspielt wie eh und je geben, doch zu Hause begann sie mit leicht abschätzigen Bemerkungen, ohne seinen Namen zu nennen: tat ihn ab als *Il Romeo disoccupato* – als arbeitslosen Romeo. Es war klar, wenn Vittorio befördert werden sollte, mußte Antonio als nicht wünschenswert erscheinen. Sie erreichte alles durch List und auf Umwegen, und das kostet Zeit und Geduld. Glücklicherweise bedeutet Zeit für Südländer nicht Geld, und Geduld ist eine ihrer Tugenden.

Dies alles mag nach viel Lärm um die ganz gewöhnlichen Schwierigkeiten junger Verliebter klingen – nur war Cettina nicht ›verliebt‹: sie hatte ihr Lebenssystem gefunden. Sie litt wegen Vittorio nicht, noch sehnte sie sich oder verlangte nach ihm, sie unternahm all dies für seine Position im Leben. Sie versuchte, sich eine Lebensstellung zu verschaffen, und sie würde selbst zugegeben haben, daß wenig oder kein Gefühl dabei im Spiele war, denn sie wußte, jede Frau würde das verstehen und billigen. Solche Berechnung ist notwendig im Leben einer süditalienischen Frau.

Die Gründe für ihr Verhalten machen ihr vielleicht nicht gerade Ehre, aber ihre Hartnäckigkeit und ihr Einfallsreichtum sind bewundernswert. Im März ›kam Vittorio ins Haus‹, um seine Absichten öffentlich zu erklären, und er wurde mit dem gebührenden Zögern empfangen, für ihn nur ein weiterer Beweis, daß er gut gewählt habe. Die notwendigen Einwände wurden vorgebracht: ihre Jugend, seine dienstliche Restriktion, die eine Heirat für mehrere Jahre unmöglich machen würde, seine beruflichen Aussichten – was waren die schon? Ihre Aussteuer mußte überlegt und vorbereitet werden. Doch es waren die konventionellen Einwände, die bei solchen Gelegenheiten obligatorisch sind. Schließlich beschloß man, daß noch keine offizielle Verlobung stattfinden solle. Damit würde Vittorio nicht versetzt werden und konnte also abends ins Haus kommen oder mit Cettina und ihren Freunden spazierengehen. Sie hatte gesiegt. Mehrere Wochen später verließ zu niemandes Verwunderung Antonio den Ort und arbeitete angeblich in San Remo.

Das Leben Cettinas änderte sich mit ihrem neuen Status. Jetzt war nicht mehr die Rede von einer Arbeit oder von Haushaltspflichten; sie mußte ihre Zeit über ihrer Aussteuer verbringen. Ziemlich ostentativ nahm sie ihr Nähzeug überall mit hin, um ihre Bettlaken zu besticken, die dem Anschein nach dutzendfach geplant waren. Natürlich machte sie nur die einfacheren selbst: die Laken für die

Hochzeitsnacht und die zwei darauffolgenden Nächte wurden professionellen Händen anvertraut. Sie genoß das Getue, das ihre Freundinnen und deren Mütter um sie her veranstalteten. Alles in allem hatte sie schließlich, wie die Dinge nun lagen, einen ziemlich guten Coup gelandet. Sie lernte es, hübsch zu erröten, lächelnd die Augen niederzuschlagen, und spielte derart offensichtlich die Braut, daß man die Hochzeit, statt in einigen Jahren in ein paar Monaten erwartet hätte.

Während Pancrazio die Situation beinahe ebenso genoß wie Cettina, unter den fadenscheinigsten Vorwänden von ›meinen künftigen Schwiegersohn, dem Carabiniere‹ sprach und die Wäsche und ihre Preise aufzählte, so schien Maria eher besorgt. Sie sagte bloß: »Es hat Zeit, es hat noch viel Zeit.« Sie hatte nie Schulden gemacht, und nun hatten sie bereits zu viele. Im August lud Vittorios Mutter Cettina während eines Teils seines Urlaubs nach Florenz ein. Dies stellte Pancrazio vor ein Problem, und er, Maria und Cettina stritten tagelang: da die beiden Familien zu keiner formellen Übereinkunft gelangt waren, durfte Cettina dann fahren? Jeder von ihnen vertrat seinen eigenen Standpunkt. Pancrazio neigte dazu, die Einladung als außerhalb der Konvention und deshalb irgendwie als Beleidigung zu betrachten. Maria sorgte sich wegen der Kosten, und Cettina beharrte darauf, daß, egal was *sie* für richtig halten mochten, sie selber tun würde, was ihr paßte. Sobald die Entscheidung gefallen war, daß sie fahren würde, mußte man sich noch über eine Anstandsdame einig werden. Die passendste Person schien ihre Cousine Giovanna zu sein, die zwanzig Jahre alt war und häßlich war, doch Pancrazio wollte von niemand außerhalb der engsten Familie hören. Zweifellos konnten weder er noch Maria mitfahren: Die Mutter und der Vater Vittorios müßten erst zu ihnen zu Besuch gewesen sein. So fiel diese Aufgabe Cettinas Bruder Alfredo zu, der zwar ein Jahr jünger war als sie, aber alt genug, um zu wissen, wie man sich benimmt. Man erteilte ihm genaueste Instruktionen für alle nur denkbaren Situationen und gab ihm genug Geld für die Fahrkarten und ein paar bescheidene Geschenke. Als sie wieder zu Hause angekommen waren, sprühte Alfredo vor Begeisterung, doch Cettina wirkte bedrückt, obwohl auch sie beteuerte, eine herrliche Zeit gehabt zu haben. Vittorios Besuche erfolgten so getreulich wie eh und je.

Knapp einen Monat später stürzte die Ankündigung seiner Mutter, sie komme ihn besuchen und wolle seine künftigen Schwiegereltern kennenlernen, die gesamte Familie in hektische Aufregung. Pancrazio betonte, keiner würde bemerken, daß die passende Steckdose fehlte, borgte sich einen Kühlschrank aus und plazierte ihn auffällig im Wohn-Eßzimmer, das ansonsten, dunkel hinter Jalousien auf große Festlichkeiten wartend, vor sich hinbrütete. Nachts schliefen dort drei der sechs Kinder, doch da ihre Anwesenheit nur eine zeitweilige war, galten sie nicht als Benutzer. Die kunststoffbeschichteten Schränke, in denen die zwei Betten versteckt waren, wurden rasch in eine Rumpelkammer transportiert, einen Ort, an den Vittorios Mutter aller Wahrscheinlichkeit nach nicht vordringen würde; dort war hinter Stapeln von Kaminholz und Bergen abgelegter Schuhe gerade noch ein Waschbottich sichtbar. Pancrazios Mutter, die zu alt und verwirrt war, irgend etwas zu begreifen, was da vor sich ging, wurde aus dem Bett gezerrt und unter Kreischen und heftigem Gerangel in das Haus ihrer Tochter verfrachtet. In der Annahme, daß Vittorios Mutter einen legitimen Grund zur Benutzung haben könnte, wurde ein neuer Toilettensitz erworben. Weitere Akzente von Eleganz lieh man sich aus: zwei abscheuliche Nachttischlampen aus Plastik mit Amoretten und eine grüne Vase mit langen roten, gelben und grünen Kunststoffdisteln. Hätte man mehr Zeit gehabt, man hätte sicher noch mehr Scheußlichkeiten aufgetrieben. Aber selbst ohne die Großmutter war eine vernünftige Entfaltung einer Gruppe von zwei Erwachsenen und sechs Kindern in zwei Schlafräumen schwierig, doch keiner schien sich deswegen Gedanken zu machen.

Am Morgen des Besuchstages kam Maria aufgeregt zu mir, um mich um ›einen ganz schrecklichen Gefallen‹ zu bitten. Dürfte sie, würde ich sie mein Kleid mit den dunkelblauen Blumen tragen lassen? Zunächst wußte ich nicht, welches Kleid sie meinte, da ich annahm, sie wünschte für ein solch überwältigendes Ereignis (wenn man nach der Verwirrung urteilte) etwas Ausgefallenes. Statt dessen hatte sie sich ein schlichtes langärmeliges Baumwollkleid der frühen Sack-Mode erkoren. (Was bei ihr schon weit weniger wie ein Sack wirkte.) Während sie anprobierte, schwatzte sie munter vom Essen. Huhn, junges Zicklein, geröstet, besondere Klöße für die Suppe, selbstgemachte *pasta*, alle möglichen Süßigkeiten: all dies, die Speisenfolge für zwei Mahlzeiten und nicht etwa für mehrere Banketts, würden die gesündeste Leber überlastet haben. Sobald die Kleiderfrage erledigt war, kehrte sie wieder zum Essen zurück: Ob sie wohl zwei Platten ausborgen könnte?

Am Abend fand ich sie in meiner Küche wieder, die eine hochbeladen mit Bratenfleisch, die andere voller Süßigkeiten. Es vergingen drei Tage, ehe Maria mir das Kleid wiederbrachte und berichtete, was passiert war.
Der Besuch war gnädigerweise kurz gewesen. Vittorios Mutter hatte sich nicht einmal hinsetzen wollen. Was sie zu sagen habe, könne sie im Flur erledigen, habe sie hartnäckig betont, sich aber schließlich überreden lassen, und sei in das Wohn-Eßzimmer gekommen, wo man ihr die rituelle Tasse Kaffee aufgedrängt hatte. Stumm stand Vittorio neben dem Stuhl seiner Mutter, die Augen fest in den Fußboden gebohrt. Der Kaffee wurde in jenem bedrückenden Schweigen herumgereicht, das Katastrophen vorauszugehen pflegt. Vittorios Mutter, die für alle Zeiten danach nur noch ›die da‹ war, betupfte sich die Mundwinkel mit einem Taschentuch – »Dieses ganze gezierte Getue von der, als ob die da eine echte Dame sein könnte!« – und stürzte sich dann in ihre vorbereitete Ansprache. Es war ein richtiger Vortrag. Sie intonierte die einstudierten Sätze, als bete sie den Rosenkranz. Sie sei sicher, sie würden ihre Vernunftsgründe verstehen. Sie hätten ja auch Söhne. Jede Mutter wünsche für ihren Sohn das Allerbeste, besonders für ihren Sohn, und sie würden eben verstehen müssen, daß sie und Vittorios Vater nicht aus dem Süden fortgegangen seien, alle ihre Verwandten, ihr Heim aufgegeben und fast zwanzig Jahre lang Sklavenarbeit geleistet hätten – und sie hätten es geschafft, sie seien Besitzer eines eigenen Hauses, ihr Mann würde eine Pension erhalten, die Kinder hätten studiert, und es stünden ihnen wirkliche Laufbahnen bevor –, daß sie also nicht aus dem Süden fortgezogen seien und alles hinter sich gelassen hätten, was ihnen lieb und teuer war, damit ihr Sohn dann hergehe und eine heirate, die schlechter dran sei als sie. Keine Mutter könne einen solchen Schritt zurück akzeptieren. Vittorio sei noch jung. Sie sei sicher, er werde ein passendes Mädchen finden, und sie wünsche Cettina selbstverständlich nur das Allerbeste, aber sie müsse die traurige Pflicht einer Mutter auf sich nehmen und Einspruch gegen die Heirat erheben. Von diesem Augenblick an betrachte sie die Verlobung als gegenstandslos, sie habe jedoch, um Komplikationen zu vermeiden, am Morgen dem kommandierenden Vorgesetzten Vittorios von der Verpflichtung ihres Sohnes berichtet, und dieser habe versprochen, ihn sofort versetzen zu lassen. Der herablassende Ton war wohl mindestens ebenso geeignet, Bitterkeit zu erzeugen, wie der Bruch der Verlobung. Vittorios Mutter

endete mit dieser Bemerkung und wartete weder Kommentare noch Verfluchungen seitens der Familie Cettinas ab: sie nahm ihre Taschen und ihren Sohn und ging.
Wut und Scham zwangen der gesamten Familie einen freiwilligen Hausarrest auf. Cettina saß im Wohn-Eßzimmer, in dem die Jalousien wieder geschlossen worden waren; die anderen schlichen auf Zehenspitzen durch den Flur, wie wenn jemand gestorben wäre. Maria hatte keinen Fuß vor die Tür gesetzt, bis sie mir mein Kleid zurückbrachte, und auch da hatte sie gewartet, bis es dunkel war.
»Und jetzt sagen sie, ich bin an allem schuld. Daß wir keinen Auswärtigen, keinen Fremden ins Haus hätten lassen sollen. Außerdem sind die *Carabinieri* so, so hochnäsig. Sagen Sie mir, was ist denn an dem so Besonderes? Und *die da*! Diese Frau! Ich hab der Cettina gesagt, daß sie morgen aus dem Haus geht und sich nach Arbeit umsieht. Zum Kuckuck mit Vittorio. Sie soll ihn vergessen. Er ist sowieso schon fort. *Raus*, hab ich ihr gesagt, und wir wollen doch mal sehen, ob die Leute es wagen, was darüber zu melden. Das ist alles.« Fünf Jahre später hörte ich die gleiche Frau zu einem Soziologen sagen, der eine Studie über die Herkunft der nach Norden ausgewanderten Süditaliener machte: »Natürlich hatte Cettina eine Menge Chancen. Da war so ein *Carabiniere*, der sie wollte, aber wir waren dagegen, ihr Vater und ich, und so ist nichts daraus geworden.« Wie andere stolze Mütter vor ihr glaubt sie vielleicht inzwischen wirklich, daß es so war.
Cettina begann eine weitere Serie von unbefriedigenden Arbeitsstellen. Die einzige, an die ich mich erinnere, war die einer Verkäuferin in einem Kurzwarenladen. Die Inhaberin, eine sehr alte Frau mit dem Spitznamen ›*La Spagnoletta*‹ (die ›Zwirnspule‹), hatte sich höchst willkürliche Ladenzeiten angewöhnt, die mehr dem Rhythmus ihrer Arthritisanfälle als dem Kundenandrang zu entsprechen schienen. Ich hatte immer den Eindruck, daß das Schild an der Ladentür ihre Einstellung genau wiedergab: »Wenn Sie *wirklich* etwas benötigen, kommen Sie ins Haus.« Es stand keine Adresse dabei. Anscheinend kannte sie jeder, der sie brauchte.
In den Dörfern Süditaliens ging das Gerücht um, daß chemische Reinigung etwas Wundervolles sei, aber keiner wußte Genaueres, weil dieser Service nirgendwo zur Verfügung stand. Allerdings gab es ein neues Unternehmen in Potenza. Als dessen Leiter *La Spagnoletta* Kommissionsgeschäfte anbot, stellte sie

Cettina ein, damit sie den Laden beaufsichtigte und die Kleider zur Reinigung entgegennehme und wieder aushändigte, oder, wie es gewöhnlich der Fall war, die Leute vertröstete, weil die Firma sie noch nicht wieder zurückgeschickt hatte. Während sie neben der Ladentür saß und auf Kunden wartete, konnte sie alles beobachten, was auf der Hauptstraße vor sich ging, und bei schlechtem Wetter saß sie drin im Laden am Gasofen, der summend ihre Knöchel wärmte. Arbeit, die nicht anstrengt und dennoch respektabel ist, ist schwer zu finden. Diese war beides. Es dauerte drei Monate, bis Cettina herausfand, daß *La Spagnoletta* bei der Verteilung der Lieferungen alle die, bei denen ein Trinkgeld zu erwarten war, für ihren Enkel beiseite legte. Cettina kündigte... wieder einmal.
Solange sie in diesem Geschäft arbeitete, genoß ich einen Spezialservice: die Sachen wurden abgeholt und wieder ins Haus gebracht. An einem Abend hatte sie mir auf dem Heimweg zwei Pullover vorbeigebracht. Es fing an zu regnen. Meinen Schirm wollte sie nicht annehmen. Sie habe Zeit, erklärte sie. Wenn sie mich nicht störe, würde sie gern warten.
Cettina wirkte unruhig und verdrossen. Sie wanderte zwischen dem Wohnzimmer und der Küche hin und her, faßte Bilder an, schlug Bücher auf und stellte Fragen, die in keinerlei Zusammenhang mit irgend etwas, nicht einmal untereinander standen. »Heben Sie Ihre Schuhe auf, bis sie kaputt sind?« – »Warum haben Sie soviele Bücher?« – »Wie haben Sie Schreibmaschineschreiben gelernt?« Sie bemühte sich nicht, auf die Antworten zu hören, sondern wanderte, berührte, fragte einfach weiter. Schließlich ließ sie sich am Küchentisch nieder und legte meine Pullover zusammen.
»Sie sollten mal was von dem Zeug sehen, das wir reinbekommen. Nicht wie die da, die ihre Form behalten. Das meiste ist billiges Zeug oder altmodisch. Keiner hier hat eine Spur von Geschmack. Wissen Sie, eines Tages verschwinde ich von hier, und dann schmeiße ich diese ganzen Lumpen weg, die ich habe, und kaufe mir lauter neue Sachen – und es wird mir egal sein, wieviel sie kosten. Aber zuerst muß ich hier raus...«
»Und einen Mann finden, der sich das leisten kann«, unterbrach ich sie, nicht allzu freundlich. Sie blickte mich lange schweigend an, als wolle sie abwägen, wieviel ich wüßte, wieviel sie zugeben dürfe.
»Deswegen wäre Vittorio ja so eine gute Partie gewesen«, seufzte

sie. »Hat Mamma Ihnen erzählt, daß ich einen Brief von ihm bekommen hab? Er ist jetzt in Pescara. Und das meine ich eben. Er kann ja in so einem Nest eine Weile herumhocken, aber dann kommt was Besseres. Er hat nicht viel gesagt – bloß, daß es ihm alles leid tut und daß er mich vermißt und sich nach mir sehnt, und ob ich ihm vielleicht schreibe. Aber ich glaube, ich werde es nicht tun. Mit seiner Mutter, mit der würde ich schon fertig, sie ist eine Bestie, aber da ist noch mein Vater. Der sagt, warum sollen wir uns von irgendeiner blöden *Carabiniere*-Mutter beleidigen lassen? Was sind die denn so Besonderes? Er gibt Mamma die Schuld, weil sie ihn überredet hat, Vittorio ins Haus kommen zu lassen, obwohl er's doch besser gewußt hätte. Kein Gesindel aus der Stadt mehr, sagt er. Wenn ich heiraten will, dann gibt es hier eine Menge junger Männer, über die wir alles wissen.« Cettina hielt inne, legte den Kopf zur Seite und kratzte Stecknadeln auf dem Tisch zusammen. Es schien ihr ein boshaftes Vergnügen zu bereiten, sie eine nach der anderen in das Nadelkissen zu stechen.

»*Sie* können sagen, ›heirate irgendwen von hier‹, aber schauen Sie sich die doch an. Schauen Sie sie an! Wo werden die in zehn Jahren sein? Ich werd's Ihnen sagen. Genau hier. Sie kennen nichts anderes. Sogar wenn sie fortgehen, dann bloß um genug Geld zu verdienen, damit sie zurückkommen können und eine Zeitlang was zu essen haben. Essen, weiter können die doch nicht denken.« Ihre Stimme war schrill vor Verachtung. »Darum hab ich den Vittorio haben wollen. Sicher, seine Mutter ist ein Aas, und schließlich ist es mir auch aufgegangen, daß er nicht besonders gescheit ist. Er hätte sich ein bißchen was unter der Hand verdienen können. Er hätte nichts Unrechtes tun müssen, bloß wegschauen und nichts sehen, aber – nein, er nicht! Er hatte zuviel Schiß, das hat er bloß nicht zugegeben. Der entschuldigte sich damit: ›Ach je, ach nein, das wäre nicht recht.‹ Recht! *Recht!* Was wäre denn dabei unrecht gewesen? Jeder macht das doch. Außerdem, er hätte ja gar nichts zu *tun* brauchen. Außerdem war er sowieso ein schrecklicher Feigling und Arschkriecher.« Sie stand auf und trat zum Fenster. »Ich gehe jetzt heim. Es hat aufgehört zu regnen, aber – also – wirklich, ich hab nicht so zornig werden wollen. Es ist nicht Ihre Schuld, daß ich einen heiraten werde, den ›wir genau kennen‹ und der alles über mich weiß, und ich mein restliches Leben damit verbringen werde, wie meine Mamma, aus einem Schafskopf ein Essen herauszupicken, mit Bratkartoffeln daneben, damit der Magen voll wird. Und ich kann nichts dagegen tun, das ist das Allerschlimmste daran.« Dann wiederholte sie, wie für sich selbst: »Ich kann nichts dagegen tun, das ist das Allerschlimmste.« Und zum erstenmal empfand ich Mitleid mit ihr.

Antonio kam zu Weihnachten nach Hause zurück und sah in seinem karierten Anzug und dem weißen Hemd sehr erfolgreich aus. Er hatte seinen Namen zu ›Toni‹ verkürzt, was als sehr großstädtisch und schick galt, und sein Italienisch hatte sich von dem ortsüblichen genuschelten Dialekt zu der präziseren Sprache der ligurischen Küste gewandelt. Er war jung, wirkte froh und hatte zum erstenmal in seinem Leben etwas Geld zum Ausgeben. Jeden Abend auf dem *Corso* traf er Cettina mit ihren Freundinnen, und langsam glitt er wieder in den alten neckenden Ton zurück. Sie flirtete, er neckte, sie neckte, er beäugte sie mit langen Blicken. Bald war Neujahr, und er mußte wieder fort. Als ich Cettina eines Tages fragte, wie es ihm denn gehe, sagte sie, daß er ihr gelegentlich schriebe.

»Toni ist in Ordnung, denke ich, aber ich könnte nie einen heiraten, der *das* macht.« Ihr Abscheu hätte darauf schließen lassen, daß er in einem Schlachthaus arbeitete oder Kloaken reinigte, dabei arbeitete er als Kellner in einem Ferienhotel. Ich dachte bei mir, er habe weit mehr erreicht, als man von ihm hätte erwarten können, da er kaum Schulunterricht gehabt hatte und keinerlei Ausbildung. Sein Vater war gestorben; die Mutter lebte von einer kleinen Pension und dem, was sie auf zwei winzigen Feldstücken anbauen konnte, und einem Weingarten, der ihre Mitgift gewesen war.

Zu Ostern kam Toni wieder, dann im Sommer und schließlich über Weihnachten, und dann kam man schließlich überein, daß er und Cettina im übernächsten Sommer heiraten würden: unter einer Bedingung, daß er Arbeit in einer Fabrik finden würde. Er ging nach Mailand, bekam Arbeit in einer Fabrik, die kleine Elektromotoren herstellte, fand eine kleine Wohnung mit drei Zimmern und Bad, die er mit zwei Vettern teilte, die wie er in den Norden gegangen waren. Er nahm die Sache philosophisch. Er verdiente weniger als in der Hochsaison als Kellner, aber er mußte keine Überstunden machen; die Wohnung war bequemer als die Unterkunft, die man ihm im Hotel zugemutet hatte, und nicht teuer, da sie sich in die Kosten teilten.

»Man muß immer etwas aufgeben, wenn man etwas anderes haben will«, erklärte er mir. »Die Arbeit gefällt mir nicht so gut wie die andere, aber abends bin ich frei, und ich habe eine Menge

Freunde.« Wieder war Cettina eifrig damit beschäftigt, Bettlaken zu besticken und zu planen.
Sie heirateten im Sommer 1970: mit all dem Prunk, dem Durcheinander, dem Zwist und Hader und den Tränen, die bei solch freudigen Anlässen üblich sind. Cettina trug ein langes weißes Satinkleid und einen Kranz von Orangenblüten über einer erstaunlichen Haartracht à la Kaiserin Eugénie mit Korkenzieherlocken, die eine Freundin kreiert hatte. Maria borgte sich mein geblümtes Baumwollkleid erneut aus. Tonis Mutter war kaum zu bewegen, an der Hochzeit teilzunehmen, weil sie sich nicht in ausreichendem Maß finanziell an dem beteiligen konnte, was sie als Cettinas extravagante Vorkehrungen für den Hochzeitsempfang bezeichnete. Eine Dreimannband mit elektronischen Verstärkern war engagiert worden, kann aber wohl kaum sehr teuer gewesen sein, es waren Jungen aus der Nachbarschaft, die auf geborgten Instrumenten spielten. Schließlich waren dann alle Tränen getrocknet, der Frieden wiederhergestellt, und wir stellten uns in der kleinen Prozession auf der Straße unterhalb von Cettinas Haus auf. Es war ein heißer Tag ohne Luftbewegung, der scharfe Geruch von Dung und verbranntem Heu haftete in unseren Kleidern. In der Kirche war es dagegen feuchtkalt. Ein kleiner Junge in schwarzem Samtanzug mit weißem Spitzenkragen, der Sohn der Trauzeugen, machte sich mit Zwischenrufen bemerkbar: *»Mamma, voglio fare pipi«*, und der Priester hatte als Thema seiner Brautpredigt die Übel der Scheidung gewählt. Der Rest dieses Tages geht für mich in einem Wirrwarr von Lärm und Kleiderwechseln unter. Ich erinnere mich, daß die Frauen später beim ›Empfang‹ alle zusammen auf der einen Seite des Zimmers saßen, die Männer, alle in Hemdsärmeln, auf der anderen, und daß viele Frauen miteinander tanzten, wie es alte Tradition ist, und feierlich-ernst im Two-step durch den Raum zogen, anscheinend vollkommen unbeeindruckt von den scharfen Rhythmen der Rockmusik. Nachdem genügend Orangenlimonade getrunken worden war und aufgeregte Kinder Eiskrem über jeden nur denkbaren Gegenstand geschmiert hatten und nachdem Cettinas kunstvolle Frisur sich in langen Strähnen aufgelöst hatte, verschwanden Toni und sie zu einem unbekannten Ort.
Ein Jahr verging, bevor ich die beiden wiedersah. Toni brachte Cettina nach Hause, wo sie ihr erstes Kind zur Welt bringen sollte. Die erstaunlichste Verwandlung, wenn man von ihrer extrem ›modischen‹ Kleidung absieht, die als derzeitiger Stadtschick

akzeptiert werden konnte, war ein breiter Mailänder Akzent, der fast echt klang. Beide waren sehr angeregt: Toni sogar ein wenig eingebildet; Cettina steckte voller erstaunlicher Informationsfetzchen über den Ortsverband der Gewerkschaft, über den Geliebten des Mädchens, das neben ihr arbeitete, über eine Diskothek und ein Geschäft, in dem sie Kleider ganz billig kaufen konnte, weil sie, wie jedermann wußte, gestohlen waren. Sie arbeitete in der gleichen Fabrik wie Toni und verkündete mit Bestimmtheit, daß »die Industrie der einzige Platz sei, wo der Arbeiter überhaupt irgendwelche Rechte hat«, eine Behauptung, die Toni mit ernstem Kopfnicken bestätigte.
Die hektische Lustigkeit ihrer Berichte von dem Leben in einer kosmopolitischen Stadt klang für niemanden echt, der mit ihren Untermietern, den Vettern von Toni, gesprochen hatte. Das zusätzlich eingehende Geld, das sie für die Miete beisteuerten, war für Cettina allzu verführerisch gewesen. Sie hatte sie beschwatzt zu bleiben, indem sie versprach, für sie zu kochen und zu waschen. Jeden Freitagabend trugen alle den gleichen Betrag zur Gemeinschaftskasse bei. Am Samstagmorgen ging Cettina einkaufen, und am Samstagnachmittag setzten sich alle zusammen und stritten. Das Essen wurde zum Angelpunkt ihres Lebens. Sie stopfte die Männer mit Spaghetti voll, die aber wollten Fleisch, Gemüse und Obst. Sie war entschlossen, Geld zu sparen. Es lag nahe, daß Toni für sie Partei ergriff, denn weder er noch sie waren nach dem Mittagessen in der Werkskantine besonders ausgehungert. Gewöhnlich endete der Streit damit, daß Cettina sich weigerte, die Wäsche zu waschen. »Ich habe die gleichen Rechte. Ich arbeite genauso den ganzen Tag, und ich weigere mich, eure Sklavin zu spielen«, schrie sie dann, wenn die anderen protestierten, daß sie »verdammt noch mal« dafür ja bezahlten.
Die Nachbarn hämmerten gegen die Heizkörper, und wenn dies keinen Erfolg hatte, brüllten sie Drohungen zum Fenster hinaus. Cettina blieb ihnen nichts schuldig, und als zusätzliche Maßnahme drehte sie das Radio auf volle Lautstärke. Leute aus Süditalien setzen sich über Verordnungen einfach hinweg, die so etwas wie Lärm oder das Ausspucken in der Öffentlichkeit, oder die Müllbeseitigung per raschem Schwung durch ein Fenster verbieten. Es überraschte Cettina, als es hartnäckig an der Tür pochte, und sie war bestürzt, daß es die Polizei war, die höflich, aber bestimmt einer Anzeige wegen ungebührlichen Lärms nachging. Die Nachbarn hatten sich zum Handeln entschlossen: es war

eine Kriegserklärung, die Tag für Tag durch gemurmelte Beleidigungen auf der Treppe frischgehalten wurde. Nur bei einer anderen Gelegenheit noch wurden die Nachbarn zu vergleichbarer Wut angestachelt: als Cettina an der Außenwand des Hauses vom Küchenfenster zum Schlafzimmerfenster einen Draht spannte und die Wäsche zum Trocknen darüberhängte. Sie überhörte die ersten Protestrufe, daß hier kein neapolitanisches Elendsviertel sei, doch als die Frau aus der Wohnung unter ihr drohte, sie werde die Polizei rufen, entschloß sich Cettina doch, den vorgesehenen Trockenplatz auf der Dachterrasse zu benutzen. Tonis Vettern, die sich an den Streitereien ergötzten und Cettinas Niederlagen genossen, erzählten alles ihren Familien zu Hause.

Als Cettina einmal zu Besuch zu Hause war, kam sie mit Maria, um auf meinem Balkon im Schatten zu sitzen und die vorbeiflanierenden Leute zu beobachten. Dies war das abendliche Vergnügen der Honoratioren, der Mittelklassebürger und der Unvermählten. Als verheiratete Frau paradierte Cettina nun nicht mehr bei Sonnenuntergang den Corso auf und ab. Außerdem erwartete sie ihr Kind in weniger als einem Monat. Die zwei Frauen tratschten über alles, was unten vor sich ging. Allmählich zog die Dämmerung herauf, die Abendbrise strich durch den Vorhang aus Plastikstreifen an der Tür und unterstrich unser Gespräch mit mißbilligendem, leisen Klicken. Dann redete Cettina über Mailand und über ihr Leben dort.

Sie wohnte gar nicht in Mailand selbst, sondern draußen im Vorstadtsumpf, weit außerhalb der Endhaltestellen der Busse, wo die Abwässerkanäle enden und Satellitensiedlungen wie gigantische Schuhschachteln aus Beton über Nacht emporschießen. Ihre Wohnung lag in dem ersten Haus, das in diesem Komplex errichtet wurde, und bildete die eine Begrenzung eines Häuservierecks um einen Hof, auf dem kleine Jungen den ganzen Tag lang Fußball spielten. Die Wohnung war sauber, und der Mosaikfußboden aus roten und schwarzen Marmorsplittern sagte ihr zu. Die Nachbarn haßte sie allesamt.

»Die sind auch nicht besser als wir, aber man muß bloß warten, bis Sonntag ist, dann tun die, wie wenn sie Könige und Königinnen wären, so stolzieren sie herum, und dabei sind die ganz gewöhnliche Anstreicher und Putzfrauen. Die schrubben sich und ziehen verrückte Kleider an und putzen das Baby raus wie eine Puppe. Und dann gehen sie auf die Straße, stolzieren auf und ab und schieben das Baby in einem Kinderwagen mit ganz hohen Rädern vor sich her. Weißt du noch, genau wie die Königin von England damals im Fernsehen? Und die jungen Leute, die gehen ins Kino oder zum Fußball, genau wie wir. Ich hab sie gesehen, aber sie tun natürlich so, als wenn sie uns nicht bemerken. Sie sind nämlich was Besseres als wir! Und die Weiber sind aufgeblasene Zicken und Giftschleudern – und brutal zu ihren Kindern sind sie auch«, schloß sie ziemlich töricht. Man merkte, die Leute hatten sie abfahren lassen, und das verzieh sie ihnen nicht. Die Frauen sprachen nicht mit ihr, die Männer kniffen sie in den Po.

Die Fabrik lag eine Stunde und drei Autobusse entfernt, aber merkwürdigerweise beklagte sie sich darüber nicht. Die Stunden, in denen sie sich tagsüber am glücklichsten fühlte, war ihre Arbeitsschicht. Sie freundete sich mit den anderen Mädchen in ihrer Abteilung an, von denen viele gleichfalls aus dem Süden kamen. Sie sagten ihr, wo sie Kleider kaufen konnte, die neueste Mode und billig (»Sicher, wir wußten, daß die geklaut waren, aber schließlich irgendwer hätte sie sowieso gekauft«), wie man sich die Augen schminkt und wie man dem Vorarbeiter ein Schnippchen schlägt. Wenn ein Mädchen eine Beschwerde hatte – Belästigung seitens eines Aufsehers oder schlechtes Essen in der Kantine oder was sonst, dann brachte sie das vor den Betriebsrat, und die Unternehmensleitung mußte Abhilfe schaffen.

»Erinnerst du dich, Mamma, ich hab dir doch von dem Aufseher erzählt, der uns bloß immer dreckige Huren genannt hat? Dreckige Huren, setzt euern Hintern in Bewegung und schafft endlich die Norm! Ihr dreckigen Huren macht das und ihr dreckigen Huren macht jenes, bis wir schließlich wütend wurden, und wir haben uns gedacht, am besten kriegen wir den dran, wenn wir eine Beschwerde einreichen. Zuerst wollten wir angeben, wie er uns nannte. Aber dann sagte Titti, nein, das genügt nicht, und wir sollten sagen, daß er uns ›belästigt und zudringlich wird‹. Er war aber gar nicht so. Aber er ist dann ziemlich schnell verschwunden – in eine Abteilung von den Männern. Gottseidank, den sind wir los.«

Cettina war stolz darauf, wie geschickt sie und ihre Kolleginnen alles beseitigten, was ihnen nicht paßte.

Es gab da noch ein anderes Spiel: die gesetzlichen Vorzüge der Mutterschaft. Während der letzten drei Monate hatte sie ›Leichtarbeit‹ geleistet. Die Mädchen in ihrer Abteilung hatten sie gut unterrichtet. Sie kannte ihre ›Rechte‹. Sie hatte über Beschwerden und Anstrengung bei ihrer normalen Arbeit geklagt. Ob es

›Leichtarbeit‹ gab oder nicht, das Unternehmen war gezwungen, sie abzusetzen, und so konnte sie in der Fabrik herumsitzen, nötigenfalls ohne etwas zu tun, und erhielt ihren normalen Lohn. Sie bekam Mutterschaftsurlaub vor und nach der Geburt und dann tägliche Freistunden während sechs Monaten, um das Baby zu stillen. Sie versicherte mir, daß sie, wenn sie ihren erlaubten Krankheitsurlaub geschickt einsetzte, die Zeitspanne, in der sie nicht arbeiten mußte, bis auf fast ein Jahr ausdehnen könne, und selbst dann würde sie nicht von selber gehen. Sie würde sie zwingen, ihr zu kündigen, damit sie das doppelte Entlassungsgeld bekommen würde.
»Aber Sie haben doch niemanden, bei dem Sie das Baby lassen können«, warf ich ein. »Warum sollte man Ihnen fast ein Jahr lang den Lohn zahlen, wenn Sie doch jetzt schon wissen, daß Sie nicht weiterarbeiten können?«
»Wieso nicht?« sagte Cettina herausfordernd.
»Warum soll sie nicht rausholen, was sie kriegen kann?« warf Maria ein. »Denken Sie doch mal an das ganze Geld, das der Fabrikbesitzer mit *ihrer* Arbeit macht. Wieso soll sie nicht ein bißchen was davon zurückkriegen? Es dürfte sowieso nicht alles ihm gehören. Sie hat auch ihre Rechte. Und außerdem machen's alle so. Nicht, Cettina?«
»Sicher. Ich würde ja blöd dastehen, wenn ich nicht alles rausholte, was ich kriegen kann. Alle machen das.«
Vor kurzem wurde ich an dieses abendliche Balkongespräch erinnert. In der Provinz Lucania gibt es nur ein großes Produktionsunternehmen. Es wurde von einer Firma aus dem Norden aufgebaut, die sich die von der Regierung zugunsten der Industrialisierung des Südens garantierten Konzessionen zunutze machte; das Unternehmen beschäftigt etwa 2700 Männer und 300 Frauen. Die Direktoren der Fabrik haben beschlossen, da Frauen heiraten oder Kinder bekommen oder, aus welchen Gründen auch immer, die Arbeit aufgeben, sie künftig durch Männer zu ersetzen. Die Erklärung dafür ist traurig, aber sie war vorhersehbar. Die Frauen kamen zu teuer, waren in der Arbeit zu nachlässig und verursachten zuviel Ärger. Sie kamen zu spät, waren krank oder erschienen einfach überhaupt nicht, ganz wie es ihnen beliebte. Das Produktionsniveau war katastrophal niedrig. Sie glaubten, sobald sie einmal eingestellt seien, könnten sie tun, was ihnen paßte. Nun werden sie dafür bezahlen müssen. Diejenigen, die noch einen Arbeitsplatz haben, werden im Wettbewerb mit den

Männern arbeiten müssen, und es werden keine weiteren Frauen mehr eingestellt. Aber unglücklicherweise kommen süditalienische Menschen vom Land ohne Voraussicht zur Welt. Sie halten sich an das Jetzt. Laßt Gott für die Zukunft sorgen. Diese Frauen, die dort in der Fabrik arbeiten, nahmen sich alles, was nur möglich war, und vielleicht sogar etwas mehr. Sie werden nicht begreifen können, warum man sie abschiebt. Für sie wird das keine Lehre sein, sondern nur ein weiterer Grund für ihre Ressentiments.

Allen Berichten zufolge quetschte Cettina bei ihrem Feldzug das Äußerste aus dem Mutterschutzrecht heraus und zog sich dann als Hausfrau zurück. Das Baby, ein kleiner Junge namens Damiano, litt an Koliken, vor allem nachts, wenn er den gesamten Hausstand um den Schlaf bringen konnte. Einer der Vettern Tonis, der seit Monaten schon nach Hause zurückkehren wollte, packte schließlich kurz entschlossen seinen Koffer und verschwand. Drei Wochen später verlor der andere Vetter seine Arbeit als Hilfsarbeiter auf dem Bau. Die schlechten Witterungsverhältnisse und die knapp gewordenen Finanzmittel hatten sämtliche Bauvorhaben vorübergehend lahmgelegt. Tonis zweiter Vetter fuhr nach Hause, um den Winter im Hinterzimmer eines Cafés mit Kartenspielen zu verbringen.

Cettina und Toni waren nun mit dem Baby allein, und sie hatten zweimal soviel Miete zu entrichten wie im Jahr zuvor, und dies bei halbem Einkommen. Sie war entweder ständig zu Hause oder nahm das Baby überallhin mit. Von den Nachbarinnen konnte sie keine Hilfe erwarten, denn die übersahen sie geflissentlich, wenn sie ihr auf der Treppe begegneten; sie wären niemals bereit gewesen, sich um den Säugling zu kümmern. Schon der Gang zum Markt war ein anstrengendes Unternehmen, und dann jagten ihr auch die Preise einen Schreck ein. Mit jeder Preissteigerung wurde es unwahrscheinlicher, daß sie am Monatsende ihre Rechnungen bezahlten konnten. Cettina hatte nur zu einem einzigen Menschen Kontakt, zu Toni, und mit dem gab es nur Streit. Er redete von irgendwelchen Leuten in der Fabrik, die sie nicht kannte. Es langweilte ihn, zu Haus herumzuhocken und jeden Abend zu streiten, also verabredete er sich nach dem Abendessen mit Freunden und ließ Cettina mit dem Baby sitzen. In glücklicheren Tagen hatte sie solche Abende genossen. Sie flehte ihn an, sie mitzunehmen. Als er sich weigerte, das Baby mitzunehmen, beschuldigte sie ihn, grausam und ein verantwortungsloser Verschwender zu sein, bis er die Tür hinter sich zuknallte.

Es war Winter. Jeden Tag wurde der Dunst grauer, und die Schatten der Gebäude um sie wurden dunkler. Cettina war einsam, verwirrt und verängstigt. Nichts war so, wie sie es sich ausgemalt hatte. Sie war allein und hatte niemanden. Keinen kümmerte es, daß sie da eingesperrt in diesen Zimmern saß, schon gar nicht Toni. Zu Hause hatte man immer gesagt, daß alles im Winter stirbt. Sie hatten wohl recht. In diesem Nebel würde keiner sie je finden. Nichts stimmte mehr, und die Schuld daran lag bei Toni. Sie mußte einen Ausweg finden. Sie fand einen, die klassische Lösung: sie mußten zurück nach Hause gehen, zurück in den Süden. Toni erklärte, daß er irgendwo in Mailand zusätzliche Arbeit finden könnte, eine Nebenbeschäftigung, das würde ihren knappen Finanzen aufhelfen. Nein, beschwerte sie sich, er würde niemals genug verdienen, und sie würde doch immer wie eine Gefangene leben müssen. Gut, dann würden sie eben zwei neue Untermieter suchen. Das brachte Cettinas Zorn zum Explodieren. Er verlange von ihr, daß sie seine Sklavin sei und die Sklavin von andern Männern, die sie nicht einmal kannte, und er würde dann, genau wie jetzt, mit fremden Leuten verschwinden und sie abends allein lassen, genau wie jetzt, und für die sollte sie auch noch kochen und waschen. Ihr Pessimismus war ansteckend. Toni stellte seine Berechnungen an, bereits im Hinblick auf den Zusammenbruch. Er kam zu der Überzeugung, daß die Preise schwindelerregend in die Höhe schnellen würden, daß es eine Mieterhöhung geben werde, die zwar in der Theorie ungesetzlich war, aber praktisch nur zwei Möglichkeiten offenlassen würde: zu zahlen oder auszuziehen. Und er würde nicht genügend verdienen können, das war die bittere Wahrheit. Monatelanges Bohren und Betteln, Geheule und Gerede hatten seine Entschlußkraft ausgelaugt. Er gab auf und war bereit, in den Süden zurückzukehren.

Vor zwei Jahren kamen Cettina und Toni zurück. Sie mieteten sich eine Dreizimmerwohnung in einem Haus des Sozialen Wohnungsbaus mit niedriger Miete. Die Wohnung war genauso wie jene, in der sie am Rand von Mailand gelebt hatten. Cettina bestand darauf, daß die gesamte blitzende Kücheneinrichtung aus Mailand in den Süden transportiert wurde, unter immensen Kosten, ebenso die Sessel und das Sofa, auf die Toni sich nicht setzen darf, weil die Bezüge empfindlich sind. Und so stehen die Möbel jetzt unbenutzt in dem trübseligen Dämmer des jalousiengeschützten Wohn-Speisezimmers.

Zehn Monate lang fand Toni keine Arbeit. Dann stellte ihn schließlich eine Ölgesellschaft ein, die Teams ausschickte, um Sondierungen zu wiederholen, die vorher bereits von Dutzenden solcher Mannschaften vorgenommen worden waren. Es gibt eine allgemein akzeptierte Theorie, die besagt: da es sonst nichts Wertvolles in Süditalien gäbe, müsse es wenigstens Erdöl geben. Toni wurde als einfacher Hilfsarbeiter angestellt, doch er ist gescheit und von rascher Auffassungsgabe, und bald vertraute man ihm Aufgaben an, die eine gewisse Fertigkeit und Präzision erfordern. Wieder strahlte er vor Freude. Er arbeite gern im Freien, und er mochte seinen Aufseher, der ihm versprochen hatte, er würde ihn als festen Angestellten unterbringen, wenn er bereit sei herumzureisen. Toni war bereit, doch er hatte nicht mit Cettina gerechnet. Der Job sei nicht ehrenhaft, warf sie ein. Es ging ja so, als Überbrückung, aber doch nicht auf Dauer. Die Szenenfolge war eine Wiederholung des Mailänder Dramas – und das Ende war ebenfalls das gleiche. Um sein Gesicht zu wahren, log Toni der Ölgesellschaft vor, daß er nicht herumreisen könne, weil seine Mutter krank sei und seine Frau ein Kind erwarte. Wieder hat er keine Arbeit und auch keine Aussicht auf Arbeit. Er spielt mit seinen Vettern im selben Hinterzimmer desselben Cafés Karten, und er bezahlt mit dem Geld, das ihm seine Mutter zusteckt. Seine Nahrung, die hauptsächlich aus *pasta* besteht, hat ihn Bauch ansetzen lassen, und seine Augen sind teilnahmslos und träge. Das letztemal, als ich ihn lächeln sah, war bei der Geburt von Damiano. Wenn Cettina dabei ist, verhält er sich sehr einsilbig. Jede Meinungsäußerung, jeder Kommentar, und sei er noch so harmlos, wird unweigerlich von Cettina mit der erniedrigenden Bemerkung pariert: »Halt du doch den Mund, Toni. Du hast doch keine Ahnung, wovon du redest.« Wenn er zu Hause ist, sitzt er vor dem Fernseher. Aber er ist selten zu Hause.
Sie haben jetzt ein zweites Kind, wieder einen Jungen. Er heißt Ludovico. Cettina liebt diese hochtrabenden Namen. Beide Kinder könnte man bei der Großmutter lassen oder bei einem Dutzend Nachbarinnen, doch Cettina behauptet, sie seien zu zart und sie müsse ständig bei ihnen sein, und so weist sie jedes Ansinnen, selbst wieder eine Arbeit anzunehmen, weit von sich. Die Kinder dienen ihr als ausgezeichneter Vorwand. Denn ohne sie könnte sie die einzige Arbeit nicht ablehnen, zu der sie in der Lage ist: für eine andere Frau einkaufen zu gehen, für sie zu kochen und zu putzen. Sie hat heute genauso wenig wie vor zehn Jahren die Absicht, ein

Dienstmädchen zu sein. »Warum soll ich für jemand die Böden schrubben, der nichts Beßres ist als ich?«

Ich traf Cettina wieder an einem Abend nach einem jener warmen Herbsttage, die hier im süditalienischen ›Oktober‹ so überraschend auftreten können. Jedermann, sogar die Menschen, die von September bis Ostern in den Winterschlaf treten, ließ sich an diesem Abend herauslocken und promenierte über die abendliche Hauptstraße.
Ich sah ein äußerst seltsames Vehikel auf mich zurollen: einen englischen Kinderwagen. Die schwarze Gondel hochschwankend auf anmaßenden Chromfedern, die Speichen der Riesenräder blitzend und wirbelnd, kurz, ein Transportmittel, das man nicht leicht mit etwas anderem auf der Welt verwechseln kann. Das Bambino mußte sich sehr überlegen vorkommen, wie es da schaukelnd und schwankend in der intimen Zurückgezogenheit dieses enormen schimmernden schwarzen Daches in Augenhöhe mit der Mamma daherfuhr. Aber dieser Anblick hier? Ich schaute noch einmal genauer hin: es *war* ein englischer Kinderwagen.
Die Leute auf der Straße waren ebenso überrascht wie ich. Einige zeigten ungläubig mit den Fingern, andere lachten. Neben dem Wagen stand ein bleichgesichtiger kleiner Junge in kurzen grauen Hosen, dessen Hand ständig nach einem verchromten Sicherheitsgitter griff und von ihm abglitt, das über dem Wagenkasten angebracht war. Die Mutter packte seinen Arm, zerrte ihn lang und klopfte ihm die Finger auf das Gitter. Sie wirkte verhärmt und schien ungeduldig. Es war Cettina.

HE VI AMANO
AMATE CHE SARETE AMATE

»Kein Trinkwasser«, steht warnend auf dem Schild darüber, und dennoch werden dort täglich Hunderte von Flaschen gefüllt und die Kleider von Frauen gewaschen, in deren Haus es keine Wasserleitung gibt.

EPILOG

1.

Optimismus liegt außerhalb der Vertrauensmöglichkeit des Süditalieners. Er erwartet nichts – weder von seiner Erde, noch von den Nachbarn oder von der Regierung, am wenigsten vielleicht von jenen, die in der Nähe oder Ferne über ihn bestimmen. Er erträgt sie, unfähig, ein Partner zu sein, und sei es in einem organisierten Aufstand, und so ist er den Fremden, die seit 2500 Jahren über ihn herrschen, stets ein Rätsel geblieben. Immer wieder sind Fremdlinge in den Süden Italiens eingedrungen und haben ihr Zerstörungswerk und die darauf folgende Mißwirtschaft mit klangvollen Worten beschönigt, wie sie noch heute auf Konferenzen Mode sind: Schutz der Grenzen; Erfüllung ›gerechter Ansprüche‹; Verteidigung des Glaubens (des jeweilig gültigen) und Vertreibung des Eroberers, mit Vorliebe ›der Ungläubigen‹. Habgier wurde nie erwähnt, doch der Mythos wollte eben, daß Süditalien ungeheuer reich sei, der wahre Garten der Hesperidentöchter. Und so kamen sie alle, und alle – von den Griechen bis zu Hannibal mit seinen Elefanten, bis Napoleon und Cavour und Mussolini, wobei die Norditaliener die Fremdartigsten waren –, eroberten und waren enttäuscht. Sie raubten, was sie an Werten finden konnten, und ließen sich dann nieder, um Steuern einzutreiben.

In jedem Zeitalter haben sich die enttäuschten fremden Eindringlinge und furchtlosen Reisenden über die vergangene Pracht Süditaliens gewundert und gleichzeitig den Charakter der einheimischen Bevölkerung beklagt und die geistige und körperliche Armut, in der zu leben sich diese Menschen *zufriedengeben.* Ihre Vorurteile, ihre Feindseligkeit und ihr Halbverständnis wurden zu einem Mythos verdichtet. Die Zeit tat das Übrige: das Ergebnis sind historische Tatsachen, die man nicht in Zweifel ziehen kann. Armut ist in Süditalien zu Hause, genau wie die Bodenerosion, Dürreperioden, Ruhr, Typhus, unfertige Häuserbauten, offene Kläranlagen und erbärmlich schmutzige Hotels. Unseligerweise trifft dies alles aus einer Vielzahl von Gründen zu, doch es beweist nicht, daß die Süditaliener die Armut vorziehen, ebensowenig wie das psychologische Profil stimmt, das als natürliche Folge der

Armut gilt. Der einheimische Süditaliener ist ein modernes Paradoxon: er ist immun gegen die Zivilisierung. Ob nun das Opfer irgendwelcher obskurer genetischer Regressionen oder nicht, für diejenigen, die solche Thesen glauben, steht sein Charakter eindeutig fest: Er ist ein schmutziger, fauler, brutaler Dieb (als Beispiele nennt man die Mafia oder neapolitanische Taxifahrer mit minimaler Intelligenz, der Tricks der Arbeit vorzieht, nichts außer Spaghetti mit Knoblauch ißt, ziemlich viel singt und eine Menge Kinder hat. Wie es mir gegenüber ein Priester aus Venedig einmal ausdrückte, der wegen irgendeines Vergehens (wahrscheinlich mangelnder christlicher Nächstenliebe) nach Kalabrien ins Exil geschickt worden war: »Meine Pfarrkinder sind eine menschliche Subspezies.« Er sprach nur aus, was jeder Italiener, der nicht aus dem Süden kommt, tief in seinem Herzen empfindet.

Mythen sind so bequem. Sie liefern trägen Gehirnen vorgekaute Vorurteile und dienen dazu, den Status quo als das Beste zu rechtfertigen, was die Gesellschaft zu bieten hat, *oder* auch das genaue Gegenteil. Wenn man von der Schmach der Betroffenen und der Verzerrung eines kleinen Kerns von Wahrheit absieht, mögen Mythen vielleicht harmlos sein; ihre Empfindlichkeit für politische Manipulation macht sie jedoch gefährlich.
Italien als Land zieht Mythen an, und die Italiener erfreuen sich an ihnen. Die Vereinigung des Landes ist einer der Mythen, daß Italiener keine Steuern bezahlen, ein anderer, der besonders den Parlamentariern ans Herz gewachsen ist. Daher nehmen diese sich nämlich das Recht, versteckte Verbrauchssteuern zu erheben, um ein offizielles Budget auszubalancieren, an das sich nicht zu halten sie fest entschlossen sind. Tatsächlich leiden die Italiener unter einem steuerlichen Bandwurm, der schätzungsweise mindestens 20 Prozent ihrer nicht sehr hohen Einkommen auffrißt, wenn sie nur Nahrungsmittel kaufen (44 Prozent des jährlichen Prokopfeinkommens), für Dienstleistungen und für die einfachsten Vergnügungen. Sämtliche Korrespondenz mit der allgegenwärtigen Regierung und sämtliche Verträge müssen auf Papier mit Frankovermerk abgefaßt werden, von dem das Blatt etwas mehr als zwei Mark kostet. Jedes Arzneimittelrezept und jedes Plakat, auch die, die nur ankündigen, daß ein Geschäft für einen Feiertag geschlossen bleibt, müssen eine Steuermarke tragen. Man kann es den Italienern wirklich nicht

verdenken, wenn sie angesichts einer neuen direkten Einkommensteuer unwillig werden.

Doch am hartnäckigsten hält sich der ›Mythos vom Süden‹. Für Generationen von Regierungen lieferte er die Ausreden für eine Politik der Indifferenz bei gleicher Besteuerung, die nur geringfügig und viel zu spät durch Subventionsspritzen aus Notfonds gemildert wurde, und die eigentlich weniger das Übel heilen sollten, als vielmehr verhindern, daß es die andern stört. Mussolini fürchtete dies und versuchte, das Gespenst durch Rhetorik zu bannen. Armut war für das Neue Römische Reich eine Schande. Die Süditaliener müßten eben härter arbeiten und mehr produzieren. Mehr Weizen, mehr Kinder, mehr Auswanderer für die afrikanischen Kolonien! Seine größte Leistung für Süditalien war es wohl, daß er eine Steuer auf die Ziegen erhob, die dazu führte, daß die Zahl dieser Tiere zurückging, die das dünne Gewächs abfraßen, das die Erdsohle an den Hügeln noch festhielt. Allerdings geschah dies auf Kosten der Ernährung der Bevölkerung.

Kriege, verlorene wie gewonnene, scheinen eine Periode des Idealismus nach sich zu ziehen, in der die Menschen nicht nur von einer besseren Welt träumen, sondern auch bereit sind, für sie zu arbeiten. Während der letzten Periode der Nachkriegseuphorie wurde der Mythos vom Süden wie ein abgetragener Anzug gewendet, gereinigt, gebügelt und neugefüttert als ›Das Problem des Südens‹ auf den Markt gebracht. Soziologen, Wirtschaftsfachleute, Landwirtschaftsexperten, Sozialarbeiter, Lehrer, Ärzte, Architekten und sogar Politiker arbeiteten – in der allerbesten Absicht – zusammen an einem multilateralen Entwicklungsplan, der aus Regierungsmitteln und mit ausländischer Hilfe finanziert werden sollte. Keiner behauptete, diesem ernsthaften, wenn auch verspäteten Eifer liege die reine Menschenfreundlichkeit zugrunde. Im Gegenteil. Es gab nämlich nur zwei Möglichkeiten: entweder man tat etwas, um dem Süden zu helfen, oder man mußte mit der Wahrscheinlichkeit eines Sieges der KPJ in Italien rechnen. Zwar mag politisches Zweckdenken als eine zynische und unmoralische Begründung für Reformbestrebungen erscheinen, aber unseligerweise halten Gesetzgeber meist nur dann etwas von Reformen, wenn sie politisch zweckmäßig sind, und auch dann nur, solange sie ihnen die erwünschten greifbaren Ergebnisse bringen. Wer an Reformen glaubt, bekommt zu hören: Halten Sie sich an unsere Bedingungen, oder Ihre Gelder werden gestoppt. Im Italien der fünfziger Jahre war dies nur ein kleineres Handikap:

auch ein Unrechtssystem kann gezwungen werden, Wunder zu vollbringen.

Ich war eine jener Tausende von Idealisten, die an die Reform in Süditalien glaubten und für sie arbeiteten. Zumindest würde man das Brachland enteignen, die Bauern würden aus einem bedrükkenden Feudalsystem befreit werden und eigenen Boden besitzen. Man würde Straßen, Schulen und Wohnungen bauen. Mit ausgebildeten Arbeitern würde man Industrien aufbauen können. Alles würde möglich sein, so glaubten wir, und vergruben uns in unsere jeweiligen Projekte. Zehn oder zwölf Jahre später blickten wir wieder auf und mußten entdecken, daß die vielgepriesene *disgregazione della società*, das Aufbrechen der Gesellschaftsstruktur und die eventuelle Neugestaltung nach einem anderen Muster, die die Theoretiker für unvermeidbar und vorrangig gehalten hatten, tatsächlich stattgefunden hatte, und zwar nach der Devise, es muß doch möglich sein, Lahme zum Tanzen zu bringen.
Die Politiker, die die ganze Sache sowieso stets sehr kurzsichtig angegangen waren, verloren das Interesse daran, sobald sie nach strengen Parteilinien für die unmittelbare Verteilung von Grund und Boden, enteignet oder nicht, in Bezirken gesorgt hatten, in denen es ›Unruhen‹ gab. Sie unterschätzten die Kraft dieser gesellschaftlichen Idee, die sie da freigesetzt hatten, und zogen es vor, sich mit dem Kleinkram in ihren Wahlkreisen zu beschäftigen. Die Priester wurden mit sanfter Gewalt in ihre Kirchen gedrängt und ihre ›Kundschaft‹ wurde von dem emsigen und fürsorgevollen Parlamentsmitglied übernommen. Kein Problem war zu klein, er kümmerte sich darum. Jedes Auftreten in der Öffentlichkeit brachte Stapel von Briefen, in denen um eine Decke, eine Wohnung, eine Arbeitsstelle, eine Pension oder Kriegsentschädigung für eine Henne ersucht wurde. Danach konnten sich die Politiker allmählich wieder Problemen von größerer Tragweite zuwenden, und da war es wieder, das ›Problem des Südens‹, und gierte nach Subventionen. Subventionen. Das war das Schlüsselwort und würde es bleiben. Und so begann vor zwanzig Jahren das größte Würfelspiel der italienischen Bürokratie, seit es sie gibt. Die Einsätze waren hoch, 350 Milliarden Dollar in zwanzig Jahren, und hoch waren auch, urteilt man nach den Vermögen, die dabei gemacht wurden, und nach den Ehrenposten, die Gewinne.

Inzwischen war die Landreform-Behörde, stets so etwas wie ein Stiefkind, ihren eigenen Geschäften still und heimlich nachgegangen und hatte auf wirksame Weise den feudalen Großgrundbesitzer nebst all seinen Privilegien verdrängt.
Ein weiterer Monolith, von der Regierung gezeugt, *La Cassa Per Il Mezzogiorno*, ›Der Fonds für Süditalien‹, dessen Zweck es war, Gelder aus verschiedenen Ministerien in bestimmte Projekte in Süditalien zu schleusen (mit dem vorhersehbaren Quantitätsverlust unterwegs), hatte sich irgendwie zum Herrn der Straßen und des Sozialen Wohnungsbaus erklärt.
Das Spiel schien sich zu jedermanns Zufriedenheit entwickelt zu haben. Nur die Bauern, die angeblich davon hätten profitieren sollen, waren sich noch keineswegs sicher, wo das alles enden würde. Hunderttausende unter ihnen, denen man keine Landparzelle zugeteilt hatte, standen nun wieder als ungelernte Hilfsarbeiter auf dem Bau da. Im sozialen Wohnungsbau würde ein Großteil derer eine Beschäftigung finden, die nicht aus eigener Initiative in den Norden abwandern würden, bis die noch zu schaffende örtliche Industrie die Flaute auf dem Arbeitsmarkt auffangen würde. Wir werden niemals erfahren, durch welches Wunder der Technik man Arbeitsplätze für eine derartige Masse von ungeschulten Arbeitskräften hat schaffen wollen. Der Industrie ging es anderswo besser, trotz der großartigen ›Infrastrukturberichte‹, die man zur Verfügung stellte, und die staatlichen Bauvorhaben wurden in dem trügerischen Gefühl weitergeführt, daß schon irgend etwas an ihre Stelle treten werde.
Dies alles geschah in anderen Ländern schon früher. Man baute Weinhandlungen, wo keine Trauben reifen. Jede Stadt besitzt ein Schlachthaus, auch wenn sich nur eine uralte Kuh einmal im Monat dorthin verirrt, um zu sterben. Sanatorien für Lungenkranke wurden gebaut, aber niemals in Betrieb genommen, weil es zu wenig Patienten gibt. Ganze neue Bauerndörfer wurden aus dem Boden gestampft und feierlich eingeweiht. Bisher hat noch niemand in diesen Dörfern gelebt. Die Liste der Fehlinvestitionen ist traurig und ohne Ende, und was hier aufgeführt wurde, sind bloß unbedeutende Beispiele. Wir alle hatten unsere Lieblingszielscheiben: meine war die Fabrik, in der Milch pasteurisiert werden sollte und wo die Hersteller der Maschinen die Milch über achthundert Kilometer die Küste hinunterschicken mußten, ehe sie ihre Anlagen auf Fehler überprüfen konnten. Oder die gesamte Eisenbahnstrecke, die zehn Jahre nach der Zerstörung durch

Bombenangriffe vollkommen wiederaufgebaut wurde, obwohl ein von der Regierung subventionierter Autobusverkehr den Transport weit bequemer übernommen hatte. Und so geht es immer weiter.
Vor kurzem sah ich eine schwebende vierspurige Autobahnstrecke, die irgendwie kilometerlang an einer kahlen Felswand hängt. Wenn die Trasse fertig ist, wird sie die Verbindung zwischen Lukanien und Apulien nach Bari herstellen. Große Teile der Strecke sind bereits für den Verkehr geöffnet, einen Verkehr, der kaum rechtfertigen würde, einen zweispurigen Feldweg zu asphaltieren. Allerdings hat sich schon ein Zweck gefunden, den keiner der Planifikateure sich hätte träumen lassen: die Strecke eignet sich ideal für Tierauktionen. Und da wir gerade von Tieren sprechen: Man zeigte mir ein großes Baugelände auf einem Bergrücken, wo man ein Terrain planiert hatte, auf dem mittelgroße Flugzeuge hätten landen können. Das Ganze soll eine *salame*-Fabrik werden, die pro Monat 500 Schweine verarbeiten kann. Für die meisten Bauern waren die Schweine bisher eine Familiensache, jeder zog soviele auf, wie er brauchte und halten konnte: meistens nur eins. Aber jetzt, da das Nachschubproblem zu lösen ist, haben mehrere der wohlhabenden Leute am Ort Subventionen erhalten, um Fütterungsbatterien zu bauen. Diese *salame*-Fabrik hat bereits eine Geschichte. Mehrere Millionen Mark wurden schon dazu verwendet, eine Gruppe von landwirtschaftlichen Gebäuden in eine kleine effiziente Fabrik umzuwandeln: jetzt sind sie plötzlich überflüssig. Und die nun geplante Fabrik mit riesigen Trockenschuppen, Räumen, wo die Schweine abgebrüht werden, Verwurstungshallen, Gehegen und was sonst noch nötig ist, wird über 23 Millionen Mark kosten – und nicht mehr als fünfzig Männern einen Arbeitsplatz bieten: dem Besitzer, der ›Entwicklungsagentur‹, und dies ist selbstverständlich nur der neue wohlklingende Name für die ›Behörde für Bodenreform‹.

Sicher, vierundzwanzig Jahre, in denen Geld hier hineingepumpt wurde, haben Veränderungen bewirkt, doch nur einen Bruchteil dessen, was mit dem gleichen Aufwand hätte erreicht werden *müssen.* Man muß die Fragen stellen: Kann sich *überhaupt* ein Land solche Verschwendung leisten? Heute gibt es hier Schulen (nahezu keine davon ist eine Berufsschule), neue Wohnkomplexe mit unterschiedlichen Verfallserscheinungen, Kanalisation, Krankenhäuser und Straßen, Straßen, Straßen. Doch Wasser ist noch immer Mangelware und Arbeitsplätze gibt es keine. In der gleichen Periode von vierundzwanzig Jahren sind zwischen vier und fünf Millionen Menschen aus dem Süden abgewandert, um Arbeit zu finden. Die meisten davon Männer, die ihre Familien zurückließen und nur zu Weihnachten und Ostern zu traurigen kurzen Besuchen wiederkehren. Es sind vorsichtige Männer, sie wissen, sie haben keine Berufsausbildung und deshalb keine Garantie, Arbeit zu finden und zu behalten. Sie werden als letzte eingestellt, als erste gefeuert. Oftmals verzichten sie auf ihre Versicherungsrechte, nur um Arbeit zu bekommen. Sie haben keine Ersparnisse: jede *lira* wird nach Hause geschickt, damit die Familie leben kann, die sie nie sehen. Diese Männer sind die ersten Opfer einer Wirtschaftsrezession. Und immer noch bleibt ihnen nur die Wahl: sie können im Süden bleiben und nicht ganz verhungern, oder sie können das Abenteuer wagen und in die Industriestädte in Norditalien oder noch weiter nördlich ziehen, wo sie vielleicht Arbeit finden, aber wo sie wissen, daß sie stärker als je für eine ›menschliche Subspezies‹ gehalten werden, oder wenn sie es nicht wissen, werden sie es bald genug erfahren.

Einer nach dem anderen gaben die Idealisten der früheren Jahre auf und verließen Süditalien. Fehlschläge hinterlassen einen bitteren Nachgeschmack, dennoch glaube ich, daß die meisten von uns beim ersten Anzeichen für eine wirkliche Bewegung im Süden erneut wieder überzeugt sein würden, daß doch eine echte Reform möglich sei. Statt dessen behandeln die Politiker Süditalien wie eine Luxushure. Sie haben mit Dreistigkeit und Bestechlichkeit für sie den Zuhälter gespielt. Sie haben andere gezwungen, sie auszuhalten, wenn sie sich nicht dem Vorwurf der Voreingenommenheit aussetzen wollten. Sie bringen sie zu jeder internationalen Konferenz mit und betteln um Hilfe. Und dann verteilen sie im stillen die Einkünfte unter sich und schicken sie wieder hinaus auf den Strich.

Der Mythos vom Süden ist heute stärker denn je. Unlogischerweise behauptet er nun, die Süditaliener hätten das Fehlschlagen der Reform bewußt herbeigeführt und seien dann auch noch frech darangegangen, in den Norden einzudringen und den Schmutz ihrer Armut mitzubringen. Man bot den Süditalienern die gesellschaftliche Absolution an, unter der Bedingung, daß sie sich nicht blicken ließen: sie wagten es, gegen diese Abmachung zu verstoßen. Und nun sind sie mehr denn je zuvor »eine menschliche

Subspezies«. Nur die Anpassungsfähigkeit des Süditalieners, seine Findigkeit und harter Arbeitseinsatz – und die Zeit – werden den Beweis liefern können, daß dies nicht wahr ist.

2.

Fehlschläge belehren uns auf hinterhältige Weise. Erst kürzlich wurde mir mein eigenes Versagen deutlich. Die Tage der Eroberer und der aufgeklärten Reisenden als Erfinder von Mythen sind vorbei. An ihre Stelle sind Experten getreten, die das Vorrecht genießen, mit der Gesellschaft jonglieren zu dürfen, die Sozialwissenschaftler, ob sie nun Anthropologen, Soziologen oder Soziopsychologen sind. Sie wachsen in dem stillen Halbdunkel von Universitätsbibliotheken heran und erholen sich anscheinend nie von bestimmten dort erworbenen Angewohnheiten: der naiven Ehrerbietung vor der Methodologie und zuweilen der selbstgefälligen Arroganz, mit der menschliche Wesen als Untersuchungsobjekte behandelt werden. Eine ihrer grundlegenden Annahmen ist es, daß jede Gesellschaft in Statistiken und Diagrammen erfaßt werden könne, die Verhaltensmuster aufzeigen. Für eine einfache Gesellschaft – ein einfaches Schema; für eine komplexe Gesellschaft – ein komplexes Diagramm. Sobald sie das Diagramm haben und als verbindlich erkannt haben, gelten ihnen bestimmte Konstanten als gegeben.
Eine der Konstanten, die derart festverankert sind, daß sie weder als Annahme noch als Mythos, sondern als Dogma gelten können, ist die Überzeugung, daß in primitiven westlichen Gesellschaften, in bäuerlichen Gesellschaften, die Struktur patrilinear und patriarchalisch sei. Zwanzig Jahre habe ich versucht, mich zu der Überzeugung zu bekehren, daß die süditalienischen Orte, in denen ich lebte und arbeitete, der Struktur nach patriarchalisch seien, und zwanzig Jahre ist es mir nicht gelungen. Aber zwanzig Jahre, in denen ich nachdachte und versuchte die Bauern in Süditalien zu begreifen, und wichtiger noch, in denen ich ihnen zugehört und sie beobachtet habe, sind keine unstrittigen Beweise. Ich habe keine formalen Beweise. Ich wüßte nicht, wie ich sie beibringen sollte: im Leben der Menschen ergeben sich nur wenige absolut stichhaltige Fakten.
Ich glaube heute, daß die Sozialstruktur in süditalienischen Dörfern, also in archetypischen bäuerlichen Gemeinschaften, ma-

triarchalisch ist, daß die Gesellschaftsstruktur in den meisten anderen armen, relativ isolierten Gemeinschaften der westlichen Welt, in Ländern, in denen die katholische Kirche entweder dominierend oder als Staatsreligion etabliert ist, eine matriarchalische ist. Es handelt sich um ein *De-facto*-System, das jeder spürt, das seine Funktionstüchtigkeit täglich erweist, das jedoch nicht legal verankert ist und auch nicht offiziell legalisiert zu werden braucht. Es existiert einfach. Männer müssen keine weittragenden Alltagsentscheidungen treffen, und das tägliche Leben ist Sache der Frauen, die unbewußt sämtliche Aspekte des praktischen Lebens auf sich ziehen. Es gibt nichts anderes. Sobald eine Frau eine gewisse Verfügungsgewalt gewonnen hat – gleichgültig, wie gering ihr Einfluß außerhalb der Familie erscheinen mag –, verfestigt sie diese und baut sie zu einer Einflußnahme über ihre Söhne aus, die weitaus tiefgreifender ist als man gemeinhin annimmt. Nur der Tod vermag sie zu lösen, doch unterdessen hat bereits ihre Schwiegertochter die Kunst der Machtausübung von einem Tag zum anderen erlernt und den Sohn so fest an sich gebunden, als müßte er noch in Windeln gewickelt werden. Außerdem hat die Schwiegertochter allmählich die Mutter ihres Mannes verdrängt und ersetzt, und er, der so sehr an die Stärke der Frauen gewöhnt ist, bemerkt es nicht. Er würde, ganz im Gegenteil, mit aggressivem Stolz behaupten: »In meinem Haus sage *ich*, was geschieht«.

Meine Überzeugung ist folgende, und ich lege sie hier aus verschiedenen Gründen vor:

1. Wie schon gesagt, fürchte ich die anscheinend unvermeidbare Manipulation von sozialen Mythen. In zunehmendem Maß setzen wir unser Vertrauen in Sozialwissenschaftler und erlauben ihnen, unsere ›sozialen Prioritäten‹ zu planen, Programme zu entwickeln und zu steuern. Im besten Fall sind gesellschaftliche Probleme schwer zu verstehen und noch weniger leicht zu lösen: aber zumindest unsere Prämissen müßten richtig sein. Meiner Erfahrung nach war die patriarchalische Dominanz niemals eine absolute und ist oftmals überhaupt nicht vorhanden. Ich glaube, das erstarrte Dogma müßte modifiziert werden.
2. Nachdem inzwischen die *disgregazione della società*, die Reformierung der Gesellschaft, so erfolgreich vonstatten gegangen ist und der Bauer als solcher so gut wie abgeschafft ist, wird er mehr denn je ein beunruhigendes Studienobjekt sein. Ich kann mir

Untersuchungen vorstellen über seine Anpassung an die Industriegesellschaft, über Relikte noch vorhandener bäuerlicher Mentalität, über seine neuen Konsumgewohnheiten, seine neuen ehrgeizigen Erwartungen für die Kinder, und so fort. Danach werden Studien folgen, in denen Hilfen für die Anpassung des Bauern an die verschiedensten Aspekte der Industriegesellschaft vorgeschlagen werden, und sie werden sich alle auf eine Konstante beziehen, die von vornherein falsch und also dazu verdammt ist, die eigene Verirrung in neuen, verzerrenden Mythen zu wiederholen.

3. Wenn Sozialwissenschaftler so viel über das Funktionieren der Gesellschaft zu sagen haben sollen und darüber, wie diese Funktionen verbessert werden könnten, dann werden sie mehr menschliches Verständnis einsetzen müssen und den Menschen wiederentdecken müssen, denn ihr Arbeitsobjekt ist der Mensch. Aber sie sagen nichts über den Menschen aus, wenn sie einzelne seiner Charakteristika zusammenkitten, bis sie in ein neues, derzeit gerade aktuelles Muster passen.

Ich stand am Rande und sah zu, wie Süditalien sich während der letzten zwanzig Jahre bemühte, eine Entwicklung von hundertundfünfzig Jahren aufzuholen. Manchmal hatte ich den Eindruck, daß nur ein langer schwachbeleuchteter Tunnel dieses Land mit unserem Jahrhundert verbinde. Jetzt zeigt sich Licht, wenn auch vielleicht nur Neonlicht, Süditalien wird bald aus der Düsternis in die trübe Gegenwart stolpern. Vielleicht wird es der Region gelingen, der Depression mit einer Rezession zu begegnen und aus traurigen Gründen so etwas wie Gleichheit mit dem übrigen Italien erreichen. Ich war Zeuge der langsamen Auslöschung einer der letzten Feudalstrukturen. Ich brauche mir die Vergangenheit nicht auszumalen: ich habe sie erlebt. Die Gegenwart findet jeden Tag ihren Niederschlag in den Zeitungen, und die Zukunft ist nicht mehr ein bloßer Schatten, sie nimmt bereits in Umrissen Gestalt an. In diesen vergangenen zwanzig Jahren sprach ich mit den süditalienischen Frauen, ich hörte ihnen zu und beobachtete sie.

In jeder formellen Situation werden die süditalienischen Frauen alles tun, das Image zu bestärken, das ihr Mann von sich selbst gegeben hat, und sie würden nie seine Vorrangstellung innerhalb der Familie in Zweifel ziehen. »Was er gesagt hat, ist richtig.« Oder: »Fragen Sie das nicht mich, fragen Sie ihn!« Das sind die einzigen Antworten, die man aus ihnen herausbekommt, und dann sitzen sie da, mit ausdruckslosen Gesichtern und kreuzen die Hände im Schoß. Ich habe erlebt, wie eine Witwe, deren Leben ich sehr gut kannte, einem Interviewer überzeugend und mit feierlicher Ehrlichkeit sagte: »Nein, ich würde nie etwas tun, was meine Mutter nicht billigen würde.« Dabei blickte sie ganz unschuldig, aber ich wußte, daß sie vor fünfundzwanzig Jahren das Sagen in der Familie übernommen hatte. Ihre Mutter war damals krank und konnte wohl nicht mehr gesundwerden, und es gab sechs jüngere Geschwister, denen man einen Platz im Leben verschaffen mußte. Sogar heute noch kommen sie, fragen sie um Rat und bitten um Hilfe. Sie fand Arbeit für ihre Brüder, sie handelte die Arbeitsverträge für sie aus, sie schimpfte sie aus, wenn sie störrisch wurden, sie lieh ihnen Geld, wenn sie welches brauchten – und durchaus ohne das Einverständnis ihrer Mutter zu erbitten. Als ich sie fragte, warum sie dem Reporter eben diese Antwort gegeben habe, lächelte sie nur. »In den Zehn Geboten steht doch: Ehre deinen Vater und deine Mutter. Es besteht kein Grund, daß jemand herausfindet, was in der Familie vor sich geht.«

Die Leute aus den süditalienischen Bergen sind strenge, ernsthafte Männer und Frauen, deren Gesichter schon frühzeitig tiefe Furchen aufweisen und deren Körper vor ihrer Zeit altern. Man sagt oft, sie seien hitzig und unfreundlich, aber ich habe niemals diesen Eindruck gehabt. Sie sind sicher nicht die lebenslustigen Italiener, wie man sie aus den Reklameheften der Touristik kennt. Sie halten sich still, bieten und biedern sich nicht an, bis sie herausgefunden haben, wer ihr Gegenüber ist und warum man hergekommen ist. Von der Welt draußen kommt doch keiner freiwillig: die Ärzte, Lehrer, Hebammen, sogar die Regierungsangestellten mitten unter ihnen tun so, als wären sie im Exil. Die Bauern reagieren auf solche Herablassung mit Schweigen. Und wenn man ihnen nicht Grund liefert, sich anders zu verhalten, bewahren sie stets eine strikte Höflichkeit. Die Tradition verlangt von ihnen, soviel Gastfreundschaft wie möglich zu erweisen, und sie tun dies mit großer Würde, doch Vertrauen schenken sie erst nach langer Bekanntschaft. Sie haben allzuoft erfahren, daß es ein Fehler sei zu vertrauen.

3.

Vor kurzem saß ich wieder vor dem Herd in Chichellas kleinem Vorderzimmer und rätselte über den Süden dieses Landes. Nicht zum erstenmal, und auch nicht zum letztenmal. Der italienische Süden – wie sollte man das widersprüchliche Bild von Schein und Wirklichkeit zusammenfügen.

Die Leute erzählen mir, daß alles im Süden sich verändert habe. Was sie jedoch damit meinen, ist, daß alles heute anders aussieht. Sie möchten gern glauben, daß dies ausreicht. Wenn das so ist, warum beträgt dann das jährliche Durchschnittseinkommen des Süditalieners etwa 1 600 DM – immer noch nur die Hälfte dessen, was ein Norditaliener verdient? Und warum hat der Süditaliener noch immer nur die Wahl zwischen einer eleganten Art des Verhungerns zu Hause und der Abwanderung? Neue Bauten, Schulen, Selbstbedienung in Lebensmittelgeschäften, Polizisten in Operettenuniformen, die hinter vorbeifahrenden Autos herschimpfen, und neue Straßenbeleuchtung, die die ganze Nacht brennt. Und was haben sie...

Chichella hörte sich alles geduldig an. Sie überlegte eine Weile und sagte dann schließlich: »Ich weiß nicht genau, wie ich das ausdrükken soll, aber erinnern Sie sich noch, als Sie zuerst hierhergekommen sind, da haben ›die‹ (›die‹ steht immer für Regierung) den Bauern Geld gegeben, damit sie ihre Häuser verputzen – die *Außenfronten* der Häuser! Na, und hat das nicht schön ausgesehen, mit dem ganzen neuen Gips und der frischen Farbe? Aber glauben Sie wirklich, daß die Leute in den Häusern irgendwie anders gelebt hätten, bloß weil da außen an den Wänden Gips und Farbe war? Und das war die ganze Veränderung, die wir hier gesehen haben. ›Die‹ wollen nicht, daß die *miseria* zu sehen ist, und drum sind wir alle bloß noch Farbe und Gips und neue Häuser und neue Straßen und Autos und moderne Kleider. Sicher, alles gibt's jetzt! Das Wasser kommt aus der Leitung, wenn es welches gibt, und zwei Autobusse fahren an jedem Tag nach Potenza, aber der Kampf ist noch immer der gleiche: ums Essen und ums Überleben. –

Und was die Frauen angeht. Nennen Sie's, wie Sie mögen. Es kommt immer aufs Gleiche raus: wir tun, wir tun alles, was bisher keiner gemacht hat. Das hat man uns beigebracht, und das erwartet man von uns. Die Männer arbeiten und reden über Politik. Wir erledigen das Übrige. Und wenn wir entscheiden müssen und die ganze Arbeit tun, müssen wir auch bestimmen dürfen. Wir entscheiden, aber wir quatschen nicht groß auf der Piazza darüber. Wenn Sie wollen, können Sie das Macht nennen. Aber für uns ist das einfach eine mörderische Arbeit. Und so ist unser Leben. Von der Geburt an wissen wir das. Doch die jungen Mädchen – meine Mädchen –, die sind verzogen, nein, ruiniert. ›Ich will dies haben‹, ›ich will jenes haben‹, ›ich hab ein Recht darauf‹, das ist alles, was die wissen. Sie wollen nicht arbeiten. Arbeit ist unter ihrer Würde. Die Schulen haben ihnen das beigebracht, haben ihnen ihre Rechte beigebracht. Bloß, es gibt keinen leichten Weg, die zu kriegen, also warten sie auf ein Wunder. Dabei können sie verhungern, wenn sie wie *signore* warten. Sie wissen noch nicht, daß dies hier keine Welt ist, in der Wunder passieren. Es ist eine Welt der Arbeit. Ganz einfach. Wenn du was haben willst, dann mußt du dafür arbeiten, und auch dann ist es nicht sicher... Sie wissen noch nicht, daß Wunder bloß in der Kirche passieren.«

EIN LEBENSZYKLUS

RAGAZZE FATE
LAMORE CONQELLI CHE VI AMA
17-4-1968
A.S.

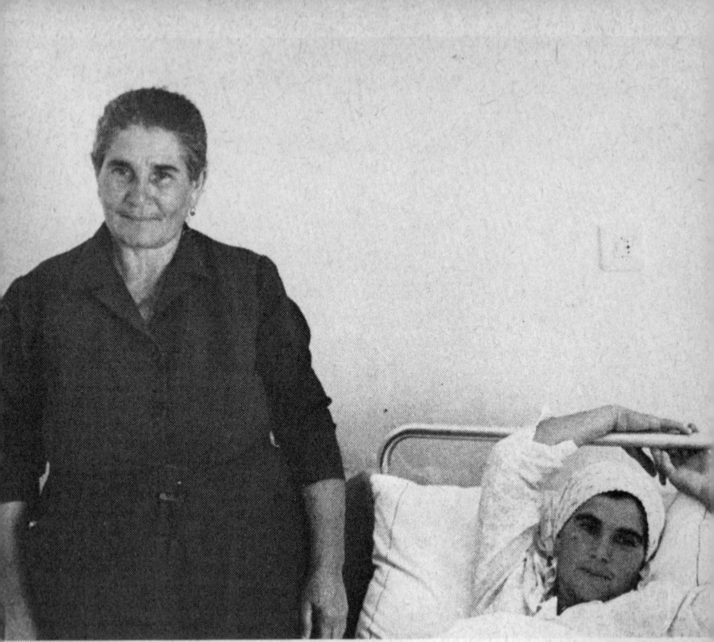

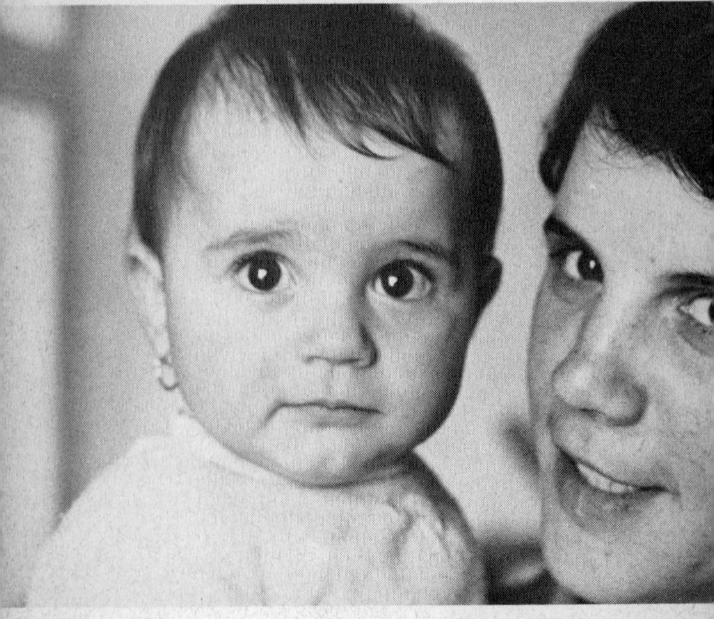